数字赋能 智享未来

教育后勤数字化转型研究与实践

卢胜利　石　磊　主编

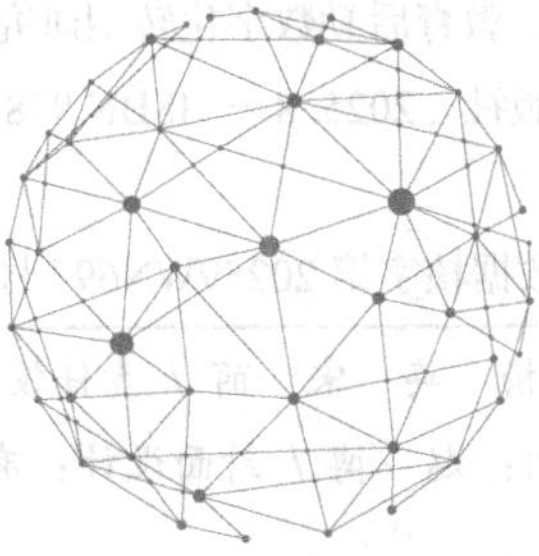

科学出版社

北　京

内 容 简 介

当今世界，新一轮科技革命和产业转型加速推进，教育数字化成为我国开辟教育发展新赛道、塑造教育发展新优势的重要突破口。教育后勤信息化作为教育数字化转型的关键一环，是推进教育现代化、加快建设教育强国的有力保障。本书全面总结了近年来教育后勤信息化行业取得的成效，旨在充分展示行业特色亮点，广泛传播行业先进理念，积极引领行业蓬勃发展，助推我国教育后勤信息化建设水平的整体提升。本书立足于我国教育事业高质量发展的时代背景，准确把握教育数字化战略行动的任务要求，从理论及实践层面出发，剖析当前我国教育后勤信息化行业的发展历程、发展现状、建设目标、建设需求、存在的不足等现实问题，并结合具体案例，通过由上及下、由点到面的方式，提出后勤信息化建设的理念、内容、方法、模式、保障、展望等，为教育领域科学开展后勤信息化建设提供理论指导和实践参考。

本书适合教育行政管理部门以及学校后勤管理部门、信息化管理部门、后勤服务实体的相关从业人员及管理领域的研究者阅读。

图书在版编目（CIP）数据

数字赋能　智享未来 ：教育后勤数字化转型研究与实践 / 卢胜利, 石磊主编. -- 北京 ：科学出版社 , 2025. 8. -- ISBN 978-7-03-081649-8

Ⅰ. G52

中国国家版本馆 CIP 数据核字第 20259WN697 号

责任编辑：杨　英　宋　丽 / 责任校对：王晓茜

责任印制：赵　博 / 封面设计：有道文化

科学出版社 出版

北京东黄城根北街 16 号

邮政编码：100717

http://www.sciencep.com

天津市新科印刷有限公司印刷

科学出版社发行　各地新华书店经销

*

2025 年 8 月第　一　版　开本：720×1000　1/16

2026 年 1 月第二次印刷　印张：17 1/4

字数：356 000

定价：138.00 元

（如有印装质量问题，我社负责调换）

序

世界之变、时代之变、历史之变正在以前所未有的方式展开，驱策着全球教育之变。

进入新时代，在以习近平同志为核心的党中央坚强领导下，我国已经建成世界上规模最大的教育体系，各级教育普及程度达到或超过中高收入国家的平均水平。从满足“量”的需求到实现“质”的提升，是我国深化教育综合改革的重点方向之一。习近平总书记指出：“要坚持把高质量发展作为各级各类教育的生命线，加快建设高质量教育体系。”①学校后勤作为高质量教育体系的基础保障，应坚持把高质量发展作为生命线和第一要务，从教育强国建设和人才培养需求出发，以满足师生日益增长的美好校园生活需求为目标，不断提升管理水平、服务质量、保障能力和运营效率，着力构建与高质量教育体系相匹配的高水平后勤保障体系，从而不断提升后勤工作对教育高质量发展的支撑力、贡献力。

当前，在“数字中国”建设的总体框架和要求下，数字技术已成为推动教育变革的引领力量，数字化转型全面赋能教育，助力实现教育高质量发展。现代新科技手段不断融入校园服务市场，不断催生出校园服务新业态。师生不断升级的服务需求倒逼后勤服务朝着精细化、高效化、品质化、科学化和绿色化的方向发展，后勤工作在理念、体制、模式、人才、信息、应用等诸多方面都亟待全面拥抱新技术，积极推动以大数据、人工智能、物联网等为代表的数字技术与后勤场景的结合应用，通过信息化手段提高后勤服务保障的质量和效率，不断提升师生的获得感和体验感。

作为教育后勤行业最大的社团组织，中国教育后勤协会自 2013 年成立至今，始终致力于实现“十个坚持”，即坚持党的全面领导、坚持完善组织体系、坚持资政辅政、坚持引领行业发展、坚持服务会员、坚持行业自律、坚持智库建设和行业研究、坚持荣誉体系构建、坚持标准化建设、坚持信息宣传和干部培训。协会通过各项工作，积极推动教育后勤行业规范化、专业化、科学化发展，努力将

---

① 钟曜平. 以高质量教育体系奠基民族复兴. 教育部网站. 2024-03-07. http://www.moe.gov.cn/jyb_xwfb/s5148/202403/t20240307_1118894.html[2025-06-20].

协会办成“有社会责任感、值得信赖、有凝聚力、有文化、有特色”的行业组织。

信息化建设专业委员会是中国教育后勤协会的下属分支机构，成立十余年来，聚焦行业发展需求，锚定学校“智慧后勤”建设目标，在推广后勤信息化建设先进理念、传播行业最新成果、搭建校企交流合作平台、辅助学校及主管部门决策、指导行业发展等方面取得了突出成效，产生了广泛影响。本书是在中国教育后勤协会的指导下，凝聚了信息化建设专业委员会及各委员单位多年来在后勤信息化探索之路上的智慧结晶，是各校后勤工作全面落实教育数字化战略行动的集中体现。书中的研究内容、倡导理念、实践案例不仅较为全面地反映了当前教育后勤信息化行业的现状，更代表了“智慧后勤”未来的发展方向。相信本书不仅可以为各校开展后勤信息化建设提供科学指导，亦能为教育后勤信息化建设工作者提供更具有针对性、实用性、多样性的帮助和参考，更将为提升“智慧后勤”领域研究的广度和深度，以及建设高质量后勤保障体系起到重要的推动作用。

在加快教育强国建设的背景下，教育数字化转型已成为应对新时代挑战的普遍共识，为校园管理体系和治理能力的现代化注入了新的活力。让我们积极拥抱教育数字化发展，努力回答好“教育强国，后勤有为”的时代命题，为早日实现教育强国目标做出新的更大贡献！

中国教育后勤协会会长

2025 年 3 月于北京

前　言

瞩目强国建设、民族复兴的宏伟目标，站在以中国式现代化全面推进中华民族伟大复兴的时空坐标上，教育发挥着固本强基的基础性作用。

进入新时代以来，我国教育事业取得了历史性成就，发生了格局性变化，教育数字化成为我国开辟教育发展新赛道和塑造教育发展新优势的重要突破口，而教育后勤信息化作为教育现代化的重要支撑和教育改革发展的重要抓手，在信息时代的重要性将愈加显现。站在新的历史方位，回顾我国教育后勤信息化的来路变迁，研判教育后勤信息化的未来发展趋势，对于建设教育强国、实现教育现代化具有深远意义。

2014 年 3 月 23 日，中国教育后勤协会信息化建设专业委员会在西安成立。作为中国教育后勤协会的二级分支机构之一，十余年来，在中国教育后勤协会的正确领导、各界同仁的关心支持、各委员单位的共同努力下，信息化建设专业委员会从无到有，始终坚守初心使命，奋楫扬帆、笃行不怠，取得了一系列工作成效。十多年来，信息化建设专业委员会立足服务，不断完善自身建设；强化内涵，不断提升专业能力；扎根行业，不断深入开展调研；以评促建，不断树立典型示范；把握导向，不断提升研究能力；培养人才，不断加强队伍建设；搭建桥梁，不断增进行业交流；着眼全局，不断助力教育发展。信息化建设专业委员会通过扎实有效的工作，促进了行业成果共享和先进理念传播，推动了全国后勤信息化整体建设水平的有效提升，为我国教育后勤信息化事业高质量发展做出了积极的贡献。

在信息化建设专业委员会成立之初，我们便做了工作规划和部署，计划每届换届前，对本届工作进行总结，编撰一本行业著作供大家交流探讨。第一届信息化建设专业委员会于 2017 年出版了《教育后勤 互联网之光：2015—2017 年度教育后勤信息化建设成果汇编》。2022 年 8 月，经信息化建设专业委员会第二届第四次常委工作会议审议，本书的编撰工作启动。

本书历时近三年，三易其稿，以理论和实践相结合，梳理了教育后勤信息化的发展历程、顶层设计、业务痛点、建设思路、实践案例、保障机制、未来展望等。在此，我衷心感谢所有参与本书编写的教育后勤同仁们！希望通过本书，能够帮助大家更好地理解和把握教育后勤数字化转型背景下教育后勤信息化建设的方向与策略，并启发更多的教育工作者和后勤管理者思考和探索适合自己学校的后勤信息化发展路径。

从事高校管理及分管后勤工作多年，本人深知后勤信息化建设是一个持续演进的过程，没有终点，从“建起来”到“用起来”，中间相隔“遥远的距离”，因此必须高度重视、统筹规划、一以贯之、久久为功。

展望未来，随着人工智能、物联网、大数据等信息技术的进一步发展，教育后勤信息化将不断面临新的机遇与挑战。信息技术与后勤业务的深度融合将打破传统管理与服务模式的时空壁垒，实现后勤资源的优化配置与广泛共享，使师生的需求得到更充分的满足。同时，教育后勤信息化将借助强大的数据分析能力，为管理决策提供科学依据，助力实现校园生活个性化、精准化、高效化的美好愿景。

潮起正是扬帆时。相信在不久的将来，千行百业将会出现灿若星河的数字化创新和成果，后勤信息化也必将为构建智慧校园、支撑教育强国建设发挥更大的作用。

让我们携手共进，准确把握教育数字化的新变革、新形态、新场域，明晰数智“如何赋能”的机制，把握“应何赋能”的主动，明确“何所赋能”的路径，共同开启教育后勤信息化建设事业的瑰丽篇章，迎接一个更加智慧、普惠、美好的明天。

谨以此书献给所有致力于推动教育后勤信息化事业发展的同仁们！

卢胜利

2025年2月

目　录

第一章　蓬勃向上——后勤信息化建设崛起之路 …… 1
第一节　中国教育后勤的起源和发展 …… 1
第二节　教育后勤信息化应运而生 …… 5
第三节　教育后勤信息化发展现状 …… 10
第四节　教育后勤信息化建设价值 …… 12
第五节　结语 …… 13
第二章　绘制蓝图——后勤信息化建设顶层设计 …… 14
第一节　顶层设计的内涵与外延 …… 14
第二节　智慧校园建设顶层设计 …… 16
第三节　后勤信息化架构设计 …… 18
第四节　后勤信息化建设中的关键技术 …… 23
第五节　结语 …… 25
第三章　数智一体——打造餐饮新风尚 …… 26
第一节　学校餐饮工作的背景 …… 26
第二节　学校餐饮工作的特性 …… 27
第三节　学校餐饮管理及监管痛点分析 …… 28
第四节　学校餐饮信息化建设优势及作用 …… 29
第五节　学校餐饮信息化建设的注意事项 …… 31
第六节　餐饮信息化建设内容 …… 31
第七节　实践案例 …… 39
第八节　总结展望 …… 43
第四章　温馨的家——综合治理下的未来公寓 …… 44
第一节　背景 …… 44
第二节　学校公寓信息化建设的现状与挑战 …… 46
第三节　学校公寓信息化建设的主要内容 …… 49
第四节　学生公寓信息化建设的亮点特色 …… 55

第五节 实践案例 …… 57
第六节 总结展望 …… 58
第五章 开拓创新——促进物业服务多元化发展 …… 61
第一节 学校物业服务信息化概述 …… 61
第二节 学校物业信息化建设的意义 …… 63
第三节 学校物业信息化建设的原则 …… 64
第四节 学校物业信息化建设的难点 …… 65
第五节 学校物业服务信息化建设内容 …… 66
第六节 实践案例 …… 74
第七节 总结展望 …… 77
第六章 绿色节能——“双碳”背景下的能源管理 …… 78
第一节 背景 …… 78
第二节 学校能源管理工作概况 …… 79
第三节 学校能源管理信息化建设主要内容 …… 82
第四节 实践案例 …… 91
第五节 总结展望 …… 93
第七章 师生为本——聚慧后勤服务一站式平台 …… 95
第一节 背景 …… 95
第二节 后勤服务一站式平台的发展历程 …… 96
第三节 后勤服务一站式平台的建设思路 …… 97
第四节 后勤服务一站式平台的建设内容 …… 100
第五节 后勤服务一站式平台的建设与保障 …… 104
第六节 实践案例 …… 106
第七节 总结展望 …… 111
第八章 高频刚需——及时响应的维修服务 …… 112
第一节 背景 …… 112
第二节 学校维修现状 …… 113
第三节 学校维修信息化建设的痛点 …… 114
第四节 开展后勤维修信息化建设的必要性 …… 116
第五节 学校维修信息化建设内容 …… 117
第六节 实践案例 …… 123
第七节 总结展望 …… 125
第九章 加快转型——融合共享的房产管理 …… 127
第一节 背景 …… 127

第二节　学校房产管理现状 …… 128
第三节　开展学校房产管理信息化建设的作用 …… 130
第四节　学校房产管理信息化建设工作的痛点 …… 132
第五节　学校房产管理信息化建设内容 …… 134
第六节　实践案例 …… 140
第七节　总结展望 …… 142
第十章　畅通循环——信息化建设物流新体系 …… 144
第一节　校园物流服务起源 …… 144
第二节　校园物流服务概述 …… 146
第三节　校园物流服务发展 …… 149
第四节　物流新技术带来校园服务新发展 …… 152
第五节　校园物流服务的信息化建设 …… 155
第六节　实践案例 …… 160
第七节　总结展望 …… 164
第十一章　生态重塑——多元的数字商贸服务 …… 167
第一节　研究背景 …… 167
第二节　商贸服务信息化的发展现状 …… 169
第三节　开展商贸服务信息化建设的意义 …… 171
第四节　新时代背景下商贸服务信息化建设内容 …… 172
第五节　实践案例 …… 175
第六节　总结展望 …… 178
第十二章　以小见大——微观视角下的中小学后勤 …… 180
第一节　中小学后勤概述 …… 180
第二节　中小学后勤信息化建设内容 …… 182
第三节　中小学后勤信息化建设策略 …… 188
第四节　实践案例 …… 189
第五节　总结展望 …… 192
第十三章　乘风破浪——新媒体时代的运营宣传 …… 193
第一节　背景 …… 193
第二节　学校后勤新媒体现状 …… 200
第三节　学校后勤开展新媒体建设的作用 …… 203
第四节　学校后勤新媒体建设面临的难点 …… 205
第五节　学校后勤新媒体建设路径 …… 206
第六节　实践案例 …… 210

第七节 总结展望 …… 213
第十四章 提升效能——助力人力资源管理现代化 …… 214
第一节 背景 …… 214
第二节 学校后勤人力资源现状 …… 215
第三节 开展学校后勤人力资源信息化建设的作用 …… 217
第四节 学校后勤人力资源信息化建设的痛点 …… 218
第五节 学校后勤人力资源信息化建设内容 …… 219
第六节 实践案例 …… 225
第七节 总结展望 …… 227
第十五章 夯实基础——后勤信息化建设保障机制 …… 230
第一节 理念先行 …… 230
第二节 组织为基 …… 234
第三节 制度为纲 …… 235
第四节 应用为王 …… 237
第五节 优化配置 …… 239
第六节 过程监管 …… 242
第十六章 智绘未来——智慧后勤发展展望 …… 248
第一节 时代之变，科技发展背景 …… 248
第二节 新时代背景下教育后勤信息化面临的挑战和机遇 …… 254
第三节 新时代背景下教育后勤的应对策略 …… 257
第四节 结语 …… 259
参考文献 …… 260
关于本书创作过程的说明 …… 261
后记 …… 262

第一章　蓬勃向上

——后勤信息化建设崛起之路

当今世界正经历百年未有之大变局。以大数据、云计算、物联网、人工智能等技术为主导的第四次工业革命正以前所未有的姿态席卷全球，深刻地改变着我们的生活，也为教育后勤行业带来机遇和挑战。

新形势下，“谋定而后动，则无往而不胜”。但如何谋划？如何变革？如何落地？这些成为每个教育后勤人共同思考的时代命题。知其来路，方明未途。要了解后勤及信息化的前世今生，我们需翻开历史的书页去寻找答案。

来处坦途知所向，去处明了志愈坚。追本溯源，辨析发展历程，愿广大教育后勤工作者从事后勤信息化建设事业的信念更加坚定，推动教育强国建设行稳致远。

第一节　中国教育后勤的起源和发展

一、“后勤”缘何而来？

“后勤”一词源自希腊文 logistikos，意为“计算的科学”。19 世纪 30 年代，拿破仑·波拿巴（Napoléon Bonaparte）的政史官安托万-亨利·约米尼（Antoine-Henri Jomini）在《战争艺术概论》中总结征俄失败的经验教训时首次使用 logistics 一词，泛指军队运动和行军中的物资补给及设营、宿营等各项工作，并阐明了后勤与战略、战术的相互关系，从而第一次提出了具有现代意义的“后勤”概念。第二次世界大战后，logistics 成为北大西洋公约组织各成员国正式通用的军语，一般指后勤工作。

1930年，在中国共产党中央军事委员会制定的《中国工农红军编制草案》中，军队各级参谋部（处）内都编有后方勤务机构。

可见，后勤活动自古有之，最先出于军事上的用途，是战争的重要组成部分，之后随着语言的演变，“后勤”一词被非军事领域广泛借用，成为保障性工作或机关、院校和企事业单位等总务工作的代用词。根据《现代汉语词典》，后勤“指后方对前方的一切供应工作。也指机关、团体等的行政事务性工作”[①]。

二、后勤在现代教育中扮演着重要的角色

随着社会经济的发展及生产力水平的提高，“后勤”的概念从军队扩展到机关、学校、团体和企事业单位，在教育行业也得到了深入发展。

现代教育是伴随着现代社会的形成而出现的人类历史上一种崭新的教育形式，在中国式教育现代化与教育综合改革的要求下，社会及教育行业对学校的治理能力和治理体系提出了更高的要求，因此教育后勤也逐渐成为一个重要的组成部分。

教育后勤主要是指为了保障学校的有效运转和发展，提供资料供给、生活服务及对学校设施、资源等进行有效的规划、组织、协调和管理，以确保学校日常工作的正常进行，为师生创造良好的学习和工作环境。教育后勤管理的范围涵盖饮食、住宿、卫生、绿化、安全、交通、资产、设备、人员等多个方面，它是任何教育主体都不可或缺的基础工作，也因其点多、面广、体庞、量大等特点，兼有服务和管理双重属性，在现代教育体系中占有一席之地，展现出独特的魅力。

三、教育后勤事业的发展历程

在我国，以高校后勤为代表的教育后勤行业，伴随着国家制度及政策的演进，经历了以下几个具有时代特征的发展阶段。

（一）计划经济时期（1950—1978年）

这一时期，我国实行国民经济计划管理体制，教育后勤管理模式也相应地仿照了生产服务阶段，主要依赖于国家和学校的直接管理。后勤服务以为教学和科研提供保障、满足基本生活需求为主，如食堂、宿舍、维修等。这一时期的后勤服务相对简单，管理体制较为集中，服务水平和服务效率有限。

首先，实行供给制和人民助学金制度，在生活上采取“包下来”政策。国家

---

① 中国社会科学院语言研究所词典编辑室编. 现代汉语词典（第7版）. 北京：商务印书馆，2016，第545页。

给予学员百分之百的人民助学金，生活服务采取优待、包干的办法；在教职员工中则实行供给制和实物工资制度，保障教职员工的基本生活，福利性的后勤服务在此基础上日趋发展，并发挥着稳定教师生活、促进教学科研的积极作用。[①]

其次，高校后勤以自办为主，自成体系。在20世纪50年代的供给制条件下，社会存在较大的供需矛盾，社会服务行业基础极其薄弱，无论是硬件设施还是管理服务水平，都满足不了高校日益发展的后勤需要。为了更好地发展高等教育事业，国家在增加教育投入的同时，不断加强学校后勤的配套建设，在对高校供应的能源、粮油、副食品等的数量、质量和价格，以及税收、服务等方面，都制定了相应的保护性政策，从而保证高校自办后勤项目逐步扩大，质量日益提高，形成了学校“小而全”的后勤配套服务体系。除了少数项目，一般的教学科研保障工作和生活服务都由学校后勤直接承办，服务门类包括能源、交通、设备、房产、维修、绿化、伙食、通信、文具、家具、医疗、卫生、招待等，其服务规模因学校的规模有所不同，但大都独立于社会上同类服务行业，按行政事业单位的方式管理。各校都陆续加强了对后勤工作的领导，设立副校长和总务长等职位主管后勤工作，后勤机构分离出许多科级机构和服务部门，形成了较为系统的高校后勤事业行政型管理体制和后勤工作组织机构，并培养了一批高校后勤干部，组建成了一支较为稳定的后勤职工队伍，逐步形成了与我国高等教育的宗旨、任务相适应的高等学校后勤工作的管理目标、方针和原则。

（二）后勤社会化改革起始阶段（1978—1995年）

1977年冬天，全国恢复高考，此后全国每年都在扩大招生，这给学校后勤部门带来了巨大的压力，最迫切的就是解决师生的吃饭、住房问题。在这一时期，学校基础设施建设普遍落后，经费不足，高校后勤经费完全依赖于政府拨款；同时，后勤还存在着管理体制落后、缺乏有效的激励和约束机制、服务效率低下等问题。因此，一切问题的出路在于改革。

1978年3月，邓小平同志在全国科学大会开幕式上的金句名言“我愿意当大家的后勤部长，愿意同各级党委的领导同志一起，做好这方面的工作”[②]成为激励后勤事业发展的精神动力源泉。1985年5月发布的《中共中央关于教育体制改革的决定》提出高等学校后勤服务工作的改革“极为重要”，并指明了后勤服务改革的方向是“实行社会化”。这一决策成为高校后勤改革的关键转折点。随着中国改革开放的不断深化，高校后勤管理开始进行改革。这一阶段的特点是实行

① 黄京钗. 高校后勤改革历程与社会化的模式. 闽江职业大学学报，2001，（4）：8-12.

② 当好人才的“后勤部长”. 2021-09-18. http://www.81.cn/jfjbmap/content/2021-09/18/content_299372.htm [2025-7-12].

单项承包的改革，例如伙食工作率先在部分院校实行“承包”制，后勤的拨款也实行管理费定额承包，改变了多年来后勤经费按需保证供给的形式。这一阶段标志着后勤社会化改革的开始，为后续的改革奠定了基础。

经过几年各种方式的后勤承包责任制实践，一些学校在政企分开、社会化服务的试验中，逐渐暴露出改革阻力较大、效果不明显等新问题。1992年，邓小平同志视察南方时发表的重要讲话和党的十四大提出的建立社会主义市场经济体制的目标，为改革带来了新的机遇和动力。建立社会主义市场经济体制的目标给了广大后勤干部职工以明确的回答：加快步伐、深化改革才是唯一的出路，必须在承包责任制的基础上有新的突破。

（三）后勤社会化改革全面推进阶段（1995—2013年）

进入20世纪90年代后期，学校后勤社会化改革进入了全面推进阶段。这一阶段的改革目标是实现学校后勤与行政管理的分离，建立独立核算、自负盈亏、自我发展的新型学校后勤服务体系。自1999年11月起，国务院办公厅连续四年召开全国性会议，当时主管教育的李岚清副总理开始推进高校后勤社会化改革，把高校后勤社会化改革推向高潮。

1999年6月15日，在第三次全国教育工作会议上，朱镕基总理提出了“逐步把后勤从学校剥离出来，实行后勤服务社会化”[①]，并鼓励社会力量为学校提供后勤服务。同年11月，国务院办公厅在上海召开了第一次全国高等学校后勤社会化改革工作会议，动员和部署全面推进高校后勤社会化改革，标志着高校后勤社会化改革由局部探索到全国性整体推进的开始。2000年12月和2001年12月，武汉和西安分别召开了第二次、第三次高校后勤社会化改革工作会议。在这三次会议上，李岚清副总理亲临会议并做了重要讲话，对后勤社会化改革的指导思想和原则、目标与步骤、所需配套政策和措施做了明确的阐述。

通过政府主导、教育主管部门组织推进、吸引社会参与和学校实施的方式，我国建立了符合办学特点的新型学校后勤服务体系，形成了集约化联办后勤和社会化后勤相结合的格局。通过引进社会资本和专业化管理团队，学校后勤服务质量得到了显著提升，同时也为学校的发展提供了更好的支撑。

（四）坚持改革，面向未来（2013年至今）

自2013年起，中国教育后勤改革翻开了新的篇章。在这一时期，学校后勤面临进一步深化改革，以及解决顶层设计和政策导向缺失的问题，需要明确改革的

---

① 进一步解放思想加快教育改革和发展. 1999-06-21. https://www.gmw.cn/01gmrb/1999-06/21/GB/18094%5EGM1-2106.HTM[2025-7-12].

目标模式，推动后勤服务向包容多样化、满足差异化的现代高质量后勤服务转型。社会化改革是学校后勤持续推进的重要方向，变革的背后是对于教育现代化的不懈追求，以及对于提升服务质量、降低办学成本的坚定决心，旨在构建一个更加高效、专业、现代化的后勤保障体系。

政府在后勤改革中的角色也发生了变化，从直接管理转向宏观指导和政策支持。政府通过制定相关政策，为后勤改革提供政策环境和财政支持，同时加强对后勤服务市场的监管。此外，行业协会作为政府与学校间的桥梁纽带发挥了积极作用，如中国教育后勤协会和所属的分支机构以及各地的高校后勤协会在后勤改革中扮演了积极角色，通过制定行业规范、提供职业培训、搭建交流平台，促进了后勤服务行业的整体提升。这些改革措施共同推动了高校后勤服务向更加高效、专业、现代化的方向发展，为高等教育的持续进步提供了坚实的后勤保障。

第二节　教育后勤信息化应运而生

一、教育后勤信息化的概念界定

“信息化”的概念起源于 20 世纪 60 年代的日本，由日本学者梅棹忠夫（Tadao Umesao）提出，而后被译成英文传播到西方；70 年代后期，西方社会普遍使用“信息社会”和“信息化”的概念。

在 1997 年召开的首届全国信息化工作会议上，“信息化”被定义如下：“信息化是指培育、发展以智能化工具为代表的新的生产力并使之造福于社会的历史过程。”[①]《2006—2020 年国家信息化发展战略》中将“信息化”定义为“信息化是充分利用信息技术，开发利用信息资源，促进信息交流和知识共享，提高经济增长质量，推动经济社会发展转型的历史进程”[②]。

我们看到，在不同的发展阶段，“信息化”的定义是不同的，各类名词及叫法也不尽相同，我们常听到的诸如“信息化、数字化、电算化、数据化、智慧化、智能化、数智化”等。受政策导向和社会宣传的影响，前些年提及“互联网+”“信息化”较多，近些年国家大力推进数字化转型战略，“数字化”这个关键词的热度明显提升。

我们认为，虽然各类概念的叫法和偏重不同，但在教育后勤行业的场景当中，

---

① “信息化”百科. https://baike.baidu.com/item/%E4%BF%A1%E6%81%AF%E5%8C%96/85967[2025-7-12].

② 关于印发《2006—2020 年国家信息化发展战略》的通知. 2006-03-19. http://www.npc.gov.cn/zgrdw/npc/zt/qt/rdxxhjs/2015-07/28/content_1942048.htm[2025-7-12].

各类概念基本是一脉相承的，不存在取代式递进关系。我们界定的“教育后勤信息化”是指把信息技术和互联网思维充分运用到学校后勤业务当中，采用现代管理理念，对后勤各要素、各业务进行流程再造和体系重塑，建立起软硬件结合的信息系统，充分挖掘和利用后勤数据价值，实现后勤服务与管理的有效提升，破解后勤建设和发展中的难题。

为便于规范统一，本书将“后勤信息化”这一中性称谓作为各类后勤业务与信息技术结合的概念统称，将各单位开展的具体实践统称为“后勤信息化建设”，根据国家战略要求，我们现在处于“教育后勤数字化转型”的发展进程中，未来校园发展的目标是“智慧校园”。

二、提升后勤管理水平和服务质量的必由之路——后勤信息化

纵观我国教育后勤的发展历程，后勤工作的重心始终围绕着我国教育体制发生的根本性变化及高等教育的阶段性需求，并且始终服务于学校发展大局。

后勤社会化改革经过四十余年的探索，从点到面、由浅入深地扩展到整个后勤部门，包括改革体制、转变机制、引入企业化管理，逐渐实现了行政事业单位向事业与企业分离、政府与企业分离的“一体两制”方向转变。在体制机制方面，学校精简了后勤管理机构，强化了管理职能，建立和完善了各种经营服务实体，形成了小机关、多实体或小机关、大实体、大服务和后勤服务集团等多种组织管理服务方式。在运营管理方面，学校从承包责任制下的经费包干向独立核算、自负盈亏的方向发展。同时，后勤服务部门进一步扩大了自主权，引入了市场竞争机制，优化了管理结构和程序，强化了检查、监控、调节、导向职能，使得后勤管理与服务发生了根本性的变化，为学校的整体发展注入了活力。

近年来，后勤改革方式虽趋于多元，但坚持后勤社会化改革和服务育人宗旨，解放思想、转变观念，以提高后勤保障能力和服务质量为核心，以提升师生满意度为指标，仍成为后勤行业的普遍共识，后勤服务的标准化、信息化成为提升后勤服务质效的“两翼”，为后勤事业高质量发展提供助力和赋能。其中，后勤信息化以其创新的理念和先进的技术，有助于实现后勤业务全场景覆盖，为后勤工作的高效运营和可持续发展提供了强大的支持，也成为保障后勤事业高质量发展的重要新生力量。

三、后勤信息化的发展阶段

后勤信息化的发展阶段如图 1-1 所示。

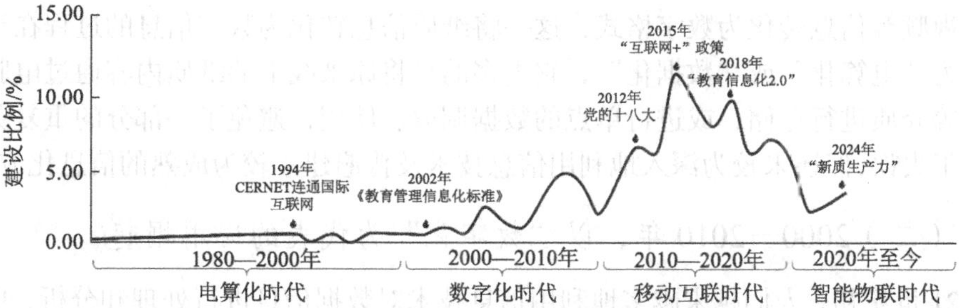

图 1-1　后勤信息化发展阶段

资料来源：中国教育后勤协会信息化建设专业委员会. 2024. 中国教育后勤协会信息化建设专业委员会 2023 年度行业发展调研报告（内部资料）.

（一）1980—2000 年，以“电算化”为代表的初探萌芽

20 世纪 80 年代是中国互联网的史前阶段，也是早期互联网思想萌芽的阶段。涉及互联网的各类思想已经在改革开放和思想解放的格局中出现，各类科研单位、先进企业和大专院校敏锐地感知到互联网发展的前沿动态，他们积极将互联网技术和互联网思想引入中国。

20 世纪 90 年代，高校后勤部分业务领域零星地开展了信息化相关探索。一些学校食堂实施电脑网络售饭，纸质饭票退出流通领域。1993 年 3 月，南开大学在三个学生食堂先后引入金龙卡售饭系统，短短一年内，天津纺织工学院、上海师范大学、华南理工大学、西北师范大学、哈尔滨工业大学、大连理工大学、北京大学等 40 多所高校相继引入了该系统. 中华人民共和国国家教育委员会条件装备司领导在参观南开大学食堂时指出，金龙卡售饭系统使后勤行业的管理水平向科学化、现代化方向迈出了一大步，被称为“食堂管理工作的一次革命”[①]。1993 年 4 月，陕西师范大学总务部成立后勤管理研究室，积极探索后勤工作与计算机技术结合的途径和方法，在已建立管理规程和科学制度的前提下，自主开发了车队管理信息系统、电话管理信息系统、维修管理信息系统、水电暖管理信息系统、宾馆客房管理信息系统等后勤管理系列软件，这也是有据可查的全国学校后勤领域较早开展自主信息化建设探索的实践案例之一。

1994 年，中国教育和科研计算机网（China Education and Research Network，CERNET）连通了国际互联网，这标志着我国教育信息化的起步[②]。在这个阶段，大部分人开始意识到数字技术在信息存储和传输方面的优势。例如，数字信息不会因为时间的推移而退化，可以无损地复制和传输，而且可以通过计算机网络迅速地传播到全世界。因此，大家开始大规模地将纸质文件扫描成电子文件，将音

① 程天权，黎玖高，皮光纯. 中国高校后勤改革四十年. 北京：中国人民大学出版社，2022：215.

② 陈琳，姜蓉，毛文秀，等. 中国教育信息化起点与发展阶段论. 中国远程教育，2002，（1）：37-44.

频、视频等信息转化为数字格式，这一将纸质信息转化为数字信息的过程在当时被称为“电算化”或“数据化”，它更多的是将原来线下的纸质内容通过电脑或光盘等介质进行存储，或进行单点的数据调取、使用，避免了一部分的重复劳动及人工失误,但还未较为深入地利用信息技术及普遍建立较为成熟的信息化方法。

（二）2000—2010 年，以“数字化”为代表的应用崛起

21 世纪初，人们越来越多地利用信息技术对数据信息进行处理和分析，更多地关注信息技术在提高内部运营效率和管理水平方面的落地应用，对管理进行简化，对流程进行重塑，这一时期催生建立了各类业务系统。

在教育后勤领域，全国众多高校在如火如荼地推进后勤社会化改革，这一改革加速了各校后勤迫切需要信息化手段提升后勤管理与服务的效率的需求，为信息化在教育领域的发展提供了良好的契机。同时，国务院、教育部发布了一系列教育信息化相关指导文件。2001 年 5 月，国务院发布《国务院关于基础教育改革与发展的决定》，提出“大力普及信息技术教育”[①]。2002 年 9 月，教育部正式发布实施《教育管理信息化标准》。2003 年 8 月，教育部发布《2002—2003 年教育信息化发展概况》（2003—2007 年逐年发布）。2004 年 3 月，国务院批转了教育部《2003—2007 年教育振兴行动计划》，提出实施“教育信息化建设工程”[②]。教育信息化受到充分重视，享受政策红利，基础网络设施得到了较大完善，应用支撑平台成果显著，这为后勤应用系统建设提供了坚实的基础。

在这一时期，“数字后勤”的概念在全国广泛推行，后勤领域的信息化建设遍地开花，各校结合业务和需求建立了一些创新应用系统。如 2005 年，江南大学充分发挥物联网工程、环境工程、工业设计等多学科的优势，采用了物联网技术监管能源，在全国首创校园级智能能源监管平台——“数字化能源监管系统”[③]。

虽然这一时期出现了较为系统化的应用开发，但系统建设水平良莠不齐，受当时的技术限制，平台大多采用单点登录，信息孤岛严重，为系统的整合、一站式服务、应用推广等带来难题。

（三）2010—2020 年，以“移动互联”为代表的高速发展

20 世纪前十年之后，随着移动通信网络环境的不断完善及移动终端智能手机、平板电脑等便携手持设备的进一步普及，移动互联网呈现爆发式增长，移

---

① 国务院关于基础教育改革与发展的决定. 2001-05-29. https://www.gov.cn/gongbao/content/2001/content_60920.htm[2023-11-01].

② 国务院批转教育部 2003—2007 年教育振兴行动计划的通知. 2004-03-03. https://www.gov.cn/gongbao/content/2004/content_62725.htm [2023-11-01].

③ 石磊. 教育后勤互联网之光. 西安：陕西师范大学出版社，2017：32.

动互联应用向各行各业深入渗透，各种移动技术开发层出不穷，高铁、手机支付、共享单车、网购被称为“新四大发明”，移动互联网深刻地改变了人们的生活。

教育信息化发展也步入了快车道，借着国家大力推进“互联网+”战略的东风，教育部出台了《教育信息化 2.0 行动计划》等一系列文件，提出“数字校园建设覆盖全体学校”以及“发展基于互联网的教育服务新模式、探索信息时代教育治理新模式”①等要求。

移动互联网时代不仅为后勤信息化带来了新的机遇，更带来了后勤信息化的一次系统性跃升：一是数据共享理念为信息系统的发展提供了创新思路，使部门打破壁垒、跨界融合等成为可能；二是云计算、物联网等技术为信息系统的开发和运行提供了更加灵活和高效的解决方案，助力实现更加智能和便捷的服务；三是用户为王，催生了一大批业务场景应用，尤其是建立基于移动端的小应用、小程序、App 等，各校几乎都在这一时期建立了“移动校园”。同时用户体验倒逼管理变革，管理导向转变为服务导向，面向“C 端”师生用户的应用替代面向“B 端”管理者的应用成为主流。在这些基础上，学校信息化建设统一规划、一站式服务整合也加速了进程。

（四）2020 年至今，以“智能物联”为代表的数字化转型

进入“十四五”时期，最明显的特征就是人工智能与物联网技术进一步发展，人工智能与物联网结合还形成 AIoT（Artificial Intelligence of Things），两者能够发挥协同效应，催生出一系列智能化应用，大大加速了智能时代的进程。

与此同时，国家提出并明确了“建设高质量教育体系”的政策导向和重点要求，党的十九届五中全会通过《中共中央关于制定国民经济和社会发展第十四个五年规划和二〇三五年远景目标的建议》。

人工智能与物联网技术也渗透到了教育后勤的业务当中，尤其是防疫工作催生了物联网应用加速增长，将远程监管、无接触服务、AI 红外测温、无人配送、人脸识别门禁等技术在学校范围内进行大规模应用，带来物联网井喷式增长的连锁反应。随着 ChatGPT 在全球范围内掀起生成式人工智能浪潮，人工智能大模型从研发环节“百模大战”到应用领域“百花齐放”，取得了显著成效。在校园 24 小时服务应答、校园安全监控、能源消耗管理以及环境质量监测等领域，人工智能技术的应用使得服务更加精准和高效。

---

① 教育部关于印发《教育信息化 2.0 行动计划》的通知. 2018-04-13. http://www.moe.gov.cn/srcsite/A16/s3342/201804/t20180425_334188.html[2023-11-01]

第三节 教育后勤信息化发展现状

随着数字革命的加速演进，在教育数字化战略行动的推动下，教育后勤信息化建设已经从基础设施建设、局部应用系统建设阶段发展到服务体系建设、全面建设阶段。为了解我国教育后勤信息化建设情况，准确把握全国教育后勤信息化事业发展方向，积极辅助各级教育行政部门及学校精准施策，中国教育后勤协会信息化建设专业委员会于 2023 年、2024 年开展了两次“全国教育后勤信息化建设调研”活动，全国共有 470 多所学校参与调研。调研以线上问卷形式展开，问卷设置 37 个问题，包含学校后勤信息化管理体制机制、资金来源、各后勤业务领域信息化建设现状、新技术应用情况、未来发展方向等方面，旨在全面摸清我国教育后勤信息化发展情况。通过数据分析得出，我国各校后勤信息化建设取得了一定的进步，但也存在一些不足。

一、取得的成效

（一）全国各校后勤信息化建设已实现基本覆盖

各校基本已完成校园网络、数据中心、智能教室、视频监控等信息化基础设施的建设。在此基础上，信息化软硬件在各学校取得广泛应用，基本覆盖各个业务领域，其中在餐饮、公寓、物业、能源等后勤传统业务领域以及 OA 办公等管理层面的建设占比均超过了 50%。同时，后勤监管成为各校的重要诉求，各类服务监管及人力资源管理方面的建设潜力较大。

（二）各校对于后勤信息化建设的重视程度明显提升

后勤信息化体制机制建设不断完善，将后勤信息化建设纳入学校总体信息化规划已成为主流，根据调研结果，65.95%的学校对后勤信息化建设进行了规划或设计，或者将其纳入学校整体规划当中；有 50.86%的学校制定了信息化建设及考核的配套制度；46.55%的学校以发文、会议等多种形式强调重视后勤信息化建设，后勤信息化建设保障措施及手段也不断丰富。

（三）智能硬件设备在各校基本普及

智能硬件设备在食堂、公寓、安防等领域得到了广泛应用。学校食堂的智能电子秤、AI 摄像头、自助称重秤等硬件设备的应用，为师生提供了一个安全、便捷、高效的餐饮环境；以智能水电表、智能洗衣机、智能门锁等为代表的设备在公寓领域满足了师生多样化的服务需求，进一步拓宽了服务的空间范围，提升了服务效率；

生物识别门禁系统、智能照明系统等硬件设施使学校的安全和防控程度进一步提高。

（四）信息化促使后勤管理向精细化、科学化发展

信息化手段促进了精细化管理。信息化办公的普及率接近70%，在人力管理、服务监管等方面，越来越多的学校引入信息化手段；开展数据分析及决策信息化建设的学校数量增加；利用信息技术转变管理理念、创新管理方式、提高管理效率成为共识。

（五）后勤信息化在助力"三全育人"方面发挥了积极作用

信息化平台为师生提供了新的交流和服务渠道。通过提供优质及个性化的服务，满足师生需求，增强师生互动，进一步创新了后勤育人形式，提升了师生满意度、获得感、幸福感，在实现"三全育人"（全员育人、全过程育人、全方位育人）目标的过程中发挥了积极作用。

（六）社会力量成为学校开展后勤信息化建设的有力补充

由于大部分后勤采取自筹经费，在后勤信息化建设经费方面，部分学校积极尝试引入社会力量，如与银行合作或与运营商合作模式成为后勤信息化经费的有力补充，在新业态领域开展了一系列有益实践，为学校后勤信息化建设注入了新的发展动力。

二、存在的不足

（一）后勤信息化地区间发展不平衡问题较为突出

后勤信息化建设程度与经济发展基本呈正相关关系．受经济因素制约，直辖市、省会城市及东部沿海城市的建设水平整体领先，西部地区的建设程度稍弱，各校之间建设水平差异较大。

（二）后勤信息化建设理念不能及时更新，存在一定建设误区

后勤信息化建设理念相对于信息技术发展的程度较为滞后，不能根据政策或社会形势调整而及时变化。部分学校管理者对于信息化的重视不足，还存在重建设轻使用、重技术轻管理、重硬件轻软件等建设误区。不少学校仍有建而未用的系统，从"建起来"到"用起来"之间仍然存在"遥远的距离"。

（三）后勤信息化建设机制不健全，缺乏统一标准

后勤信息化建设受体制机制影响较大，目前部分学校尚处于后勤改革的过程

当中，与后勤信息化建设相关的配套制度及管理办法尚未完善，出现后勤信息化建设进程不够连贯、建设标准不够统一、落地应用缺乏考核和推动的现状，造成了部分资源的浪费。

（四）后勤信息化建设缺乏资金投入

后勤信息化建设的经费不足是制约其发展的关键因素。在各校财政收紧的大环境下，学校对后勤信息化建设的经费投入普遍削减。疫情期间全国学校整体后勤信息化建设水平明显下滑，部分学校甚至出现倒退现象。

（五）后勤信息化建设缺乏专业人才

后勤较大一部分管理者及从业人员对于信息化的感知及应用能力不强，信息化专业人才配备不足，既懂信息化又懂业务的复合型人才更是稀缺，不少学校在信息化方面的培训频次和力度严重不足，从业人员未能熟悉相关操作，导致信息化平台的服务效能未能完全发挥。

第四节　教育后勤信息化建设价值

一、提升效率质量，优化服务生态环境

后勤信息化建设进一步增强了后勤服务的竞争力，显著提升了后勤服务的服务水平与服务效率，有效解决了后勤信息化建设中普遍存在的信息孤岛、信息不对称、信息挖掘利用不足等问题，将数据信息转变为数据资源，为日常后勤服务决策提供了重要支持，进一步优化了后勤服务生态。

二、合理配置资源，提高后勤管理水平

后勤管理服务引入信息化技术，有效地克服了不同时空环境条件下的管理难题，实现了对管理服务过程实时、准确、高效的记录、统计和数据分析，进一步加快了信息传递，可以有效提升组织的响应速度和效率，为资源精细化管理奠定了基础，有利于实现资源的最优配置。

三、降低管理成本，增强服务竞争能力

后勤信息化建设用计算机模拟人工甚至代替人工工作，实现后勤管理服务的自动化和流程优化，有效减少了人为错误和漏洞，提高了服务的及时性和准确性，

提升了师生满意度，大大减轻了人工管理的成本。信息技术也为师生提供了更多个性化、多元化的服务，增强了服务竞争能力。

四、堵塞经营漏洞，提高服务收益能力

后勤信息化建设不仅实现了准确、实时的数据分析，为管理服务决策提供支持，还可以实现对管理过程的监督，提高管理效率以及管理的规范性，最大限度地提高后勤服务效率，堵塞了经营漏洞，提高了经济效益。

五、共享信息资源，规避管理决策风险

通过信息技术实现数据共享，给管理人员按角色赋权，解决了原来的信息闭塞、沟通不畅、数据失真的问题，避免了决策的盲目性和风险性，有效提升了数据共享与协同效率，从多个维度推动后勤内部和外部的沟通与信息共享。

六、赋能风险管控，增强自身调控能力

采用信息化平台实时监控各种设备状态、各类型物资的库存情况、人员工作状况，有效进行服务反馈、质量评价等，给后勤管理者提供更精准的风险管控预警，更有效地防范和应对学校后勤管理服务中的风险问题。

第五节　结　　语

信息化对社会发展的驱动引领作用日益凸显，给生产力和生产关系带来前所未有的变革，有力驱动着技术革命性突破、生产要素创新性配置、产业深度转型升级，极大促进全要素生产率提升，已经成为发展新质生产力、推动教育高质量发展的重要力量。

在当前的数字化浪潮之下，加快后勤信息化建设，推动“汗水后勤”向“智慧后勤”的转变，是当今时代学校后勤工作的重要课题。后勤信息化建设任重而道远，各学校应高度重视、找准切入点、切实发展，努力形成人人使用信息化、人人受益信息化、人人建设信息化的新局面，不断以“一流后勤”标准保障各项事业高质量发展，奋力谱写教育强国建设崭新篇章！

第二章 绘制蓝图

——后勤信息化建设顶层设计

不谋万世者，不足谋一时；不谋全局者，不足谋一域。信息化建设是全局性、战略性工程，想要做好建设，就要先提高站位，做好顶层设计。规划是科学发展的龙头，有效开展总体规划，描摹设计系统架构，梳理厘清管理脉络，是信息化建设成功的必要条件。

运筹帷幄之中，决胜千里之外。下好“先手棋”，通过自上而下地开展设计与规划，使得工作项目化、项目清单化、清单责任化，有的放矢、分步落实，最终将排兵布阵的“作战图”一步步变为高质量发展的“实景图”，把愿景照进现实。

时不我待，让我们一起绘宏图，智慧向未来！

第一节 顶层设计的内涵与外延

一、顶层设计的概念

“顶层设计”概念源于系统工程设计及经济学理论，本义是统筹考虑项目各层次和各要素，追根溯源，统揽全局，在最高层次上寻求问题的解决之道。

“顶层设计”概念被引入我国改革领域，首见于中共中央关于“十二五”规划的建议中①。随着国家全面深化改革进程的不断推进，“顶层设计”概念及思想理论已广泛运用于社会各个领域，被越来越多的社会组织运用于自身发展过程中。

---

① 教育部. 中共中央关于制定国民经济和社会发展第十二个五年规划的建议. 2010-10-18. http://www.moe.gov.cn/jyb_xwfb/s6052/moe_838/201010/t20101028_110287.html[2023-11-01].

“顶层设计”的本义是指自高端开始的总体构想，是一项工程“整体理念”的具体化，强调从全局的角度进行统筹考虑，围绕某个核心目标，统筹考虑和协调对象的各方面和各要素，针对对象的基本架构及要素间的运作机制进行总体的、全面的规划和设计。顶层设计主要涉及战略目标、组织架构、管理体制、业务流程、技术架构、保障机制等方面内容。

二、国外学校信息化顶层设计及 CIO 管理机制

国外对学校信息化顶层设计的探索实践较早，积累了大量经验，诸多名校根据自身校情和发展愿景对信息化工作进行了全局设计。例如，挪威科技大学制定了《校园发展愿景 2060》，着力从发展、创新、数字化、都市化四个维度建设智慧校园，把校园建设与城市发展融合起来，打造优质研究和教学设施。美国斯坦福大学的校园信息化则致力于利用物联网和大数据技术，节省能源成本，展示斯坦福大学的领导力。

国外高校在信息化顶层设计的探索实践方面较为人知的还有设置的CIO职务及与之配套的 CIO 管理体制，CIO 是英文 chief information officer 的简称，直译为“信息主管”，国内较为流行的称呼是“首席信息官”。一般来说，CIO 是负责处理组织中与信息技术系统相关的各方面事务的高级官员。CIO 管理体制则源自企业信息化的发展，是组织信息化发展比较成熟以后的一种信息化管理体制，具体来讲，CIO 管理体制是以 CIO 为领导核心、以信息技术部门为支撑、以业务部门为实施主体的信息化管理体系。

美国高校中的 CIO 属于副校长及以上的高级管理职位，其重要职责包括制定本校信息化建设规划、协调网络业务资源、组织人员培训等顶层设计方面的内容。也有部分学校将 CIO 视为校长助理，通过其与教学、科研及师生生活部门开展合作来推动学校顶层设计的逐步改革。典型高校如芝加哥大学，CIO 直接向学校副校长汇报工作，负责学校网络资源的构建、政策的制定以及信息资源的协调和网络安全防护工作。

CIO 管理体制进入我国学者的研究视野较早，在 21 世纪初就有学者对国外 CIO 管理体制的探索实践进行深挖研究，并探讨其在国内教育信息化中的应用前景。CIO 管理体制具体落实到我国高校中，体现在校级领导统筹下的一体化信息化管理方式。《教育信息化“十三五”规划》中明确提出“要在各级各类学校逐步建立由校领导担任首席信息官（CIO）的制度，全面统筹本单位信息化的规划与发展”[①]。这一要求进一步推动了 CIO 管理体制在我国学校的应用，

① 教育部关于印发《教育信息化“十三五”规划》的通知. 2016-06-07. http://www.moe.gov.cn/srcsite/A16/s3342/201606/t20160622_269367.html[2023-11-01].

国内高校大部分是由校领导担任信息化工作组组长，网络信息部门负责人担任副组长或兼任CIO，统筹推进本校信息化建设工作，中小学中鲜见CIO的职位设置。

我国教育信息化建设领域还有个通俗的说法，即信息化被称为“一把手”工程，这与CIO的管理思想不谋而合，都是自上而下由高层管理者开展顶层设计，再统筹资源进行建设，可见，先有规划、再有建设，已经成为后勤信息化建设行业的普遍共识。

第二节 智慧校园建设顶层设计

一、《智慧校园总体框架》颁布实施

2018年6月7日，国家市场监督管理总局、国家标准化管理委员会颁布国家标准《智慧校园总体框架》（GB/T 36342—2018）（以下简称《框架》），明确规定了智慧校园总体系统架构，从智慧教学环境、智慧教学资源、智慧校园管理、智慧校园服务以及信息安全体系五个方面进行了规范性论述。

《框架》是在教育部发布的《教育信息化2.0行动计划》指导下，综合考虑智慧校园建设中基础设施建设、资源开发、应用开展等多方面工作，为指导我国各学校科学开展智慧校园建设而制定的规范性文件，具有高瞻远瞩的意义，充分体现了当前学校信息化建设工作已经由管理驱动转向流程驱动、数据驱动的发展理念，目标在于建设以人为本的智慧校园“数据生态”治理体系。

根据《框架》内容，智慧校园建设须包含基础设施层、支撑平台层、应用平台层、应用终端和信息安全体系等（图2-1）。

《框架》除对智慧校园相关术语进行定义和规范外，大致可以分为三个方面：一是智慧校园总体架构，提出智慧校园宜采用云计算架构进行部署，并从基础设施层、支撑平台层、应用平台层、应用终端和信息安全体系等方面进行着重建设；二是对智慧教学环境、智慧教学资源、智慧校园管理、智慧校园服务等四个学校信息化主要业务平台建设进行了规范；三是对智慧校园的信息安全体系进行了规范，从技术、管理、网络、数据等方面进行了阐述。

值得一提的是，对于智慧校园管理及智慧校园服务两项业务，《框架》提出既可以将二者作为智慧校园总体框架的一部分进行构建，也可以独立进行部署，后勤信息化作为智慧校园管理及智慧校园服务的重要组成部分，涵盖了校园衣、食、住、行及环境管理等多项业务流程，这一思路为后勤开展信息化建设提供了重要指导。

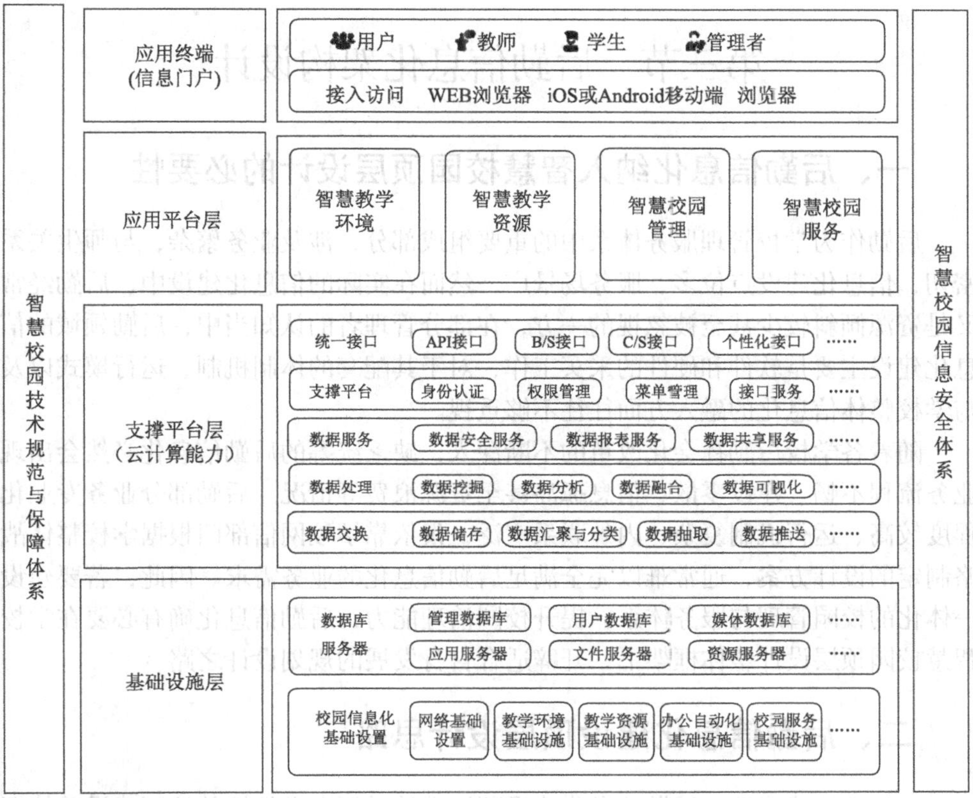

图 2-1　智慧校园总体架构图

资料来源：国家市场监督管理总局，国家标准化管理委员会. 智慧校园总体框架. 北京：中国标准出版社，2018.

二、国家相继出台多项信息化建设规范及指导文件

2019 年 2 月，中共中央、国务院印发的《中国教育现代化 2035》作为我国第一个以教育现代化为主题的中长期战略规划，在顶层设计层面更加明确了教育领域信息化建设工作要求，提出要“建设智能化校园，统筹建设一体化智能化教学、管理与服务平台”①。2022 年，教育部提出实施教育数字化战略行动，加快推进教育数字化转型和智能升级，并将其作为工作要点之一重点推进。

学校管理与服务作为支持教育发展的基础，是教育数字化转型的重要领域之一，为了适应我国教育数字化转型要求，服务立德树人根本任务，各学校需要在后勤信息化规划设计上探索更多的新思路。

① 中共中央、国务院印发《中国教育现代化 2035》. 2019-02-23. https://www.gov.cn/zhengce/2019-02/23/content_5367987.htm[2025-7-10].

第三节　后勤信息化架构设计

一、后勤信息化纳入智慧校园顶层设计的必要性

后勤作为学校管理服务体系中的重要组成部分，涉及业务繁杂，与师生关系密切，信息化建设点位多、服务场景广，然而在实际的信息化建设中，后勤经常又是资源倾斜较少甚至被忽视的一方，在部分管理者的认知当中，后勤领域的信息化建设主要是软件和硬件的采买工作，对于其配套的体制机制、运行模式以及与学校整体信息化的融入方面往往不够重视。

随着各学校后勤社会化改革的不断深入，缺乏统筹的后勤信息化必然会出现业务流程不畅、建设零散、信息孤岛甚至资源浪费等情况。后勤部分业务专业化程度较高、运行机制复杂、内外联系广泛，仅依靠学校网信部门根据学校整体战略制定的设计方案，通常难以完全满足后勤信息化的业务需求。因此，若要建设一体化的校园管理与服务体系，提升校园治理能力，后勤信息化确有必要在学校智慧校园顶层设计整体框架下，开辟适合自身发展的规划设计之路。

二、后勤信息化建设顶层设计思路

一是整体战略性。后勤信息化建设顶层设计需要在学校智慧校园建设总体框架下，从紧密契合学校发展需求入手，遵循“统一规划、统一部署、统一推进、统一实施、多方协同”等原则，需根据学校要求及实际情况制定核心目标设计系统和功能，为预期的整体效应服务。同时，要切记“罗马不是一日建成的”，后勤信息化是一项循序渐进的工作，为达到目标，既要有可落实的行动措施，也要配套建设可持续的发展思路，根据运行情况再进行不断优化、调整，以适应发展目标及环境的变化。

二是强有力的执行性。后勤信息化建设顶层设计带来的不仅是技术手段的革新和应用，更多的是学校后勤管理与服务理念、模式的创新。技术是抓手，管理是保障，服务是核心，在技术变革下，管理与服务要进行相应的变革升级，才能为实现顶层设计核心目标提供支撑。改革势必会带来阵痛，顶层设计的落地离不开各部门的有效配合，这就要求上下一致、推动执行。

三是以人为本。后勤信息化建设顶层设计的核心要点即是以师生为主体，以师生满意为目标，服务好师生的需求。一方面要以信息化为抓手，为学校师生提供精准、高效、及时的后勤服务，推动后勤服务从被动式服务向主动式服务方向转变；另一方面需要充分考虑相关人员需求、行为方式等各个方面，做好各部门

之间的协调工作，要确保各环节的人员及组织能够有序参与，从而避免出现脱离实际、难以落地等情况。

三、后勤信息化建设顶层设计的组成要素

遵循以上三个原则，并综合考虑后勤业务的特性，我们认为后勤信息化建设顶层设计须做好组织架构体系、制度规范体系、业务流程体系、平台建设体系和信息安全体系等方面的建构工作，这几个方面是参考学校智慧校园顶层设计，结合后勤体制机制及业务特点，从全局发展的视角出发，根据技术、业务、管理、服务、机制和文化等各方面环境要素统筹考虑的，其中组织架构体系是关键，制度规范体系是保障，业务流程体系是重点，平台建设体系是核心，信息安全体系是基础。

（一）组织架构体系

组织架构是后勤信息化顶层设计有序推进及良性发展的关键。我们常说信息化是“一把手”工程，CIO 管理机制在国内外高校发挥的重要作用也有力印证了这一点。后勤没有权限也无法直接仿效 CIO 管理机制横跨校级多个部门匹配资源，但可以借鉴其运行机制和思路，建立后勤信息化组织架构体系。在这一模式下，后勤信息化的组织架构体系主要包括决策机构、协调机构及执行机构。

决策机构是后勤信息化建设中主要管理与制定政策的机构，负责对本单位后勤信息化发展规划及重大事项进行审议决策，包括结合学校相关规划要求，制定建设方案，明确建设计划、建设重点、建设原则，制定各项管理制度及标准体系，平衡各系统经费投入等。由于后勤信息化涉及采购、验收、网络资源、网络安全等多个方面，后勤信息化决策机构还应做好与相关业务部门的对接和协调工作，必要时，还应包括网信、采招、资产管理等部门的主要负责人，决策机构成员每年应召开 1—2 次工作会议，明确本年度工作要点和计划，审议相关制度及规划，决定重大事项。为了支撑决策机构科学决策，决策机构还应设置顾问咨询小组，由教育管理专家、信息技术专家组成，负责对后勤信息化发展的重要议题提出建议，参与评价及成果转化工作。

协调机构在决策机构的领导下开展工作，是后勤信息化建设的日常办公机构，负责后勤信息化的日常管理与组织协调。协调机构一般主要由后勤内设部门组成，负责起草有关后勤信息化发展总体规划、工作要点、规章制度，收集并评估业务部门与后勤信息化相关的建设及应用需求，协调落实信息化建设相关工作，组织对信息化系统进行验收评估等。协调机构还要负责做好与校内其他部门的对接，协调安排网络、服务器等信息化资源，做好统一信息化平台的对接及协助工作。

执行机构主要包括各业务部门，负责反馈师生及管理者的需求，落实决策机构制定的规划方针，负责信息化业务在本部门业务中的推广及落地应用。各业务部门要明确本部门信息化负责人及信息化执行人员，在建设前期要积极梳理本部门业务流程、主要需求、存在痛点等，提供第一手的支撑材料，辅助制定相关方案，参与设计系统原型，在建设过程中需根据进度提供建设性的意见，建设完毕后要积极引导部门内部转变思维，不断提升人员素养，将相关软硬件切实用起来，让后勤信息化建设发挥作用，惠及师生。

（二）制度规范体系

制度规范主要指在后勤信息化全生命周期流程中，为约束人员行为、确定办事方法、规定业务流程而制定的包括技术、管理、服务等方面的制度、标准、规范、办法等。在技术层面，主要是确定信息采集、数据处理、数据交换和数据分析的标准和规范，以确保数据结构和数据接口的一致性，满足数据交换的需要；在管理层面，则要建立一整套项目建设、实施管理、资源管理、运维管理、考核管理等相关制度办法，以推进管理向信息化转变；在服务层面，主要在信息化服务的基础上，根据信息化服务思维建立服务人员的响应机制、响应时间、服务话术、服务方式等方面的制度体系，推动传统后勤服务向智慧服务转变。

（三）业务流程体系

业务流程是后勤信息化建设中的主线，传统业务流程是后勤部门服务人员按照既定的顺序、内容、方式，接续或共同为服务对象提供满足其诉求的服务的过程，引入信息化服务后，业务流程则变成了人机共同服务的过程。一般认为，信息化的本质是对流程的重构，流程驱动下的信息化建设要求对业务流程进行精简优化，即立足于不同部门、岗位、角色及服务对象的实际业务需求，对业务进行梳理、精简、优化、再次精简、细化、再次优化，形成优化后的业务流程集合。围绕业务流程这条主线，构建一套能够实现服务需求最大化、便捷程度最大化，符合标准规范的业务系统，实现流程再造和信息化资源的充分利用。

流程驱动下的后勤信息化建设有几大优势：一是有利于真正实现“以师生为核心”的一站式后勤服务，借助信息化技术，能够实现各种业务流程的自动化权限管理、信息传递、流转接续、数据同步和业务监控，有效打破了各个部门之间的壁垒，解决了协同问题，专业化分工由业务系统来实现，部门之间的协同通过数据集成来解决，事务借助重新定制流程的“一站式”界面来办理；二是有利于打破数据孤岛壁垒并形成高质量的大数据，在流程驱动下的后勤业务系统中，各个环节既有明确的数据输入和输出规范，又能收集每个环节产生的中间数据和处理情况，使数据收集和处理成为一种可监控、可自定义的自动化环节，为数据治理提供了高质量的数据资源；三是流程驱动和数据驱动能够产生良性互动，形成良好的数据资源后，数据资源能够为业务流程进一步优化提供决策依据，优化或创新的流程在大量使用后又能产生更多优质数据资源，因而形成流程驱动和数据驱动相互促进、不断提升的新模式。

（四）平台建设体系

平台建设是后勤信息化建设中的根本，是后勤信息化理念、思路的实现载体。后勤信息化建设能否达到预期目标，关键在于平台。师生爱用、好用的平台才能够具备长期的生命力，为后勤服务注入发展活力和动力。

随着一站式服务建设在各学校中逐渐深入，能够有效减少师生行动量、实现一体化服务的综合服务平台建设将成为今后学校管理和服务信息化建设的主要方向。一站式服务平台建设不是对各业务系统的简单集合，而是要以用户为导向，打通各业务系统之间的信息壁垒，整合共享各信息资源，梳理并优化不同服务流程，以统一标准接入所有服务应用，提高服务获取的便捷程度和效率，从而建成开放共享、全面覆盖、多端展示的服务门户，并最终接入学校整体一网通办门户，结合后勤信息化服务特点，建议按照基础设施层、业务支撑层、应用服务层、展示层四个层级进行后勤信息化综合服务平台设计。

1. 基础设施层

基础设施层是综合服务平台的基础，其中包含感知终端设备层、硬件网络服务层等基础运行环境：感知终端设备层主要是指通过智能摄像头、读卡仪、人脸识别、指纹识别、物联网设备等感知终端设备全面采集各后勤服务领域人员、环境和资源等信息，具体包括物与物的感知、人与物的感知，以及系统间信息的感知、捕获和传递等，从而实现对各类管理和服务数据的实时采集、动态更新；硬件网络服务层主要包括网络接入设备、网络信号基站、存储服务器、无线网络设备等物理硬件设备，以及数据库、云服务器、操作系统等软件运行设备，从而为综合服务平台的运行提供环境。

2. 业务支撑层

业务支撑层是综合服务平台的保障，指采用统一的规范和格式，整合涉及后勤的管理、服务、用户、支付以及衍生的其他公共基础信息，作为后勤信息化架构的底层支撑，主要包括统一数据平台、统一身份认证平台、统一消息平台、统一支付平台以及统一集成管理平台等，具备数据处理、统一认证、消息推送、安全支付、权限管理等各项功能。通过业务支撑层的建设，能够实现数据动态汇聚、标准化处理，加强对业务系统、服务应用及第三方服务的深度整合和集约化管理，实现系统之间的无障碍交互及信息高度共享。

3. 应用服务层

应用服务层是综合服务平台的核心。应用服务层首先要梳理面向学校、师生、其他在校人员的管理及服务事项，精简并归类不同层级、不同业务，对服务流程进行再造优化，打造服务体系、监督体系、管理体系、决策支撑体系四大业务体系，聚合涵盖各后勤业务领域的服务系统，包括后勤服务一网通办、学生公寓系统、物业管理系统、餐饮管理系统、节能监管系统、领导驾驶舱等。每个系统相对独立又互相耦合，组成中台业务系统集群，推动实现管理与服务信息化、智能化、精细化。在各业务集群中，坚持服务导向和需求导向，聚焦师生个性化及多样化的服务诉求，以信息技术创新业务流，从各个业务系统当中提取功能点，在前端进行集中展示，为用户提供方便快捷、流程清晰的应用服务。

4. 展示层

展示层是综合服务平台的最终表现形式，要为用户提供有学校特色、符合其审美的使用界面，并支持用户能根据自己的习惯和爱好进行个性化界面设置。用户能够在手机端及电脑端等多个端口，通过统一平台身份验证进入各自业务门户空间，根据不同的身份类型，按照权限级别呈现对应的服务，其中服务对应独立的业务应用场景。用户的服务界面与实际的业务系统相剥离，使得服务过程数据通过各类接口保留至后勤信息化各个业务系统中，进一步提升后勤服务的便捷性，减少师生行动量。

（五）信息安全体系

信息安全是后勤信息化建设中的必要条件。习近平总书记多次强调：“没有网络安全就没有国家安全，没有信息化就没有现代化。”[①]后勤信息化的信息安全主要包含物理安全、数据安全、应用安全、内容安全、用户安全等方面内容，其中物理安全主要包括为保证电力设备、网络设备避免因自然灾害、人为操作、犯罪行为等遭受破坏而建立的保护措施；数据安全主要包括为防止数据遭到泄露、盗用、意外流失等破坏而采取的加密、管理等保护措施；应用安全主要包括使用软件、硬件和程序方法来防止应用程序受到外部威胁；内容安全主要包括对敏感信息、涉密信息、不当言论等进行监控、预警和过滤；用户安全主要指用户信息安全、权限安全、认证安全等。

一般学校已从全校层面对网络和信息安全进行了整体考量和管控，而后勤信

① 中央网络安全和信息化领导小组第一次会议召开 习近平发表重要讲话. 2014-02-27. https://www.cac.gov.cn/2014-02/27/c_1116669857.htm [2023-11-01].

息化的安全管理是基于学校已搭建的安全体系。作为智慧校园的重要组成部分，后勤信息化部门须按照学校网络和信息安全标准，积极做好配合及应用管控工作，定期进行安全隐患排查和整改，以点带面促进学校整体信息安全体系的建立和管理。

第四节 后勤信息化建设中的关键技术

如果将后勤信息化比作造楼，那么顶层设计就是蓝图，是为建起这栋大楼而做的各方面的必要准备，而技术则是决定大楼能否建起、能否实现蓝图效果的重要工具，二者唯有实现有机结合，才能发挥出最大作用，实现建设的核心目标。

一、大数据技术

数据是一种重要的生产要素，也是数字时代的关键治理资源，大数据的价值并不仅仅在于数据资源本身，还在于数据与具体流程相结合而产生的驱动效应。大数据在后勤信息化领域的应用主要是围绕数据采集、数据整理、分析挖掘、数据展现、数据应用等环节，构建大数据存储和分析平台，集中反映各业务系统的运行情况，构建师生服务画像，预测不同时期、不同群体、不同业务的需求趋势，从而有针对性地做出管理和决策变动，及时响应师生的服务需求。此外，数据的分析还可进行及时预警和决策支持，部分学校已在融合业务平台的数据上建立了“后勤智慧大脑”或“后勤大数据平台”，它能够有效提升后勤服务和管理系统的防范预警能力，进一步降低后勤管理的安全风险。

二、物联网技术

物联网是指通过信息传感设备按照预先制定的协议，对事物进行网络的连接，通过将事物的信息借助网络渠道进行传播和交换，从而实现智能化的识别、定位、跟踪监管等功能。物联网作为一种新兴技术，不仅能够对收集到的信息和各种物品进行智能识别、定位、监控和管理，而且能够实现物联传感设备对各种数据的有效采集，将其引入后勤业务，能够提高管理和服务工作的自动化和智能化程度。

通过各类传感器和互联网相互衔接，理论上物联网可以实现“万物互联”。在后勤信息化建设中，可利用物联网接入系统“物体”的特点，定制后勤工作涉及的诸如NFC标签、多媒体设备、校园卡、射频读写器、二维码、RFID标签、环境监测传感器等智能硬件；在基础设施平台上扩展无线射频、ZigBee、2.4G等通信技术；基于后勤服务及管理需要，开发软硬件结合的节能监管、环境检测、水质监测、物业巡检等应用系统。

三、人工智能技术

人工智能是指计算机从数据中学习的能力，具有类人素质，包括推理、意义形成、概括和从过去经验中学习等心理过程。可以说，人工智能本身就是一种新质生产力，人工智能技术给行业发展及产业发展带来了一系列挑战，对人类社会和文明形态产生了不可估量的影响。

近年来，人工智能技术，尤其是生成式人工智能技术取得了突破性进展。人脸识别、图像识别、智能传感等技术也与校园服务结合应用，在编辑、整合、量化、分析各业务部门数据方面，后勤部门借助人工智能技术能够实现智慧化操作，动态抓取师生及管理人员的实际需求，打造决策分析模型；能够助推后勤服务数据的个性化供给，基于师生数字画像，为服务和管理提升提供依据；在人工智能技术应用安全管理方面，能够高效地对各种生物特征进行准确识别，如人脸识别、指纹识别以及虹膜识别等。人工智能技术在门禁、宿舍、食堂、支付等服务场景中开展应用，进一步推动实现了后勤服务的智能化、现代化。

四、移动应用开发技术

移动互联技术是移动通信技术、互联网技术、无线网络和嵌入式系统等有机结合的信息技术，它通过智能移动终端如手机、平板电脑或其他手持终端等接入互联网，实现即时通信、信息交互及其他应用服务。近年来，智能移动终端设备在我国得到了迅速发展及普及。除使用传统的电脑端信息化系统外，广大师生迫切希望能够使用移动终端进行随时、随地、随设备的学习、办公及生活。

以手机 App、服务号、小程序、视频号等为入口的服务平台衍生出了移动应用开发技术。移动应用作为一种轻量级应用，因其无须安装、即用即走的特点，受到了广大用户和企业的青睐。移动应用开发是为小型无线计算设备编写软件的流程和程序的集合，在移动应用开发中，需规划、利用框架工具，利用 API 插件和各类控件进行模块化开发，并能够持续学习、优化性能。

后勤信息化建设应对移动应用开发予以重视，在顶层设计中进行规划考虑，应以统一的公共服务平台为支撑，对业务流程进行精简优化，对平台模块进行改进升级，使信息及服务获取渠道更加畅通，以移动应用的形式开发各类业务服务，为师生提供多种形式的入口，从而搭建智能、移动、灵活、运转高效的移动端服务平台。

第五节　结　　语

后勤信息化建设是当前社会形势下各校后勤管理服务发展的必然趋势，是确保学校后勤管理服务质量的前提和基础，是一所学校整体办学水平和治理能力的集中反映，对于提升学校后勤管理服务质量和水平具有重要意义。

后勤信息化建设也是学校后勤凝心聚力、各部门之间协调配合的系统工程，需纳入学校整体智慧校园的顶层设计中，促进学校的“双一流”建设和高质量发展。

在本章中，后勤信息化顶层设计从组织架构、制度规范、业务流程、平台建设、信息安全、关键技术等方面都给出了较为具体的方案。我们也清醒地认识到，制定架构不易，落实建设更难。如何把信息化顶层设计一点一滴地在学校后勤的实际工作中充分实现，重点在于要结合业务、狠抓落实。

合抱之木，生于毫末；九层之台，起于累土；千里之行，始于足下。各校应积极做好本校后勤信息化的顶层设计，全面整合各类信息化资源，强化数据治理意识，梳理并精简业务流程，变革管理体制机制，构建以学校发展及师生需求为导向，集智慧服务、智慧管理、智慧监管、智慧决策于一体的后勤服务新体系。

第三章　数智一体

——打造餐饮新风尚

民以食为天，中华饮食文明源远流长。中国人讲吃，不仅仅是一日三餐、解渴充饥，它往往蕴含着中国人认识事物、理解事物的哲理。

有人说，记住一个学校最有效的方式不是学校排名而是食堂，毕竟吃是快乐校园生活中不可或缺的一部分。食堂饭菜被戏称为中国的“第九大菜系”，美食不仅是一门重要的“选修课”，食堂里也有属于每个人的独家记忆。

莫说青山多障碍，一蔬一饭总关情。餐饮的极致，是情怀的极致；服务的极致，是精细的极致。信息化与学校餐饮业务相融合，不但能够促进饮食工作提升质效，也为学子们带来更精致的各样菜式、更贴心的饮食服务、更加倍的“干饭快乐”，引领着校园健康饮食新风尚！

第一节　学校餐饮工作的背景

学校餐饮工作是后勤领域最为重要的业务之一，被称为学校安全稳定的“压舱石”。餐饮服务保障质量的高低直接影响到师生的身心健康、学校的安全稳定，乃至学校的形象声誉。近年来，由于学校大面积扩招、师生需求不断多样化等，学校餐饮部门承受的压力不断加大。同时，随着学校后勤社会化改革的不断深入，引入社会力量合作办餐饮成为主流之一，社会力量的引入在一定程度上减轻了学校餐饮工作的负担，丰富了伙食种类和风味，满足了师生多样化的需求，然而，由于社会资本的逐利性等特点，在合作办餐饮形式下如何对社会力量进行有效监管便成为难题。此外，“鼠头鸭脖”“过期原材料”等食品安全事故屡屡冲上热搜，如何加强食品安全溯源、做好食堂监管、守护“舌尖上的安全”亦成为学校餐饮部门的考虑要点。

依靠传统人工管理模式对食堂进行监管，一是耗费的人力、物力成本极高；二是效率和精度难以保证；三是难以对食品原材料进行彻底的溯源管理；四是多元办餐饮模式下，监管难度较大。在学校餐饮领域引入信息化技术，不仅能够解决以上问题，对食堂人、事、物进行精准管理，实现原材料供应链的溯源追踪，还能够满足师生的多样化需求，由此可见，学校餐饮信息化建设势在必行。

第二节 学校餐饮工作的特性

一、公益为先，强化保障

学校餐饮是指主要在校内为学生和教职工提供的饮食服务，包括食材采购、食品加工、餐厅管理及服务、食品卫生安全等多个方面。学校餐饮最主要的任务是做好在校师生一日三餐的保供，让师生能够吃上营养健康、价格相对低廉的饭菜，确保师生能够吃饱吃好，保障师生教学、科研、生活等的正常开展。不同于社会餐饮较为普遍的逐利性，学校餐饮带有公益特点的“保障性”是它区别于社会餐饮的最鲜明的特征。

二、价低质优，兼顾效益

大部分学校后勤餐饮部门采用的是企业化运行模式，要求单独核算、自负盈亏。一方面，教育行政管理部门规定学校食堂要确保安全和质量，让师生健康饮食，明确学校应坚持集中供餐的公益性定位，不得以任何形式从学生食堂营利、侵占学生利益，学生食堂饭菜价格应低于市场司类同质同量餐饮的价格；另一方面，学校餐饮本身又是产业，必须符合市场经济的运作机制，必须讲求效率和效益，否则无法可持续发展。因此学校餐饮工作具有多重性，不仅要保持姓“教”本色，又要符合市场规律。

三、经营多元，管理多样

受服务群体的影响，学校餐饮经营还具有多样性。一是学校集中供餐的时效明显，高峰时间短、并发量大，就餐时人流涌动，非餐点空无一人；此外还受学校固定的教学秩序、生活模式、节假日等的影响，非连续性经营概率大。二是学校餐饮种类需丰富多元。学生们来自五湖四海，南北风味差异大，学校餐饮必须增加花样，来满足“众口难调”的进餐需求。三是学校餐饮管理的多样性。面对校内几万师生，学校餐饮必须满足他们的个性化就餐需求，餐饮管理及服务模式包括自营、联营、外包经营等多种方式，对食堂管理提出了更高的要求。

四、食品安全，重中之重

“食以安为先”，食品安全关系到师生的生命安全，关系到学校的发展稳定大局，关系到学校的声誉和影响。党和国家领导人多次在食品安全工作方面做出重要指示，要求加强食品安全工作“必须抓得紧而又紧”[①]。近年来，虽严抓共管，但学校食品安全问题还是屡见不鲜，校园舆情事件频发，给部分学校声誉带来极大的负面影响。因此后勤餐饮部门应牢固树立食品安全的底线思维，要充分认识食品安全工作的长期性和艰巨性,切实增强做好食品安全工作的责任感和紧迫感，以坚决的态度、过硬的措施、更大的力度做好食品安全工作，严防、严管、严控食品安全风险，切实保障广大师生“舌尖上的安全”。

第三节　学校餐饮管理及监管痛点分析

一、基础设施老旧且并不完善

各校后勤大多是自筹经费，由于预算有限，学校餐厅、后厨等基础设施的升级改造存在比较大的资金缺口，部分使用时间较长的设施设备已脱离时代或难以满足现有需求，存在基础设施不健全和服务资源不足等方面问题。同时，由于在校学生数量的不断增长，学校的餐饮服务设施相对单一，已经难以满足学生日趋多元化、扩大化的就餐需求。

二、管理主体较为多元，管理模式相对落后

为进一步节约成本，提升餐饮服务质量，有相当一部分学校在餐饮服务中引入了社会力量，常见的有竞价承包或联营模式、二级窗口承包等。经营者隶属于社会资本或个体商户。一方面，作为经营者，他们往往追求利润的最大化，以经济利益为中心，存在为短期利益购买劣质原材料等风险；另一方面，经营者的从业素质、职业道德水平、社会责任心等参差不齐，存在一定的不稳定因素，由于并非学校自有员工，管理难度较大，用工风险较大且需由学校承担。但大部分食

---

① 习近平对食品安全工作作出重要指示 强调严防严管严控食品安全风险 保证广大人民群众吃得放心安心. 2017-01-03. http://news.cctv.com/2017/01/03/ARTIyhoyRG79yUkjv6IVZjaN170103.shtml[2025-7-10].

堂除明厨亮灶外，目前对于员工的管理还是以传统人工检查、巡视为主，管理相对滞后。

三、原材料追踪溯源较难，成本较高

近年来，由于物价的不断上涨，学校餐饮部门由于其公益性及保障性服务性质，无法通过大幅度提高餐饮食品的售卖价格来保障自身盈亏平衡，不少学校通过产销联合、集中采购、自行开发蔬菜基地等种种措施，尽可能控制运营成本，以保障为在校师生提供可口的饭菜。然而，目前不少学校中原材料的日常采购、验收和领用普遍以手工或半手工的方式进行管理，存在大量问题，例如大量数据的手工核对、重复录入、统计汇报；管理者无法及时掌握整体及各餐厅的物资库存和供应信息；物资的实际库存与账目信息不符；原始单据保管易丢失，造成原材料追踪溯源难等，不利于节约成本及安全管理。

四、食品安全管理不够严格，监管不到位

让师生在吃得安心、吃得放心的基础上能够吃得营养、吃得舒心，同时还要物美价廉、富有特色，这些要求对学校餐饮来说，不可谓不困难。在坚守食品安全底线这一问题上，国家多次发文做出要求，自 2019 年 4 月 1 日起施行的《学校食品安全与营养健康管理规定》着重要求学校集中用餐应当坚持公益便利的原则，不得侵害师生利益；健全学校食品安全风险防控体系，保障食品安全，促进营养健康。《餐饮业食品索证管理规定》则要求加大对餐饮的监管力度，加强餐饮环节监管，全过程食品安全溯源，完善和加强食品污染物监测和食源性疾病监测体系建设。

第四节　学校餐饮信息化建设优势及作用

随着智慧校园建设及后勤信息化建设的不断演进，餐饮作为学校后勤最重要的业务领域之一，“智慧食堂”这一概念被引入餐饮工作当中并不断发展，智慧食堂包括服务的智能化和管理的信息化，服务的智能化主要体现在师生日常就餐服务中，如线上订餐、自助打菜神器、炒菜机器人、自助结账等软硬件设施；管理的信息化主要是运用互联网手段完成传统管理模式的彻底转型，实现餐饮管理全流程（从原材料需求上报、采购、核算到服务、监管）的线上管理，重要节点和关键环节环环相扣，优化业务流程，使之和管理流程形成闭环，促进工作效率的提升和运行成本的下降，进而提升高校餐饮管理水平。

一、信息化对于餐饮服务质量的提升

在餐饮服务中引入信息化设施及服务是以师生需求为中心、满足师生多样化就餐需求的有力体现。通过构建线上订餐及配送系统，引入自助称量、打菜、结账等设备，师生能够根据自身需要选择用餐场所，用餐更为便捷，用餐偏好得到满足；同时，能够进一步减轻食堂工作人员的负担，提升结算、打菜速度，师生用餐更为迅速，服务人员压力进一步减轻。此外，信息化设施的应用能够协助师生按量取用、按需取用，减少食品浪费现象，为服务育人提供助力。

二、信息化对于食品安全的保障效应

学校餐厅食品安全的重点场景主要分为原材料采购和食品加工两个环节。传统人工管理记录方式效率低，人力成本高，原材料溯源难度较大，信息化建设能够如实、准确、完整地记录并保存食品进货查验等信息，建成全方位的食品安全追溯体系，进一步压实责任；此外，引入智能留样柜、智能摄像头，建设明厨亮灶等信息化场景，能够实现对食品加工的实时监管和全方位监控，保障食品加工过程能够符合安全生产有关要求，降低食品安全风险。

三、信息化对于食堂管理的效益提升

餐饮信息化建设对于食堂管理效益的提升主要在于监管及日常管理层面，引入信息化手段，能够加速在原材料供应环节、食堂巡检、风险预警等场景自动化进程，变传统人工管理为信息化管理，一方面能够迅速完成相应的管理目标，如原材料的快速称重、入库、出库以及信息记录，另一方面能够全面掌握相关人员、物料及服务设施情况，及时进行信息传达和动态变更，帮助管理者充分了解食堂运营情况，以及精准反映各档口经营情况，使评价及反馈有迹可循、有据可依，推动考核及评价的合理化、科学化，从而调动经营者的积极性。

四、信息化对于餐饮工作的监督管理

通过建设餐饮服务监督平台，建立师生与食堂之间的沟通交流平台，为师生提供意见反馈、评价交流的渠道，帮助学校食堂迅速发现问题，并予以回应，拉近后勤同师生的距离，降低舆情风险。此外，监督平台的建设与应用能够帮助师生更好地了解食堂相关工作动态，增加师生与后勤之间的良性互动，增进师生参与感及对后勤工作的了解，同时帮助食堂有针对性地改进服务质量和管理工作。

五、信息化对于食堂决策及成本控制的作用

学校餐厅具备保障属性，但在市场机制下，无论是社会力量办食堂还是学校自营，都需要实现一定的营收，才能持续做好餐饮服务工作。通过大数据等信息化手段的应用，按周期生成经营统计报表，决策者可以直观看到食堂的运营数据及相关动态，从财务统计（日账单、资金流水、公用账户流水）、消费汇总（从用户角度统计所有消费次数、金额等数据）到日销菜品统计（单品菜肴销量统计），形成综合统计分析，为精准决策提供数据分析参考。

第五节　学校餐饮信息化建设的注意事项

学校餐饮信息化建设作为提升餐饮服务与管理质量的重要手段之一，在建设中需要格外注意以下几个方面。

一是确保经费。食堂服务人群大、从业人员多，需实施监管的场所多，原材料数量庞大，对于硬件设备的需求量大，对于平台系统建设的要求高，需投入大量资金，但受制于学校经费的紧缩，在“过紧日子”的运营理念下，食堂经费预算主要用于食堂基础设施的改造升级及日常运营，信息化建设需额外筹措资金。

二是注意避免信息孤岛。随着后勤社会化改革，学校食堂合作经营的比例越来越高，校园内出现多个承包商、服务商的情况越来越多。不同主体的管理标准及系统存在不同，出于竞争等原因，部分主体对于自身运营数据存在保密等要求，如何实现有效监管及统一管理是信息化建设中的主要痛点之一，同时还容易出现系统之间信息不互通等问题。

三是系统需长期维护，应建立食堂专业人才队伍。建立食品原材料溯源体系，需将供应商全部纳入系统当中来，然而学校食堂供应商数量庞大，市场价格存在浮动，且供应商受市场机制影响，经常出现变动；此外，根据食堂运营理念、目标的变动，不同服务设施、系统需进行整体升级及服务配置，需要从业人员对相关硬件及系统的操作较为熟练，但食堂从业人员多为劳动密集型人员，整体在信息化素养上存在不足。

第六节　餐饮信息化建设内容

餐饮信息化建设主要涵盖两大类别：一是面向餐厅管理者的餐饮管理系统，通过信息化手段实现流程管理，包括后厨的人员、食材的采购、餐厅菜品和菜谱计划、后厨安全生产、消防检查、餐厅经营管理、财务管理等；二是打造面向师

生的智慧餐厅，包括餐厅自助结算、学生在线点餐、就餐智能化的设施设备等，通过信息化手段给师生提供更好的就餐体验。两方面联动配合，注重运用硬件设施、云服务、大数据分析、AI识别等技术，共同打造现代化、智能化的学校餐饮管理体系。

在智慧餐饮平台中，常见的系统或功能包括以下方面（图3-1）。

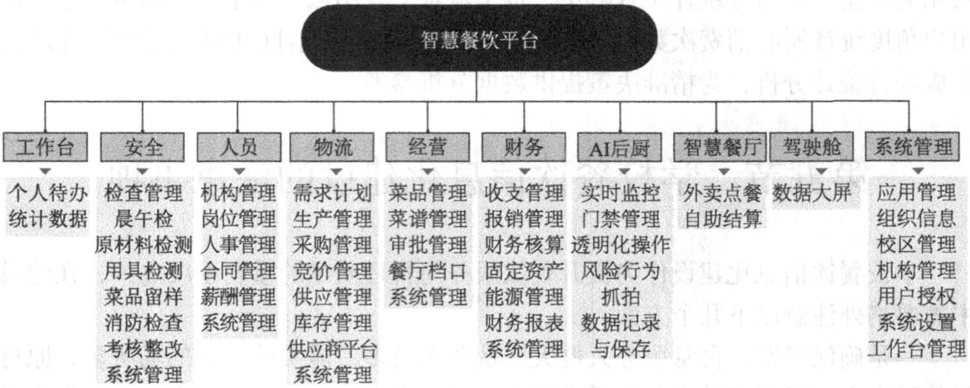

图3-1　智慧餐饮平台架构设计

一、安全管理

安全管理涉及餐厅生产安全和食品安全业务，常见模块包括以下几个。

（一）检查管理

餐厅每日都应该设置安全生产检查，通常由餐厅经理或安检员进行每日1—3次检查，根据餐厅安全标准，检查后厨生产环境、卫生条件、水电煤是否按照标准使用。检查人员可以在系统中提交每个档口的检查结果，结果可以为合格/不合格，也可以给各班组打分。如果有安全生产问题，可以直接提交整改单，并拍照片或视频存档，要求班组整改。

（二）晨午检

为了规范餐饮从业人员在工作前和工作期间的健康检查流程，保障从业人员的身体健康，餐厅各班组人员每天需要进行2次签到和晨午检，并在系统中记录检查结果。管理员可以配置晨午检的检查项目，包括是否感冒发烧、是否腹泻、是否呕吐等。并设置必传照片的检查项目，比如指甲干净、头发干净等。

（三）原材料检测

为做好食品安全监管工作，及时发现食品安全隐患，切实保障全校师生饮食安全，检测中心工作人员每天需要对食堂的各类原材料、档口生产加工的食品进行全面检测，具体包括对农药残留、亚硝酸盐、肉类水分、ATP 微生物、煎炸油品质、吊白块、食用油过氧化值、大米黄曲霉毒素、瘦肉精、铝、工业碱、硫酸镁、二氧化硫、甲醛、糖精钠含量等 70 余个项目进行检测。检测结果第一时间上传至“食品安全信息平台”，通过屏显系统和二维码对外公示，各食堂安装有公示屏，可实时显示检测抽样结果，接受师生监督，实现了互联网+大数据+智慧监管，从快速检测发展到现在的全方位智能检测，及时上传检测结果至互联网大数据平台，开创了校园食品安全管理新模式，做到了管理实时化、在线化，有效提升了食品安全监管能力。

（四）用具检测

后厨厨具与餐厅餐具是师生密切接触的物品，其消毒和卫生程度对师生健康影响重大。检测中心同样需要每日进行用具卫生检测，检测对象包括大肠杆菌、阴离子等多个项目。用具检测结果可以直接通过手机上传到系统中，并自动生成检测结果台账。

（五）菜品留样

系统可以根据每个班组的当日菜谱自动生成留样标签，并将信息发送给标签机，直接打印可粘贴的标签，这可以大大提高餐厅员工的工作效率。同时，系统可以记录每个菜品的留样时间，并对有待处理的菜品做出标注，同时记录菜品的处理时间。

（六）消防检查

为了保障餐厅安全，工作人员需要定期检查餐厅及后厨的消防设备，确保其能够正常使用。管理员可以在系统中设置所有消防设备的信息，并在检查时通过移动端应用查看设备信息，并提交检查结果。系统将自动生成消防检查台账。

（七）考核整改

在日常安全检查中如果存在检查不合格的地方，管理人员可以直接开具整改单，各班组人员可以在系统中查看自己的整改单，提交整改结果，并上传照片或视频。管理人员查看整改结果后，可以进行审批通过或审批驳回，如果通过则整改结束，如果驳回则班组需要再次整改。该模块可以有效监管和督促各班组，积极保障生产环境干净卫生、生产流程合规、规范使用水电煤等能源。

（八）系统管理

在系统管理模块中，可以对安全管理系统的用户权限、用户账号进行管理，并且对系统中应用到的数据字典进行管理。

二、人员管理

自我国实施高等教育扩招政策以来，众多高校经历了快速扩张，包括新校区和食堂的建设。这一过程中，学校餐厅员工队伍迅速壮大。然而，由于许多餐厅员工属于临时工性质，这给后勤人力资源管理系统带来了管理上的挑战。为了有效应对这一问题，建议在餐饮管理平台中增设一个专门的人员管理模块。该模块将负责收集和维护餐厅从业人员的人事信息，从而实现对这一庞大群体的高效和规范管理。

（一）机构管理

对餐饮中心内部的所有机构进行设置，包括中心管理部门、各个餐厅、各个档口。机构可以设置多个层级，并设置机构负责人信息。系统支持机构启用/停用、机构合并、机构调动等功能。

（二）岗位管理

在各机构下对岗位进行管理，包括岗位名称、岗位人数统计、岗位启用/停用等。

（三）人事管理

对餐厅员工的入职、转正、调动、离职进行申请和审批管理，并对人员信息进行统计，包括个人人事档案、调动档案、人员入职/离职统计、生日提醒统计、退休提醒统计等。

（四）合同管理

对餐厅员工的合同进行管理与查询，支持新签合同、合同到期提醒、合同查询等功能。

（五）薪酬管理

对餐厅员工的薪酬进行管理，系统支持员工工资按照基础工资、绩效工资等构成类型进行组合，并支持对员工薪资进行统计与查询。

（六）系统管理

对于人事信息页面显示的信息进行管理与设置，以及对于人事字典以及人力系统的用户账号与用户权限进行管理。

三、物流管理

餐饮管理信息化建设中的重点是通过物流采供系统建立食品原材料溯源体系，以闭环管理的形式，确保物资采购流程的完整性和透明度，做到对供应商的统一管理以及原材料的溯源记录，进一步保障食品安全。同时，不断规范餐饮物流管理，实现食堂物流管理的信息化和标准化，实现业务流程全覆盖，提高工作效率，提升监管力度。

系统一般分为需求计划、生产管理、采购管理、竞价管理、供应管理、库存管理、供应商平台、系统管理等功能模块。需求方、采购方、供应商三方联动，提高工作效率，提供数据采集和分析功能，实现需求报送、采购入库、供应出库等功能，有效降低沟通成本，提高工作效率（图 3-2）。

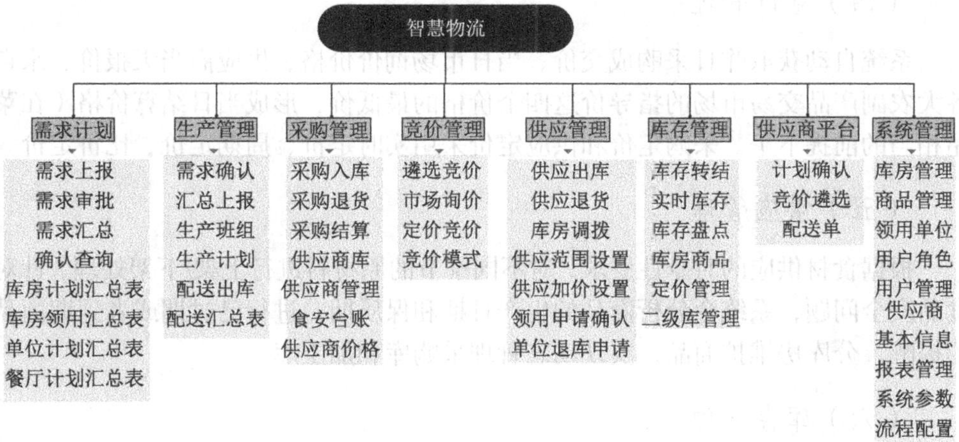

图 3-2 餐饮物流系统架构设计

（一）需求计划

有需求的单位上报需求，采购方下发需求到供应商，然后供应商供应货物到需求方。系统支持手机、电脑等多种方式进行计划的上报，报计划就像点外卖一样轻松方便。具有语音搜索功能，不会打字的人也可进行计划上报以及语音录入，方便快捷地查找自己想要的商品。

（二）生产管理

学校食堂加工库房或中央厨房对加工商品及下属班组进行管理。加工库房管理人员对各需求单位上报的需求计划进行审批确认，审批后系统将自动汇总需求计划，并生成加工库房的需求计划单，将分散的需求计划整合为统一的生产任务清单并分配给下属班组。加工库房各班组人员可以查询每天的生产计划，完成加工后在系统中配送出库，并查阅配送汇总表，便于线下配送，确保产品能够及时、准确地送达指定地点。

（三）采购管理

快速生成采购计划单批量汇总，系统根据各个部门审核过的计划，对相同物品进行同类汇总，展示采购总量，采购人员可以根据历史采购量以及库存量，再次核对采购总量和种类；针对只有一个供应商供应的食材，可以自动匹配供应商，减少采购人员的核对，自动分发给对应的供应商；针对多个供应商供应的食材，可由采购人员自由选择供应商，支持查看材料供应价格，及时了解供应价格，方便进行调整，减少后期沟通。

（四）竞价管理

系统自动获取昨日采购成交价、当日市场询价价格、供应商当天报价、来自各大农副产品交易市场的指导价这四个价格的最低价，形成当日结算价格（在菜品相当的前提下）。采购定价和供应定价采用实时定价、周期定价、比价定价。

（五）供应管理

根据食材供应的时令性要求，对不同季节的原材料进行上架/下架处理。针对食品安全问题，系统会分析商品的生产日期和保质期，进行已过期或者到期商品的提醒，分库房维护商品，实现动态管理采购库和加工库。

（六）库存管理

库存管理的核心业务包括库存结转、实时库存和库存盘点，分别用于年度结转、查询当前库存数量及商品明细账，以及灵活设置周期进行库存盘点。辅助功能涵盖库房商品设置、定价管理、二级库管理、直入直出单据改价和仓位管理，具体实现对商品存放位置和上下限的设定、价格管理与审核、二级库的详细查询与操作、库存商品采购和供应价调整，以及仓库和储位的位置、状态等信息管理。这些功能共同保障了库存数据的准确性、透明度和灵活性，提升了整体运营效率和管理水平。

（七）供应商平台

供应商登录平台，可自行创建登录账号和密码，若供应商忘记密码，支持密码找回功能。供应商配货采用多维度配送，支持供应商通过商品或者需求单位的维度进行原材料计划的查看与配送；同时提供供应商配货汇总表，支持打印等功能，方便配送人员送货，实时修改配送数量：系统支持修改配送数量。

（八）系统管理

点击添加或选择字段关系、字段名称、运算符、数值，可将自定义检索条件保存，下次继续使用，自定义内容可随时维护，进行打印票据的样式修改与新增，无需二次开发，满足客户的个性化需求，真正实现自主搭建、灵活定制、高效复用。

四、经营管理

（一）菜品管理

对各个餐厅、档口的菜品申报与审批进行管理，支持所有档口菜品的查询，并且可以形成标准菜品库，从而规范各个餐厅的菜品。

（二）菜谱管理

对各个餐厅、档口的菜谱申报与审批进行管理，支持所有档口的菜谱查询，并统计菜谱更新情况。

（三）审批管理

对菜品、菜谱的相关申请进行审批。

（四）餐厅档口

对学校餐厅、档口的基础信息进行管理，并且对餐厅与档口的合同进行管理，支持合同到期提醒。

（五）系统管理

对于经营系统的用户账号与用户权限进行管理，设置审批流程，设置菜品类型、菜品属性、档口属性等数据字典。

五、财务管理

（一）收支管理

设置餐厅的收入、支出项目，录入或对接收入及支出项目的明细，并且形成收支台账。

（二）报销管理

录入与审批报销信息，员工可以在移动端提交申请，管理员可以在电脑端或移动端进行审批与查看。系统支持查询各单位、档口的报销数据。

（三）财务核算

根据收入与支出数据，财务部门对餐厅、档口的经营情况进行核算与入账。

（四）固定资产

对餐厅的固定资产进行管理与盘点，形成固定资产台账。

（五）能源管理

对餐厅、档口的水、电、气使用情况进行记录与查询。

（六）财务报表

系统自动生成财务报表，为管理者提供清晰的财务情况统计与分析。

（七）系统管理

对于财务系统的用户账号与用户权限进行管理，设置数据字典。

六、AI 后厨

食堂采用“明厨亮灶”系统具有重大意义，它不仅提高了食堂食品安全管理的透明度，增强了师生对食品加工过程的知情权和监督权，而且通过实时监控和信息公开，有效提升了食堂的自我管理水平和服务质量。此外，“明厨亮灶”系统还有助于构建校园食品安全的长效监管机制，通过技术手段加强对食品加工、储存等环节的监管，降低食品安全风险，确保师生的饮食健康。同时，这一系统的推广也促进了校园食品安全文化的建设，提高了师生的食品安全意识，为营造健康、和谐的校园饮食环境奠定了坚实基础。

AI 后厨系统是一种创新的食品安全监管工具，主要功能包括以下方面。

（一）实时监控

通过在厨房关键区域安装高清摄像头，实现对食品加工过程的实时监控。监管部门可以通过网络远程查看餐饮单位的后厨情况，提高监管效率。

（二）门禁管理

加强食堂出入人员管理，利用 AI 智能分析系统的人脸识别功能对食堂后厨进行严格管控；设立门禁系统，严控人员出入及加工人员健康证管理，如果健康证过期，则不能打开门禁。

（三）透明化操作

使用视频显示技术，让消费者能够直观地看到厨房内部的卫生状况和食品制作过程。

（四）风险行为抓拍

系统具备安全风险行为实时抓拍功能，一旦发现违规行为，可以立即取证并采取相应措施，比如明火离人、鼠患、厨师不戴口罩等。

（五）数据记录与保存

视频数据可以被记录并保存一定时间，以备后续审查和作为监管证据。

七、智慧餐厅

随着我国社会生活水平的不断提高，校园学生营养餐的水平也比以往有了大幅度的提升，但学生仍存在肥胖、超重、营养过剩、体质不达标等营养健康问题。

通过建设餐饮膳食大数据平台，打造智慧餐厅，借助学生公共体育体质检测报告，联合学校医院的体检数据，为每名建立学生的体质档案。整合上下游生态链，依据学生体测大数据，根据每位学生的饮食搭配习惯和每日摄入的营养成分，有针对性地开展科学体育锻炼，形成基于大数据分析的健康膳食食谱。食堂根据相应的数据可以合理安排食谱，提供营养均衡、科学健康的营养搭配，为学生提供全面的膳食营养推荐，助力学生健康成长。对于食堂运营者来说，这一举措还能大幅度地降低运营成本，减少厨余浪费，提升营业额，以科学的方式为学生提供健康膳食，满足学生成长所需的营养，从根源上减少学生的营养不良、肥胖及超重等问题。餐饮管理信息化最终要通过智慧餐厅为在校师生的体质健康出一份力、增一份光。

第七节 实践案例

三峡大学餐饮信息化建设实践

三峡大学后勤保障部本着为师生谋幸福之初心，通过顶层设计，未雨绸缪，统领全局，以发展战略为引领，改革提量，创新提质；以师生需求为导向，管理提升，服务提效。三峡大学依托智慧校园建设规划，建设优质、高效、有序、智慧化的学校后勤大保障系统，以“三全育人”为指导，以实体服务和网上服务相融合，打造后勤5A(anyone、anytime、anywhere、anyway、anything)服务体系。

三峡大学目前共有7个食堂，承担着近4万名师生的生活保障责任。食堂仅有 7800 个座位，就餐压力极大。随着后勤社会化改革的不断深入，三峡大学前后引进了6家先进团餐企业与5个食堂进行合作经营，2021—2014年全面改造了所有食堂，产值和进餐率稳步提升，既缓冲了投资压力，改善了就餐环境，同时对自营食堂形成了管理理念冲击，使之有物参照。

后勤不后，思路先行。食堂管理层、合作经营方、物资供应商全员全过程参与。各方达成共识，利用信息化技术和管理互相融合是未来饮食管理的方向，齐心协力参与软件的落地实施工作。通过专题研讨、深入交流和探讨，各重要节点、难点逐一攻破。对内部岗位职责进行了梳理，对流程进行了优化，提高了效率，实现了全流程把控。

加强财务监管、采购监管，达到对毛利率的控制，是餐饮物流系统的关键，也是饮食管理的核心。既能做好管理又能确保餐饮物流的有序运作，才能提升师生“舌尖上的幸福感”。

（1）流程优化：以需求计划为根本，由各班组进行次日需求计划网上申报，各餐厅生产经理进行审核，系统按类别自动汇总，并按类别发送至各供应商系统中，供应商接到订单后确认计划、组织货源、进行调配，次日由供货商进行配送。质检员根据需求品相进行质量验收，仓库管理员进行数量验收入库。供应商根据系统配送单和系统结算单进行结算。自动生成供应商订单任务，主动提醒供应商（图3-3）。

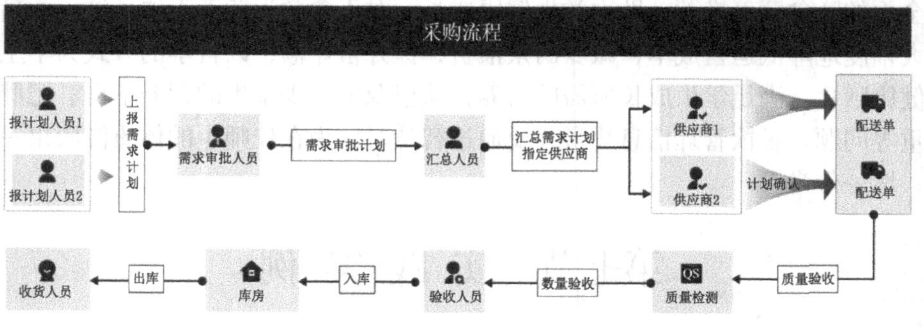

图 3-3 三峡大学餐饮物流采购流程图

（2）价格系统管控：订单自动汇总，免去人工计算，可以单独为需求单位设置供应价，实现科学化供应，呈现待结算、已结算信息，防止漏账。线下询价和系统价格比对结合，形成价格约束机制。伙食物资价格一直是比较受关注的部分，利用食堂的询价体系，可以将询价导入系统形成询价单。供货商配送时填写当日的实时报价单，入库验收时，系统自动比对询价单和报价单的价格，按就低价原则形成商品入库的结算价格。这样既保证了价格在市场中波动的可控性，又保障了采购价格的公平合理性。

（3）加大智能控制：食堂物资多，验收环节烦琐，验收入库时电子秤自动复秤可有效保障验收数量的准确性。采取电子秤对接功能，复秤的简便化、无纸化、准确化操作主要是为了实现班组在收货过程中货物称重后，将数据实时同步在收货人员的手机上，收货人员只需在手机上点击操作，即可精确无误地获取、记录货物数据，便于比对查看及后期调阅，有效提升了工作效率，也保障了数量的精准性。

（4）核算报表自动生成：餐饮成本日清月结，核算及时，核算员每天在系统中输入当天营业收入以及当天产生的水、电、气等成本项目，解决了成本、收支、毛利等指标统计核算困难；针对无法核算到日的问题，系统则自动进行经营核算，并对当日经营情况做出分析，显示当日毛利及各项成本费用的比率，帮助经营人员及时获取信息、得知盈亏情况，让食堂管理者准确掌握变化，及时发现经营中的问题，有效提高了核算的准确性，做到精准分析、实时定位。

（5）阳光采购，食安溯源：核价定价，智能简单。供应商线上竞价，减少暗箱操作的风险，周期性定价维护，及时对接市场变化，支持普通报价、上下浮比报价、优惠报价等多种报价方式。规范原料采购过程，通过互联网可以查阅采供数据，保证采购进价和供应价的透明，原料价格的调整数据都有案可稽，采购进货量、供应出货量、库存量清晰明了，采供支出完全透明，从根本上解决采购货品过程中的“黑箱”问题。规范库存管理，建立完备的原料库台账，统一编码，记录原材料从哪里来，以及供应到哪里去。

（6）一键收货，入库单自动生成：各节点相互制约，各岗位互相协同，原材料的种类和数量来源于班组的需求；结算的价格来自采供人员的询价和供应商的自报价；质量来自质检员的验收；数量来自验收人员和电子秤的计量；保管员在一键收货时生成入库验收单。小小收货单，多方共协同。

（7）网上竞价：2020 年 12 月 16 日三峡大学成功实施“年货食材专项采购网上竞价”，食材包括新鲜鸡肉、鱼肉、猪肉、牛肉等物资。为下一步在原材料规格型号完整、品相品类可控的基础上进行物资网上竞价采购奠定了基础。

凡是过去，皆为序章。智慧后勤建设没有现成范例，后勤人只有坚定实干决心、增强必胜信念，以“不待扬鞭自奋蹄”的使命感、责任感，咬定青山不放松，因校制宜，改革创新，才能探索出一条符合本校校情的信息化建设之路，努力创造经得起实践、历史、师生检验的新业绩。

上海师范大学食品安全信息化管理实践

上海师范大学徐汇校区在全市首推食品安全电子巡检系统，抓牢管人、巡检和预警三个环节，不断提升食品安全数字化管理水平。

（一）NFC 打卡巡检：巡有所踪、查有所据、改有所成

校园食堂的自身安全责任必须落到实处，每日一检须形成常态。目前，多数餐饮单位采用纸质填表巡检，容易出现"人未到，表已填"或者缺项漏项等问题。上海师范大学"桃李居"食堂后厨中，一个个六边形黑绿相间的小装置镶嵌在墙壁上，食品安全员轻轻将手机贴近，手机上就自动跳转出巡检项列表，勾选检查状态、填写检查发现的问题后，检查记录就会同步上传至智能食堂管理系统中，后台可实时查看，整个过程简洁流畅。

巡检项的设定主要参照《上海高校食堂"六 T"实务现场管理评估检查内容和评分标准（2023）》，并结合徐汇区市场监管局日常检查中提出的监督意见，形成统一的检查事项、检查标准、整改要求和反馈机制，包括在备餐间巡检打卡时，会提醒食品安全员检查二次更衣间的门是否正常关闭、紫外线灯消毒是否正常等。

NFC 打卡巡检点在后厨的备餐间、洗碗间、冷菜专间、荤菜加工间等多个关键点位均有设置，其中日检点位 9 个、综合周检点位 1 个，累计涵盖巡检项目数十个，每个点位的巡检表单都是量身定制，各不相同。巡检中一旦发现问题，食品安全员即刻录入系统，系统会自动发送给对应点位的责任人，提醒其及时整改。

（二）智能预警：让风险防范再往前跨一步

数字化监管大幅提升了预防食品安全风险的能力，而提升集中用餐单位的数字化管理水平能让风险预警再往前跨一步，在问题刚刚出现甚至还只是萌芽状态时，就及时发现并解决。

仓库内装卸货频繁，人员流动量相对较大，挡鼠板被人挪开后有时未及时归位。上海师范大学"桃李居"食堂通过管理的数字化转型，针对像挡鼠板移位这样的疏漏能在第一时间预警报送、及时整改。在拿走挡鼠板的第 5 秒，仓库门口的智能管理装置就会发出"哔哔"的尖锐报警音，装置屏幕上弹出"挡鼠板未关闭"的红色醒目字样，系统同时将短信预警推送到管理人员手机上，报警音直到挡鼠板归位才停止。

除了智能监测挡鼠板是否移位，备料间仓库里还设置有主食离墙过近、温湿

度异常等报警提示。墙面两端设置有一对红外对射装置，当大米、面粉等主食原料离墙距离小于10厘米时，就会阻断对射、触发报警。

通过智能留样管理化解高校食堂留样难题也是上海师范大学开展的一项创新工作。高校食堂供餐人数多、供应品种丰富，对每日每餐每个菜品完成规范化留样一直是个大难题。为解决这一难题，上海师范大学积极开展现场指导，食堂升级设施设备，创新引入智能化留样冰箱，实现留样全流程数字化管理。

第八节 总结展望

一是要以师生需求为中心。“民以食为天”，做好师生一日三餐的保障工作是后勤工作的重中之重，学校餐饮信息化建设要聚焦师生的用餐需求，提升服务质量，拓宽服务场景，提升餐饮服务的效率，满足师生多样化的就餐需求，建立师生与食堂的沟通渠道，真诚沟通、主动作为，以优质的餐饮服务为服务育人提供支撑。

二是要以安全建设为根本。食品安全工作关系到学校的发展稳定以及师生的人身健康，学校信息化建设要以做好食品安全的监管工作为重点，致力于建设从供应到加工无死角的监管工作链，一方面要建立起食品安全溯源体系，实现对原材料工作的线上管控；另一方面，注重软件和硬件紧密结合，利用多样化手段实现“明厨亮灶”，规范食堂建设及运营工作。

三是要以高效管理为重点。学校餐饮涉及的服务场景广、档口多，人员数量庞大且较为复杂，学校餐饮信息化建设前应当做好总体规划，做好各餐饮运营主体的对接及统筹工作，尽可能将餐饮涉及的“人、事、物”纳入管理系统当中，结合食堂运行实际，聚焦结算、分账、成本核算、人员管理等餐饮管理工作的重点，建立信息化工作流程，实现管理工作线上进行，转变人工管理模式，提高管理的效益。

四是要以人员培训为辅助。加大培训力度，尤其是在管理人员当中，开展软硬件使用专题培训，提高从业人员的信息化素养及应用能力，通过制作操作手册、开展专题培训等方式，保证相关人员能够流畅使用餐饮软硬件设备，避免因人员操作等问题影响信息化建设效果。

第四章　温馨的家

——综合治理下的未来公寓

“山不在高，有仙则名。水不在深，有龙则灵。斯是陋室，惟吾德馨。”公寓虽小，生活很大，平米之间，蕴含情谊。

公寓对学生来说，不仅仅是一张架子床、一间遮风挡雨的屋子、一个可居住几年的临时住所。在这里，有卧谈夜话的温馨与亲密，有宿管阿姨一声“同学，你好”的问候与感动，有同窗好友之间的磨合与情谊，饱含苦与甜、笑和泪。无论你在或不在，它都在那里，等着你回来，它是你在校园里的一个家。

温馨小家，温暖大家。让我们乘着信息化的小船，努力让这个“家”更美好！

第一节　背　景

学生公寓是落实立德树人根本任务，以及对学生进行思想政治教育、素质教育和实施“三全育人”的重要阵地，是学校开拓“德、智、体、美、劳”五育并举融合的创新空间，是组织和引导学生开展日常学习生活实践、参与社交活动、培养行为习惯、娱乐休息和调整身心等的重要场所。

伴随着教育的改革发展，学生公寓的重要性越来越突出，主要表现在以下方面。

一、入住学生数量多，公寓体量大

随着全国各层级学校办学规模的全面扩大，各培养阶段的学生人数也有明显的变化。教育部发布的《2022 年全国教育事业发展统计公报》显示，全国共有各级各类学校 51.85 万所，各级各类学历教育在校生 2.93 亿人。若不考虑学前教育阶段，在校生合计已逾 2.4 亿人，其中小学阶段 1.07 亿人，初中阶段 5120.6 万人，普通高中及中职学校 4053.16 万人，高等教育总规模 4655 万人。根据上述数据推测，当前国内寄宿学生的总体规模已达到数千万甚至近亿人。

二、公寓条件成为学生择校的指标之一

二十年前教学资源尚且不足，办学主体拥有绝对话语权，如今学校反而成为被选择的对象。随着社会经济的发展及人民生活水平的提高，越来越多的教育行业管理者意识到，除了教学科研能力以外，学生的生活舒适性也是更多家庭考量一所学校综合实力的重要指标。

三、公寓是开展文化与思政工作的重要阵地

公寓可谓是学生在校内生活时间最长的地点，这里是没有上课铃的课堂，是在校学生的社会单元之一。具有不同家庭背景、性格爱好、生活习惯的学生住在一起，相互交流影响和产生思想碰撞，因此，良好的宿舍氛围对学生的个人成长、人格建立，以及世界观、人生观、价值观的形成都具有非常重要的导向作用。在一个学习氛围好的宿舍中，成员们都能相互激励、相互帮助，会产生良性循环。

四、公寓是开展党团活动的重要载体

组建公寓功能性党支部，可以在学生群体中充分发挥党支部的引领和战斗堡垒作用。开展以宿舍为载体的团学实践活动有利于全方位、多角度推进学生综合素质发展和提高基层学生组织的战斗力。在宿舍中通过学生党员和学生骨干的带动作用，引导学生自我管理、自我服务、自我教育，不断提升主人翁意识。

五、公寓文化建设是校园文化建设的重要组成部分

公寓文化不仅与学校当前的思想政治教育、学风建设、校园风貌、学生行为规范等指标密切相关，还与社会舆论反馈、毕业生就业升学、校友黏性等学校中长期发展因素密切相关。由于学校公寓的特性，公寓管理需要后勤服务团队与学工思政队伍、教学队伍、群团组织联动管理，但大部分学校的思政队伍和教学队伍通常是在学院机构、教学楼、行政办公室等地开展工作，与学生生活的公寓物

理空间有一定距离，而把全部或者绝大部分工作力量前推至学生公寓的后勤管理人员是不现实的。

综上，学校公寓管理的重要性不言而喻。近年来，各校对于与学生生活息息相关的后勤保障工作更加重视，相应增加了资金投入，加大了管理力度。国家及各省级教育行政管理部门也出台了多个公寓（宿舍）管理及物业服务规范、安全防护规范等法规和条例，但要提高学校公寓的管理水平和服务效率，公寓信息化建设势在必行。

目前，各学校的业务需求结合新一代信息技术已成为发展趋势，通过新型信息化手段开展公寓管理及服务、思想政治教育、学生管理、心理健康教育、党团活动等既可以跨越距离鸿沟，又可以达到事半功倍的效果。学生公寓信息化建设的努力方向主要是：以服务学生为中心，把握问题、需求和应用导向，统筹发展和安全，强化系统思维，以数据资源为关键要素，以新一代信息化技术为有力支撑，以数字化、网络化、智能化促进学校公寓信息化升级，实现科学化、精准化、高效化。

第二节　学校公寓信息化建设的现状与挑战

在近十年的快速发展中，国内学校公寓建设及信息化建设水平已逐步提升，大部分学校的公寓管理系统能够满足管理的基本需求，供需关系基本维持平衡。部分学校在办校规模扩大、校园合并及分校区办学等利好政策的支持下，随着国内互联网、移动支付、5G通信等技术高速发展而搭上发展快车，部分学生公寓的信息化建设进入了初具规模乃至进一步优化升级的阶段。

然而，信息技术的日新月异又让人目眩神迷，哪些旧设备需要更新？哪些新技术需要采用？快速升级既可能面临较高的采购价格，又可能面临新兴平台刚上线即过时的风险，而保守推进无疑将导致整个管理及信息化发展的迟滞。因此学校应进行充分的技术调研和需求评估，要明确信息化建设的宏观目标和微观要求，需要重点考虑设备的可靠性、兼容性和可维护性。学校公寓的信息化采购不应是“一锤子买卖”，而是与供应商建立一定时长的合作关系，包括设备的采购和持续的系统维护，甚至预留一定的开发拓展空间。此外，学校也要根据技术发展去保持设备的持续更新，要定期进行专业技术评估，探索公寓管理的新兴信息理念、技术、设备和应用。

一、常见的公寓信息化服务内容

目前国内各学校的信息化建设标准化程度不高，发展水平良莠不齐，但大部分学校的学生公寓信息化服务系统都涵盖以下内容。

（一）教育网或广域网络系统

宿舍房间内设置网线接口和电源插座，部分学校的宿舍房间有无线网络覆盖。

（二）宿舍管理及信息平台

宿舍管理及信息平台供宿舍管理人员、辅导员和学生使用。宿舍管理人员通过平台对宿舍房间及床位情况进行查询，开展安全检查，对宿舍入住率及床位利用率进行分析；辅导员对学生入住房间进行查询，以及对住宿及退宿情况进行登记等；学生可以通过平台查看宿舍分配结果及室友情况。逃生疏散图、房间排布图、楼栋设施分布图等在平台上循环展示。平台通常还对数据资源进行收集、整合、存储与分析，实现学生的"用户画像"，更有针对性地为个体提供服务和管理。

（三）安全防护、监控与报警系统

大部分学校在公寓的公共区域安装了监控摄像头，对宿舍楼内外的公共区域进行实时监控。在宿舍楼出入口通常配备安全门禁系统，学生出入宿舍时需要刷卡或扫脸登记，只有获得授权的学生、教师和工作人员才能进入。将风险人员面部特征录入系统"黑名单"，其风险行踪可触发提醒或报警。

（四）其他集成系统

为了便捷学生的生活服务，围绕公寓生活场景，集成其他平台或服务，提供更便捷的入口，如以下几种。

（1）报修系统：学生在网络平台上对其房间、家具及其附属设施进行维修申报，平台实现维修受理，工作人员派单，学生查询维修进度并对维修情况进行反馈。

（2）能源管理系统：部分学校提供智能水电表和空调等设备的余额查询、远程缴费及通断电等服务，以及在公寓区域设置了一些新能源充电、放电、储电设施，可开展一定的能源调控。

（3）交流平台：通过宣传板、意见箱、在线聊天、论坛、Vlog、游戏等方式来促进学生与学校之间及学生彼此之间的互动，有助于形成线上与线下互动紧密的学生社群。

二、充分发挥公寓服务的信息化优势

学生在公寓区的生活特点是停留时间更长、约束性相对弱、精神状态平静放松、交流意愿强、隐私性要求高、个性化要求高、习惯性行为多，以及跟家庭成员、挚友或室友的互动更多。因此，在宿舍区域开展教育工作更适合通过年轻化、朋辈化、集体化、轻松化、自觉化的理念和方式达到打破陈规、潜移默化、润物无声的引领效果，而上述教育理念及方式无一不是信息化手段的绝佳适用场景。同时，学生在公寓中产生的数据种类多、数量大、准确性及可靠性高，具有极高的开发挖掘利用价值。

目前，已有部分国内学校将在公寓中采集的数据用作学校日常运行及发展决策管理的参考，例如通过门禁进出统计分析等进行学生行为引导、通过入住人数动态调整食堂的采购规模或疫情防控的安排、通过学生日常报修频次推导修购资金的合理使用等。然而，这些应用还远未达到公寓数据利用效率的最大化。对学生在公寓中的行为进行适当采集，变成数据，还可以用于指导校内各单位推进教育教学、维护学生健康、指导就业实践、保证校园安全以及提升学校管理治理能力，也可为科学化的学生管理引导提供研究样本。

三、学校公寓信息化建设的注意事项

（一）信息化建设的核心是业务管理和流程逻辑

除了当前极少数的深度学习系统，计算机系统总体还是依托一些给定的逻辑进行计算、记录、推测等工作的。换言之，信息化的逻辑是无法通过计算机或者信息系统自动生成的，而是由管理人员先给出公式、标准等，信息化系统才能顺利工作。所以，逻辑的设定比信息化系统的稳定性、运转速度等都重要。一些规模较大的寄宿制中学或高校每年需为成千上万名学生进行床位安排，若试图通过信息化手段来进行合理安排，就需要先进行安排优先级的逻辑设定。

以研究生床位安排系统为例，由于学制和学年的多样化，其公寓的床位安排逻辑既可能是优先按毕业年份集中，又可能是优先按院系、班级或课题组集中。前者更有利于学生宿舍的整片区域维修整备或条件提升，而后者则更有利于学生的日常管理。各校需要根据本校校情和管理理念，设定后台管理逻辑，信息系统再“照章办事”。

（二）需要注意数据孤岛化问题

由于大部分学校信息化建设缺乏顶层设计，负责规划的后勤管理或信息化建设部门也受限于高层态度、学校财力、部门地位等因素，难以达成一致意见。在学校的整体管理系统中，不同的功能模块或部门之间无法有效地实现数据的共享与交互，导致数据处于孤立的状态，无法实现整体的数据流动和综合分析，在具体实践中，通常表现为以下方面：采集行为孤立；数据隔离，无法互访；数据格式不统一；缺乏集成，来源分散，处理分散，无全局构架等。数据孤岛化带来大量问题，如工作冗余、硬件冗余、数据不准确、信息化工作效率下降、信息科学化水平低等。

以实现最基本的公寓住宿数据库运行为例，从数据来源看，首批数据来自招生数据库，随后要与学生管理数据库、学籍管理数据库进行动态比对；同时要将住宿地点、学生日常表现、门禁出入记录、生活消费情况等推送到财务系统、学生管理系统、学生交互系统、心理健康预警系统、保卫安全防范系统等系统中。可见信息化不是某一个部门的事情，而是涉及大学现代化治理与内涵式发展的底层逻辑和关键要素，需要从学校层级上进行整体的信息化顶层设计和规划，同时也需要学校层面将各基层管理单位、各运行实体进行有机整合，才能实现信息化建设合力。

目前各个学校已逐步通过开放数据整合与共享、统一数据标准、建立中心数据库或数据池、开发集成系统、开展数据治理、管控使用权限、推进综合分析与整体决策、开展统一的信息化管理培训等措施，逐步解决数据“孤岛化”的问题。

（三）做好功能提升与隐私保护之间的平衡

信息化水平提升的获益显而易见，但同时也会涉及大量的个人隐私信息的存储、访问和利用风险。学生公寓采集的住宿管理系统涉及的学生隐私信息非常多，是学校开展个人隐私保护的重点单位。为了加强对个人隐私的保护，应在如下方面做好规划：明确的隐私政策制定、系统分级权限管控、数据集中化管理、数据分级匿名化及脱敏化处理、反网络攻击水平提升等。此外数据管理及使用单位应对数据的使用方式进行公示，开展严格的数据使用监管，开展隐私教育，强化数据安全意识，开展阶段化隐私影响评估，注重日常的反馈响应及调整等。

第三节　学校公寓信息化建设的主要内容

基于当前公寓的日常运行管理、育人阵地建设、安全生产、学生关心关爱帮扶、公共卫生服务等要求，结合当前多数高校已建设的信息化技术系统，列出如下信息化建设具体内容供参考（图 4-1）。

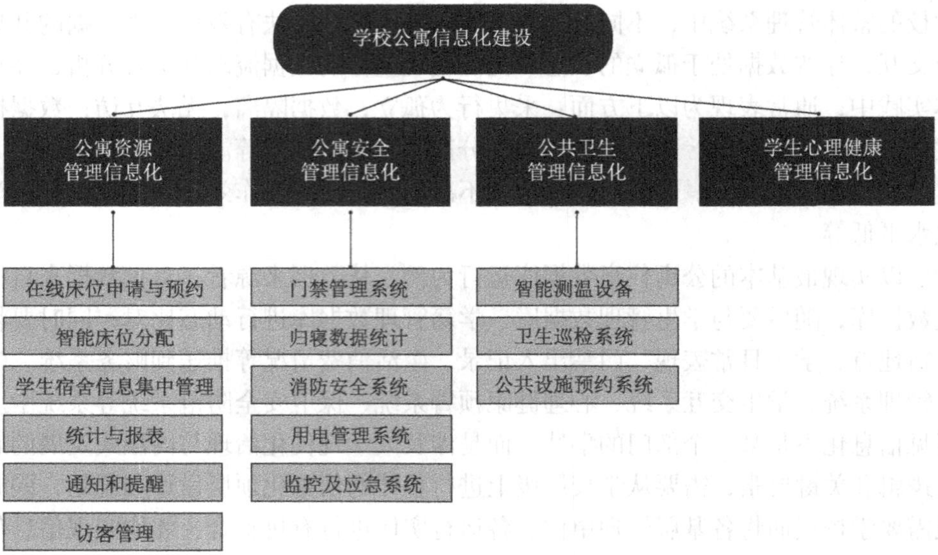

图 4-1　学校公寓信息化建设内容

一、公寓资源管理信息化

学生宿舍房间、床位安排和管理系统是公寓信息化建设的重中之重，是宿舍管理员、思政辅导员开展学生日常管理的重要抓手。目前主流的公寓管理系统是基于数据库技术和信息化手段的综合应用，旨在优化学生宿舍的床位资源分配和管理流程，提高床位分配的公平性和利用率，同时增强宿舍床位管理的智能化和便捷化，是宿舍数据系统的核心和中枢。各学校公寓管理系统的完善和成熟程度不尽相同，目前常见的功能主要包括以下几点。

（1）在线床位申请与预约：学生可以在规定的空间范围和时间内通过学生信息系统进行床位申请和预约。部分系统可以给学生一定的自主选择权限，新生在入学选房时可以挑选自己喜欢的朝向、楼层甚至具有相同生活习惯的室友等。

（2）智能床位分配：一些学校的信息化系统中引入了智能算法，根据学生的培养阶段、学科特点、生源地位置、个人偏好等数据，结合宿舍资源的分布情况，进行床位的智能分配。

（3）学生宿舍信息集中管理：系统将学生的个人信息、专业、年级等信息集中管理，并与学生管理系统、教务学籍系统的部分信息进行动态匹配。

（4）统计与报表：信息化系统能够生成床位使用、学生日常表现、零星维修、清洁考勤等统计数据和相关报表，学校管理层可以通过这些数据了解入住学生和宿舍资源的相关情况。

（5）通知和提醒：系统支持向特定学生群体发送通知和提醒，如临时停电、强降雨预警等。部分学校还有紧急联系人数据库，以备不时之需。

（6）访客管理：学生的教师或亲友来寝访谈，系统有相应的登记功能，以确保访客身份的真实性和访问记录可查询，确保宿舍秩序。以中国科学技术大学宿舍管理系统为例，信息系统平台简单易用。

学生宿舍床位安排和管理系统一般设有不同的访问端口及界面。学生端一般包括住宿信息查询、入住申请、调宿申请、退宿申请、入住码、退宿码展示等。教员、管理员端则包括公寓迎新、公寓日常事务办理、公寓检查、公寓安全、名单查询、学院花名册、楼栋花名册、统计筛选、毕业生离校、在校生假期离/返校统计及住宿审核等功能。

学生宿舍床位安排和管理系统的发展方向主要有以下几个方面。①智能化和个性化：进一步提升智能化和个性化服务功能，让更先进的人工智能技术和大数据分析，考虑到更多学生的个性化需求，为每位学生提供更加符合其喜好和需求的床位安排。②提倡社交与协作：信息化系统可以融入社交功能，让学生能在系统内部进行交流和协作。学生可以提前认识室友及其他学生，增进了解和友谊。假期离校后，社交平台也可继续用于学习交流。③数据分析和决策建议：未来的系统可以进一步加强对床位安排和宿舍管理相关数据的收集和分析，例如：长学制或本硕博连读的学生平均入住年限是多少？非全日制硕士的平均入住率是多少？通过智能分析为学校优化床位资源的分配，为公寓资源合理供给提供数据分析和决策依据。④教育引导及网络社区建设：打造依托学生住宿空间的网络社区。依托“一站式”学生社区综合管理模式，建设信息化（移动端）综合服务大厅。集成党团建引领、宣传阵地建设，育人服务入驻，教务学习服务、学生自组织服务、就业实践服务、安全教育宣传等板块建好学生健康向上的网络家园，增强学生公寓的社区感和归属感。⑤移动化应用：系统将更加移动化，提供小程序等移动端应用，方便学生随时随地管理和查询公寓资源信息。

二、公寓安全管理信息化

学生宿舍的安全管理主要包括治安、消防安全等。当前，绝大部分学校的学生宿舍都通过信息化手段提高了宿舍的安全等级，将大量安全隐患防患于未然。

（一）门禁管理系统

门禁管理系统的优势是显而易见的，主要包括以下几点：通过提升安全识别精度，保障校园安全，通过门禁识别放行、监控并进行人脸比对，排除校园安全隐患，提供人、财、物、隐私等全方位的安全保障，创建安全舒适的学习生活环境；提升通行识别效率，增强体验使用监控辅助、门禁闸机等技术手段，对以往的通道进出口设施进行升级，提升校园安全管理效率，增强师生在校学习、生活的体验；大大降低人力管理成本；提供完善的宿舍管理归寝统计数据。

（二）归寝数据统计

归寝的数据统计可以给管理人员推送“出比进多”“进比出多”“夜未归寝”“多天未归”“多天未出”等异常情况，此外一些后台的“深度学习”功能还可以通过学生的日常行为为学生进行虚拟画像，并对一些可能的风险行为做出预警。设想一名每天进出宿舍十分规律的同学，进出宿舍的时间突然出现明显波动，系统如果再发现教务系统中其考试成绩明显不理想，即可向其辅导员或学术导师发出预警，使他们采取合理的关心帮扶措施。再设想两名异性同学以往的校园消费时间、图书馆进出记录、自习室预约时间地点一致性较高，若该一致性突然消失且一名同学出现夜未归寝等风险行为，系统也可立即推送风险提示。

（三）消防安全系统

办学历史悠久的老旧学生公寓建筑无法承受喷淋系统的新增荷载，可通过较高精度的烟感报警器，加强消防系统的感知能力。烟感系统中枢应同时与学校保卫部门或社区消防站相连，加强专业消防部门的感知响应。烟感系统的合理运用应与校园禁烟活动相配合，降低误报率。

（四）用电管理系统

目前在用的系统主要是进行简单的功率限制，超过目标功率即跳闸断电，这就杜绝了大部分电加热器和小电炉的使用，提升了宿舍安全防范水平，但这也把部分计算机、数学建模、图形处理等专业同学的大算力电脑等正常电器拒之门外。目前可以选装更智能的“电流指纹识别”技术进行甄别处理，其原理主要是通过监测用电器在启动、运行过程中线路产生的电压波动和电流扰动，采集信号进行比对识别。该技术不仅可以及时发现短路、过载、电弧、漏电等安全隐患，还可以分区定位危险设备接入（如电瓶车充电、电暖器使用）、异常用电行为（如饮水机、空调长开忘关）、设备故障（空调电机卡阻、线路接触不良）等，发出报警。

（五）监控及应急系统

监控系统的主要优势有：①直观可视、具体生动，不仅能实现较大范围监视，还能放大观看关键细节；②图形信息量大、实时性好，并具有主动检测及干预的能力；③图形信息资源丰富，更能方便做图像处理与识别，更便于进行智能化管理，如直接通过图形处理器进行分析，对存在风险的行为进行预警；④可以通过遥控以及辅助设备（云台、喊话器等），在监控综合情况的同时进行一定的远程干预；⑤可以节约管理资源，将数个监控视角进行汇总或滚动显示，在一个监控中心完成对数个风险区域的监控；⑥可与防盗、防火报警及门禁等其他安全技术防范体系联动运行，使防范能力更强大，使预警和报警更准确；⑦可以把被监视场所的图像及声音记录下来，为事后的调查提供依据，为现场处置提供证据；⑧宿舍摄像头还可发挥其他额外作用，如晚点名考勤、面部情绪分析、步态与健康分析、灾险情报告等。

配置方面，按国家标准《宿舍、旅馆建筑项目规范》（GB 55025—2022）要求，宿舍项目应设置安全防范系统、有线电视系统和信息网络系统。宿舍应在门厅出入口设置视频监控装置。根据国家（推荐）标准《中小学、幼儿园安全防范要求》（GB/T 29315—2022），学生宿舍楼（区）的出入口应设置视频监控装置，宜设置出入口控制装置，通道宜设置视频监控装置，实时显示及回放图像应清楚辨别通行人员体貌特征。按国家（推荐）标准《普通高等学校安全技术防范系统要求》（GB/T 31068—2014）要求，宿舍属于学校重点防护的公共区域，宿舍的出入口应安装视频监控装置，宜安装出入口控制装置；主通道、楼梯口和电梯轿厢宜安装视频监控装置；门卫室宜安装紧急报警装置；周边宜安装电子巡查装置。但是，由于宿舍属于学生的生活区域，一些涉及隐私的区域是禁止安装音视频采集设备的。

监控摄像头的安装主要需要考察的外部因素包括安装位置、环境照度、供电安全（变压直流供电或 PoE 之间，建议优选 PoE，但若监控与主机距离太远，会造成网络信号传输困难）、图像传输（根据网速、清晰度、主机存储空间共同匹配）。

主要的监控摄像头参数包括光圈大小、曝光时长、增益高低、日夜转换、红外图像采集（防过曝）、背光补偿、动态范围、摄像头镜头焦距（有 2.8 毫米、4 毫米、6 毫米、8 毫米、12 毫米等多种，焦距越大，视场角越小，监控距离越远，2.8 毫米焦距适用于电梯、过道、楼梯等狭小的环境，4 毫米适用于宿舍大厅内、深夜自习室等稍大一些的场景，而围合院子、宿舍外围等更开阔的地方则可以选用 6 毫米及以上的镜头）。各监控摄像头安装后一定要经过白天、黑夜、晴天、雨天等实际工况的调试，确保不会出现过暗或过曝等采集信息无法识别的情况。

当前监控摄像头除了普通的音视频监控功能外，还可选择 360 度鱼眼全景、高分贝报警、非接触式温感报警、烟雾探测报警、红外高温报警、电瓶车违停/经过报警，员工在岗检测、安全通道占用检测、本地声光警报、语音喊话等功能，可供各学校根据自身防控实际情况进行安装。

根据治安防范的管理实践，部分非日常进出通道需要关闭。如果在每一个通道都设置了磁控门，日常是关闭的，可以在每扇门旁边都设置应急按钮，楼宇管理员处有所有通道门的“一键全开”按钮，在应急情况下可以快速开启。与此同时，加装临时照明及监控系统，在应急情况下可以实现人员快速有序地就近疏散。

值得注意的是，安全管理系统自身的管理规范、数据安全及网络安全防范措施一定要完善，切勿出现学生行为相关数据或安全监控影像资料等被泄露的问题。另外，信息化安全设备再完善，也离不开人的管理和维护。学校宿舍管理员、信息化管理部门工作人员应切实加强日常巡查，师生员工应经常开展逃生演训，确保关键时刻信息化防范设备“零失效”，以及每个师生员工“零差错”。

三、公共卫生管理信息化

2019 年底新冠疫情暴发以来，病毒在全球迅速蔓延，对人类社会造成了巨大冲击。但在这次疫情防控中，中国国内的公共卫生管理及信息技术管理水平得到了高速发展并取得了明显的进步。针对学校的学生宿舍，具体的信息化技术应用包括以下几项。

（1）智能测温设备：配置具备测体温功能的无接触式门禁系统，使用面部识别、NFC、二维码识别等无接触验证方式进行通行识别或考勤，减少因接触导致的感染风险。经过这次疫情，红外快速测温设备得到了多次迭代，逐渐趋向成熟。目前，大部分红外测温仪能够在距离额头 10 厘米左右的位置以 0.2 摄氏度的测试精度在 0.5 秒内测出人员的体温，与门禁系统搭配使用，对体温异常的学生发出提醒，并将信息推送至校内疫情防控和学生管理部门。

（2）卫生巡检系统：首先利用信息化系统合理规划公共区域的清洁排班，宿舍管理员可携带智能设备（或者利用监控），通过巡检软件对公共区域进行巡查。巡查内容包括洗手间、走廊、楼梯间、公共厨房等地方的清洁卫生，以及检查卫生设施运行是否正常、垃圾是否及时清理等。系统记录巡查时间、地点和结果，并可拍照上传，形成数字化的巡检报告，并明确责任。

（3）公共设施预约系统：通过信息化系统，学生可以在线预约使用公共设施，主要包括公共浴室、快递驿站、共享洗衣房、健身房等，可做到定时定向开放，在一个时间段内只对一个管控片区内的学生开放，避免人员聚集和交叉感染。在两个时间段的间隙进行全面消杀后，再对下一个管控片区的学生开放服务。

四、学生心理健康管理信息化

学校通过信息化手段对学生心理健康进行管控处置是近年来才开始逐步推行的做法，可以帮助学校及时关注学生的心理状态，提供个性化的心理支持和干预措施。

学生生活区、宿舍区应该是学生心理健康状况的感知触手以及心理健康教育与实践的下沉式前沿阵地，学生在宿舍区心理状态更放松、更真实，接受正向引导教育的效果更显著。在感知方面，学生的进出寝时间、洗浴时长、单独使用校园卡频次（即长期未与其他人在同时同地刷校园卡）、网络访问时长、运动频率、图书馆进出频率、学业成绩情况、课业完成及旷课情况等都可以协助进行学生的大数据画像，再用于特定学生的心理健康分析，供学校学院进行学生分类管理以及提前发现和干预风险。同时，在“一站式”学生社区综合管理模式建设过程中，学生宿舍应适当配置心理健康引导方面的信息化配套设备，包括有一定声光电交互设备的心理咨询室或者活动室，设置带有监控、防撞及降噪处理设备的心理宣泄室等。

第四节　学生公寓信息化建设的亮点特色

一、信息化管理与人员管理相结合

智能辅助驾驶技术再先进，驾驶员依然需要把手放在方向盘上。同理，在学生宿舍的管理与服务中，即使信息化能发挥巨大的作用，但这始终是一种手段和方法，也是途径和策略，其背后依然需要宿舍管理员、生活老师、辅导员、学术导师、心理健康教师等充分发挥人的核心管理作用。其中信息化系统要汇总、存储、校对数据，供教师掌握利用；要智能判断存在问题风险的学生，供教师进行风险分级和重点关注；要精准识别安全风险点，供管理员及时处置；要收集、汇总、分析学生住宿体验，供宿舍管理员不断优化服务。总之，再智能的信息化系统也离不开人在教育、管理、服务中发挥的关键作用。

二、思政教育与公寓信息化相融合

对于思政教育和关爱帮扶，有信息化加持的公寓保障主要是提供“虚实结合”的办公场所。为了与同学们“同吃、同住、同学习”，辅导员实体办公室、研究生导师轮值办公室等应设置在学生宿舍区，并通过信息化手段为其赋能，包括配置教职工办公设备、加装前述各类平台查询分析终端、加装信息告示板、根据空间布设小规模研讨设备等，并根据各宿舍实际情况选配文艺、体育、心理教育、劳动教育、自习、交友等功能设施。虚拟办公室则应设在学生社区交互系统中，教职工参与到学生的日常交流讨论中，对交流讨论和互动话题进行正向引导。

三、在“一站式”学生社区建设中发挥积极作用

习近平总书记在全国教育大会上提出，要培养德智体美劳全面发展的社会主

义建设者和接班人。[①]然而，在我国目前的教育实践中，“五育”工作却存在问题，主要体现为时间与空间的差异，第一课堂和第二课堂缺乏融合，以及学习、实践和生活空间相互分隔. 因此, 推进和建立以学生生活为服务对象的“一站式”学生社区综合管理模式可能成为新时代学校内涵式发展的重要着力点，特别是在住宿空间和课后时间开展工作方面。

信息化在学校“一站式”学生社区综合管理模式建设中应发挥积极作用。首先，要拉近信息服务与学生之间的“最后一公里”，整合学生需要的信息，构建生活区（宿舍区）的信息一体化平台。可以实施全过程的社区建设及学生成长纪实与展示、全景“一站式”育人案例汇总整理及供给、全链条跟踪评估与决策支持、师生全员互动的线上交流园地、最新消息发布、全培养阶段大型开放式网络课程（massive open online courses，MOOC，又称“慕课”）系统支撑、全时段丰富多元的云端学生活动等等，具体模块包括并不限于以下几个：具备成绩查询及分析、选课、自习室预约、图书借阅等功能的教务系统；党团活动、文化实践活动查询和报名系统；学生综合素质认证体系查询及分析系统；学生就业信息查询及宣讲会预约系统；针对学生学习生活及注意事项的大厅展示屏幕等。其次，按照“一站式”学生社区教育力量下沉的要求，宿舍应适当配置音视频交互设备和小型聚会空间。

教育部思想政治工作司 2023 年的重点工作之一就是推动校园文化建设提质增效。文明宿舍建设活动正是校园文化建设和“一站式”学生社区综合管理模式推进工作的重要举措。通过信息化手段，可以建立以宿舍楼或围合社群为单元的、有管理又不失活力的学生网络互动社区信息化平台。利用平台中的音视频、图片存档及回放功能，以寝室为单位进行行为记录，建立对寝室集体的荣誉激励机制。将廉洁教育、优秀传统文化与“寝室文化节”等系列主题活动相结合，可以在不影响学生休息的区域配套学生文化空间、运动空间及劳动教育基地，配置一定的音视频交互系统，丰富学生的课余生活。

学校应建立各部门汇总的信息数据池，后台系统可根据数据分析及个体情况为学生推送个性化的事件告知和关心提醒，如合理用眼、适当运动、久坐提醒等。通过数据的有机整合促进校内学习实践与生活空间的融合，进而推动“五育”并举。

四、助力学业帮扶与辅助

在新冠疫情暴发时期，大部分寄宿制学校都将课程形式网络化，将课堂地点

① 习近平. 坚持中国特色社会主义教育发展道路 培养德智体美劳全面发展的社会主义建设者和接班人. 人民网. 2018-09-11. http://dangjian.people.com.cn/GB/n1/2018/0911/c117092-30284991.html[2024-03-20].

分散化。疫情后，网课教学依然是一种重要的学习方式。学生上网课的地点多在学生公寓，其承担的主要功能为课堂教学的预复习、与课程大纲相关的知识拓展、兴趣教学等。公寓信息化建设在学生的学业帮扶方面还有其他应用，包括互联网学习资源共享及数据库的建立，即通过公寓信息化系统，共享学习资源和资料，开展笔记漂流、教学视频及参考书籍推荐、学习软件库建立等；建设智能化学习环境，即利用宿舍公共空间设置智能化设备，如智能白板、智能投影仪等，提供小型互动式学习环境，让学生们在生活区进行小组讨论、分享展示等更轻松的学习交流活动。

第五节　实践案例

四川大学公寓信息化建设实践

四川大学是一所教育部直属全国重点大学，是国家布局在中国西部的重点建设的高水平研究型综合大学，是国家“双一流”建设高校。截至2023年初，四川大学共有学生宿舍楼（或围合）68 栋，宿舍房间超过 1.7 万间，学校住宿学生（含本科、硕博士研究生）共近 6.1 万人，是全国住宿人数最多的高校之一。目前四川大学学生公寓的信息化建设正在快速推进、发展和完善中，仍有较大的发展空间。

学校公寓智能化设施和系统主要有以下几类：①网络覆盖方面，每个学生床位都设置了有线教育网端口，宿舍区拥有全面的无线覆盖（SCUNET 及 eduroam 服务）。②安全方面，第一，宿舍（或围合园区）大门配置了三维人脸动态识别技术，该识别技术对眼眶、鼻梁等面部凹凸部位进行三维比对，既提高了日常识别准确率，还能在强弱逆光、戴口罩、面部有污渍的情况下提高识别正确率。第二，为了日常的治安管理，国内大多数宿舍的非进出口通道门都是关闭的，而四川大学宿舍在每一个通道都设置了应急开启系统、临时照明及监控系统，能在关键时刻“一键全开”，实现人员快速就近疏散。第三，所有宿舍园区和进出口、电梯等关键位置都配备了视频监控，可以存储较长时间的影像资料。第四，学校正在推进烟雾报警设施进宿舍的计划。第五，智能电控系统覆盖了学校所有宿舍房间，均能实现过载跳闸，从技术上杜绝了大功率违章电器的使用和短路故障的发生。③能源管控方面，宿舍普通照明用电和空调实现双线独立供电，双线均设置后台远程充电及能源使用分析系统；有十余栋宿舍楼顶增设了光伏设施，在用电波峰或冬季“空气源”热泵效率低时提供一定的能量补充。④零星维修方面，学校设置了网络报修平台，学生可网上报修，平台分单派单，维修工上门维修。

平台还能够对维修数量、维修用时、维修费用及返修、回访、评价等进行存档和分析。⑤在宿舍管理方面，学校上线了公寓管理信息系统，系统包含日常管理、安全检查、临时住宿、离/返校管理、统计查询等功能模块。其中，日常管理模块包含住宿管理、床位调整、申请审批、住宿核查和学生信息日志等子项，而统计查询模块主要包括全面住宿查询、电子花名册、住宿轨迹查询、房源统计和住宿统计等功能。

近几年，四川大学公寓管理人员依托信息系统每年顺利完成近 1.8 万人的老生退寝及新生迎接，以及 6000 余人的宿舍调整；对 3.4 万个用电回路进行准确计量，并有针对性地进行节能宣传；完成 2 万余次的宿舍零星报修，大多能在 12 小时内实现派单，并在完成后充分收集学生的意见和建议；依托 70 余套门禁系统、400 余套应急逃生系统、近千个监控摄像头以及 1.7 万个房间全覆盖的智能电控系统，让学生公寓在近五年实现了消防、安防零事故。学校现已建成 30 余个宿舍区的"一站式"学生社区，实现了辅导员全部入驻，这些"一站式"服务点均提供了教员办公设备，均建有针对学生管理服务的综合信息服务终端。

学校公寓未来的智能化发展方向主要是：公寓资源管理系统的软件更新、强化与学校整体信息化平台的实时联动和数据互通、对安全防范及节能减排等设备的硬件更新，以及通过对收集数据的合理发掘和深度学习引导服务提升。

第六节 总结展望

作为学生在校生活的主要场所，未来学生公寓信息化系统建设将面临更多机遇和挑战，具体如下。

一、智能化和自动化

未来的学生公寓信息化系统将更加智能化，引入更多的自动化流程和人工智能技术，例如：智能感知设备可以实时监测宿舍楼的用电、用水情况，预测报修需求，优化能源使用；智能分析系统根据学生行为匹配最适合的室友；智能机器用于卫生清洁工作，减轻人工的负担等。

二、物联网技术应用

物联网技术的发展将为学生公寓信息化系统带来新的可能性。通过连接各种设备和传感器，可以实现宿舍服务设备的远程感知和控制，实时获取环境数据，提供更加智能化、健康化的管理服务，以及更及时的设备维修响应服务。

三、智能安全系统

智能安全系统将得到更广泛的应用，包括智能门锁、视频保护、入侵警报、用电监控、灾害应急响应等。这些系统可以与学生身份识别、手机应用、报警提醒等相结合，提供高效安全的宿舍管理环境。

四、虚拟现实和增强现实

一些远程教育课程可以在不同时间、不同地点无差别开展，学生宿舍也许可以通过虚拟现实技术作为课堂的延伸或补充。同时虚拟现实和增强现实技术有望应用于新生宿舍的布置和装修展示等方面，为学生提供虚拟的宿舍漫游体验，让学生在入住前了解宿舍的情况，增强学生对宿舍的归属感。

五、大数据和数据分析

随着数据的积累和大数据技术的发展，学生公寓信息化系统可以更好地进行数据分析，发现宿舍管理的潜在问题和趋势，合理配置资源，并提供更科学的决策支持。校园学生管理系统也可以通过数据分析，感知学生的心理压力和部分学生的生理健康情况，并开展有针对性的工作。

六、个性化定制服务

通过学习管理系统和智能学习分析，根据学生的学习习惯和需求，提供个性化的学习资源和推荐，帮助学生制定学习计划、解答问题和评估学习进度，提高其学习效果和自主学习能力。信息化系统也能使学生宿舍管理更加个性化。学生可以通过系统选择个性化的宿舍服务，比如选择特定的寝具、定制饮食等，提高学习生活效率，以及宿舍生活的舒适度。

七、网络安全和隐私保护

随着信息化程度的提升，网络安全和隐私保护将变得更加重要。未来的学生公寓信息化系统需要加强数据的安全存储和传输，以及对用户个人信息的隐私保护。

八、全面融入的学校管理系统

未来的学生公寓信息化系统将更加融入学校的整体管理系统，与教务管理、学生信息管理等系统紧密结合，成为未来校园信息化管理的重要板块。

九、可持续发展和绿色环保

未来的学生公寓信息化系统建设将更注重可持续发展和绿色环保。例如，通过智能能源监测系统，可以实时监测宿舍的用电和用水情况，识别节能潜力和优化供给计划，推广资源节约型设备，引导学生养成良好的节能减排习惯等。

十、贯穿线上和线下的社交协作平台

学生公寓信息化系统可以成为学生社交和协作的平台。学生通过系统内的社交功能，可以与同学进行线上交流、协同编辑、组队合作、共享资源等。同时，系统也可以提供宿舍交流会客厅预约、书籍预约送达等功能，方便学生在宿舍内进行团队合作和学术交流。

十一、学生的私人智能助理和互联互通

未来的学生公寓将加强与智能助理和互联网服务的连接。学生可以通过语音助理控制宿舍设备、查询信息、管理日程等，智能助理可以根据学生的短期或长期计划匹配学校的学习、科研资源，根据其空闲时间匹配体育锻炼设施。同时，智能助理还可以进行健康监测、正向互动、行为引导、心理问题排查等工作。

第五章 开拓创新

——促进物业服务多元化发展

古人曾观书有感："半亩方塘一鉴开，天光云影共徘徊。问渠那得清如许？为有源头活水来。"可见，环境对人的影响是潜移默化的，通过不同的环境感受心境的变化，可以悟出更深层的境界、品味更广阔的人生。

物业工作是校园环境工作的重要一环，可谓是学校服务领域里最庞杂、最烦琐的工种之一，学校里的每一片草坪、每一朵花、每一处景，都凝结着无数物业人员的辛劳和汗水。物业服务也与师生日常学习、工作、生活密切相关，充分体现了物业服务不可或缺的作用。

近些年，在"大物业"的学校后勤发展理念下，物业服务成为串联学校后勤多元化事务的重要纽带。随着信息技术的不断成熟，其应用推动物业服务不断创新和变革，服务方式由劳动密集型逐渐向技术与劳动相结合的新型模式转变，学校物业行业正在以崭新面貌进入新的发展阶段。

第一节 学校物业服务信息化概述

一、学校物业服务

"物业"一词来自英语 real property 或 real estate，最初被译为"财产、拥有物、房地产"等，原是我国香港、澳门、广东地区对房地产的俗称，后来逐步转变为规范化术语，专指已经建成并具有经济或使用价值的土地、房屋及其附属市政、公用设施、毗邻场地等。现代物业概念不局限于房地产领域，而是包括居住物业、商业物业、工业物业、机构物业在内的综合性产业形式，其服务对象和业务类型也在不断增加，服务能力持续提升，与人们的生产和生活密切相关，在改善人居环境、维护社区和谐稳定等方面作用日益显现，已经成为现代服务业的重要组成部分。

学校物业管理服务场景主要包括校园公共基础服务、教研辅助服务和生活配套服务。校园公共基础服务基本上与物业管理行业“四保一服”（保安、保洁、保绿、保修、客户服务）内容一致，包括客户服务、房屋及设施设备管理、秩序维护管理、校园清洁管理、校园绿化管理、校园消杀管理等内容；教研辅助服务包括教学楼服务、图书馆服务、体育场馆（场地）服务、会务服务、实验室服务、劳动教育服务等内容；生活配套服务包含教职工公寓管理、学生公寓管理、开水间管理、校园餐饮服务、校园巴士服务、校园快递服务、校园洗车服务等内容。

学校物业管理模式主要有后勤自行管理、专项委托管理和全委托管理三种。[①]后勤自行管理模式是学校后勤主导管理校园物业的模式，现在全国学校中占有一定的比例。该模式包括两种类型：一种是学校后勤管理部门或相关机构代表学校与后勤物业管理部门签订物业管理合同，模拟市场化运行机制，但双方的关系仍然以行政为纽带；另一种是学校后勤成立后勤产业公司，按照后勤社会化改革和现代企业制度的要求，后勤服务系统与学校行政系统分离，实现市场化运作方式。专项委托管理模式是学校通过选聘依法设立、从事物业管理活动的具有独立法人资格的物业服务企业，依照国家有关法律法规的规定和物业服务合同的约定，将学校区域内的房屋及设施设备管理、秩序维护管理、保洁管理和绿化管理等其中的某部分内容委托给物业服务企业的管理模式，这已成为当下学校较为普遍的物业管理趋势。全委托管理模式是学校通过选聘依法改立、从事物业管理活动的具有独立法人资格的物业服务企业，依照国家有关法律法规的规定和物业服务合同的约定，将学校区域内的房屋及设施设备管理、秩序维护管理、保洁管理和绿化管理等委托给物业服务企业进行管理的模式。

此外，学校物业业态正在突破传统的“四保一服”，呈现“大物业”的发展趋势，向快递、餐饮、商业等更多增值类项目拓展，建立师生与周边商业、医疗健康、校内咨询、快递物流、就业信息、时政新闻、娱乐文化等的联系，形成了一个具有相对独立性的校园社区生态系统。

二、学校物业服务信息化

当前，学校物业管理服务的专业度和师生对于多样化服务的需求不断提高，

① 张柳华. 现代高校后勤管理实务. 北京：中国政法大学出版社，2022：8.

物业服务组织借助互联网、物联网、大数据、云计算、人工智能、5G 等新技术与业务进行跨界融合，物业行业的科技含量快速提升。

“信息化”既是学校物业的发展方向，也是学校物业发展的最终目标。以技术赋能为核心的学校物业信息化建设，契合当前学校规模化扩张的背景，能够以更强的统筹力、协调力应对学校物业类型多样化、质量要求标准化、服务供给高效化、服务形式人文化等特殊要求，为我国教育后勤高质量发展开创更优的发展路径。当前，在信息化成为物业行业发展主要趋势的背景下，学校物业信息化建设逐步开启，不仅成为助推物业服务行业提高服务能力的重要突破，也成为学校提高其社会竞争力的重要内容。

第二节　学校物业信息化建设的意义

一、增强学校物业服务专业化水平

学校物业服务的专业性直接决定了物业服务的质量，专业化物业服务体现在物业服务组织对服务对象诉求的准确判断、对服务需求的及时受理、对服务过程的准确把控、对相关技术的熟练掌握、对投诉建议的及时反馈等方面，专业化的物业服务供给能够充分释放学校发展活力，为学校教学、科研、学生生活提供优质保障。

二、推动学校物业服务标准化建设

学校物业相较于社会物业较为封闭，在实践上存在形式多样、标准不一、过程混乱等现象。物业信息化本质上是各种物业相关数据、服务流程、技术准则、反馈机制、评价内容标准化的过程，要求在服务流程、服务评价等方面有明确的准则，能够有效倒逼学校物业服务标准化建设工作的推进。

三、促进学校物业服务降本增效

与住宅类物业不同，学校的非营利性质决定了其用于物业服务资金投入的有限性，而其教育高质量发展又要求物业服务的优质化。物业信息化建设能够节省信息传递、业务申请、人员调度等环节所产生的时间、人力等成本，有效实现降本增效的目标。

第三节　学校物业信息化建设的原则

一、坚守物业的服务本色和理念

长期以来，人们对“物业”的理解偏向于管理，由此产生了“物业管理”的概念，但随着市场经济的全面发展及社会观念的转变，物业逐渐回归“服务者”的本色。一方面，学校物业信息化建设应明确为学校提供高质量后勤保障服务、为广大师生创造舒适便捷的教学科研环境的方向，在物业信息化建设过程中紧扣学校物业特殊性，充分挖掘学校发展目标、物业特殊性、师生个性化需求等内容，以更贴近学校实际、师生需求的理念搭建更具务实性的信息化物业服务体系。另一方面，学校物业信息化建设应以提高师生满意度为准则，物业服务组织在运营过程中应避免技术应用与师生需求脱节的问题，在物业信息化建设筹备阶段充分了解师生关于信息化物业的认知和建议，挖掘当前物业服务存在的不足，识别师生对学校物业服务的需求，以师生满意度作为物业信息化建设的风向标。

二、重视需求多样性和技术普遍性的融合

学校物业信息化建设要以确保物业在教学和科研保障方面的功能正常为前提，重视技术基础性、促进技术融合性、鼓励技术创新性为行动指引，满足服务场景下需求的多样性，根据每个物业的用途和特点、物业使用者的需求关注点和理念，对信息化系统的重难点建设进行调整，以满足具体学校的要求。如对于规模较小的学校，物业信息化建设的目的应在于强化具体业务办理的便捷性；对于规模较大的学校，则应在增强便捷性的同时，强调不同物业服务项目间的交互和信息联动。

三、明确学校和物业服务组织在物业信息化建设中的角色

学校是物业服务的购买方，物业服务组织是服务的供给方，物业服务组织应按照合同约定向学校提供相应的物业服务。学校物业信息化建设是对传统物业服务模式进行技术革新，由物业服务部门提出需求方案并落实方案的具体执行，物业管理部门进行审核和监督，师生共同参与，多方联动建立公开透明的物业监管体系。

第四节　学校物业信息化建设的难点

一、思想意识转变

学校物业信息化建设是一项具有开拓性和创新性的持续性工程，是对传统物业服务在流程、评价、绩效等方面制度规定的重塑，会在服务内容、服务形式、服务理念等方面对传统物业形成冲击，甚至会对学校管理产生直接影响。同时，学校物业信息化建设作为新事物，还面临师生满意度的考验，需要学校在文化建设上对智慧物业进行支持和宣传，引导师生形成对物业信息化建设的容错意识。因此，无论是物业服务组织或学校管理者，在推进学校物业信息化建设中均面临一定的挑战，为推动学校物业信息化建设顺利进行，需要物业服务组织、学校管理者在思想观念上有充分转变，深刻认识到物业服务向信息化发展的必然趋势，正确进行短期利益和长期利益的判断，坚定支持学校物业信息化建设的方向。

二、技术及应用创新

学校物业信息化建设是将人工智能、大数据、物联网、云计算等新型信息技术应用到学校物业服务领域，各类技术在应用方面的创新直接关系到学校物业信息化建设的成效。更丰富的信息技术类型、更深入的信息技术探索，能够为学校物业信息化建设提供多样化选择，拓展学校物业信息化建设的边界，不同的技术架构能够产生差异化效能，学校物业信息化建设要重视在技术应用方面的创新，在技术层搭建过程中探索更符合学校物业服务需求的技术路径。当前，学校物业信息化建设趋势显著，但在建设内容上存在较强的同质性特征，学校物业信息化在功能、内容、端口、应用等方面仍存在较大提升空间，亟待创新和突破。

三、线上与线下融合

信息技术是学校物业信息化建设的基础，但并非全部。学校物业信息化不能脱离“物业服务”的根本属性而存在，有效的物业服务最终仍需要依靠人力来完成。因此，学校物业信息化建设应重视线上信息整合与线下人工服务的融合，而线上与线下的衔接往往成为建设的难点。一方面，物业人员工作需要依靠线上的信息化系统进行科学统筹和配置，信息化系统通过对学校各类物业内容的数据收集、判断和处理，确定物业服务任务并及时向物业人员进行分派，实现线上对线下的信息传递和支持。另一方面，硬件数据的收集并不足以支撑学校物业服务的专业性、标准化和高效率，线上信息化物业系统需要物业人员将工作过程、结果、师生评价、师生满意度等信息上传，帮助信息化物业系统形成更全面的信息数据库，为物业服务决策提供更丰富的信息支持。

第五节 学校物业服务信息化建设内容

一、学校物业信息化建设基本架构

学校物业信息化建设是将信息技术、服务流程、师生需求相结合，首先通过信息技术将硬件与软件相联系，实现数据采集、数据集成、数据处理，并将处理结果或任务传导至物业人员层，开展线下物业服务，进行与服务对象的交互，对于师生来说，可以通过集中入口提出服务诉求，实现便捷高效的业务“一键办理”，形成具有体系性的信息化物业服务系统（图 5-1）。

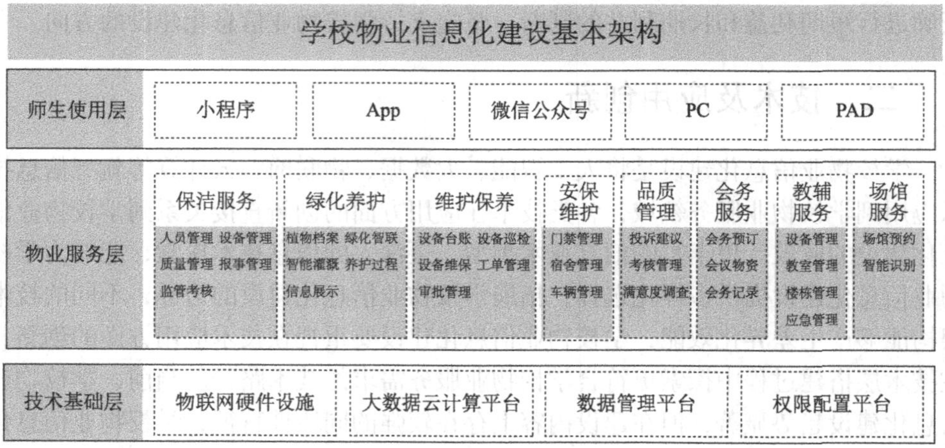

图 5-1 学校物业信息化建设基本架构

（一）技术基础层

技术基础层是学校物业信息化建设的平台支撑，决定了所有上层建筑运行的可靠性。具体来看，技术基础层主要包括两项工作，一是物业智能化，指学校物业硬件设施的智能改造，赋予设施设备唯一识别码，运用传感器、全球定位、射频识别、红外感应等装置与技术，全面感知、识别和记录水、电、气、热、安防、消防、电梯、空调、照明、管线、变压器等设施设备的运行数据，实现对学校物业的数据自动化采集。二是数据集成化，指将物业数据集成到统一的大数据云计算平台，并对数据进行信息识别、信息处理的过程。信息识别即根据物业管理规范、设施设备运行要求、既定养护规则等对所收集的状态和信息进行判断，做出是否需要进行干预的决定。信息处理即系统根据判断结果，将物业服务任务派发给具体的物业人员，实现由线上到线下的信息传递。技术基础层最终形成物业信息化建设的数据获取、数据管理、权限平台、配置平台。

（二）物业服务层

物业服务层是线上、线下连接的关键环节，包括主动服务、被动服务、服务反馈三个主要功能，其服务的多样性、响应的高效性也是学校物业服务质量的直接体现。

主动服务即项目负责人根据数据管理平台的数据指令，向员工分派工作任务，主动开展设施设备检修、绿化养护、教学辅助等工作，目的在于“服务前置”，及时消除可能出现的问题。被动服务指师生通过物业服务平台发出设备维修、业务咨询等信息，物业人员根据师生需求及时提供相应服务的过程，物业服务平台将学校物业全部事务纳入其中，师生只需登录平台，进入对应模块，就可以获得相应的物业服务。服务反馈既具有服务属性，也具有数据收集属性，物业信息化建设的本质在于改善物业服务，提高师生满意度，服务反馈的目的在于收集师生关于物业服务的意见、满意度等信息，并在保障师生信息、隐私安全的基础上，对数据进行分析处理，全面、及时了解师生关于物业服务的需求、偏好和行为特征，根据结果调整物业服务形式和内容，为师生提供更加精准、个性化的物业服务，不断提高师生满意度，促进学校物业服务水平的提升。

（三）师生使用层

师生使用层是学校物业信息化建设的外在表现，基于以上层级和功能，将全部内容集成到App、公众号、小程序等移动端或PC端，师生通过注册登录系统，在系统内获得信息化物业的全部功能。同时，除师生应用端口外，还为学校相关部门、商家等不同主体提供终端访问入口，允许其进行信息上传。由此形成学校物业信息化建设的信息自我供应、自我循环的格局。

二、主要物业服务的信息化建设

（一）保洁服务

学校物业保洁服务是指物业服务组织遵循合同约定，根据保洁服务制度要求，按照既定时间、地点、人员对特定区域进行日常清扫、卫生清洁，通过清、扫、擦、拭、抹等专业化操作，维护校园清洁卫生，塑造良好校园环境的过程。保洁服务的信息化建设旨在提高保洁工作效率、增强管理能力、降低管理成本等，以保洁智慧管理系统为载体，进行数据集成和处理，针对保洁服务的人员、设备、质量、报事、监管等方面进行功能设计，以模块形式内嵌在学校物业服务平台中。根据功能要求，保洁智慧管理系统一般包括五个方面。

1. 人员管理模块

人员管理模块的重要功能是建立保洁人员电子档案，并对电子档案进行动态管理，包括员工基本信息、考勤记录、负责区域、入离职情况、人员健康状态等。

2. 设备管理模块

设备管理模块包括清洁设备管理和静态设备管理两类。清洁设备管理以“智能化”为准则，主要是将传统的洗地机、吸水机、吸尘器、清洁作业车等设备换装为智能保洁设备，或给传统设备增加传感器，实现保洁设备的物联网远程管理功能。静态设备管理以“可视化”为准则，在保洁区域以可视化方式进行保洁管理制度、保洁人员、信息及监督二维码的展示。

3. 质量管理模块

质量管理模块是保洁智慧管理系统的核心模块，具有合理安排保洁任务、把控保洁质量、事后责任追溯等功能，具体包括计划任务列表、计划任务追踪、清洁反馈三个方面。

4. 报事管理模块

报事管理模块主要负责对报修、安全隐患、卫生反馈、服务投诉等信息的采集和受理，管理端同步进行信息追踪及实时查看，实现保洁事务应急处理的可视化、流程化、高效率，有效提高服务响应力。

5. 监管考核模块

物业服务组织作为乙方，需要将保洁任务完成情况向校方进行汇报。保洁智慧管理系统内置信息汇总功能，能够按照区域分布，将每天的保洁工作汇总成PDF文件，发送至校方主管人员，文件中包含区域、保洁人员、管理人员、保洁事项、保洁次数、巡查次数、有无特殊情况等内容。同时，每个月会生成保洁服务月度报告，便于校方对物业服务组织保洁服务品质进行监督、管理和评价。

（二）绿化养护

物业绿化养护包括对绿化植物、园林小品等进行养护管理、保洁、更新及修缮，使其达到改善和美化环境、保持环境生态系统良性循环的效果。同时，绿化养护工作还包括绿化翻新改造、花木种植、环境布置等。学校物业绿化养护在该基础上具有显著特殊性，一方面，学校绿化面积一般较大，绿植种类丰富多样，因此，绿化养护标准要求较高；另一方面，学校具有典型人文特质，要求物业绿化养护能体现出人文性。学校绿化养护信息化建设就是在遵循绿化养护基本规范、遵照学校物业绿化养护特殊性的基础上，对绿植本身、养护过程、养护结果进行数字化、智能化管理的过程。从系统功能来看，学校物业绿化养护信息化建设一般包括五个主要模块。

1. 植物档案模块

学校绿化包括室外绿化和室内绿化两类。室外绿化主要指自然生长的树木花草等，室内绿化主要指布置在教学楼、实验楼、办公楼等区域内的盆栽、盆景等。植物档案基本内容应包括植物名称、科属、位置、生长习性、科学养护规范等。除此之外，在室外绿化中，由于有些学校历史悠久，校园中存在名贵树木、高树龄树木等，这些树木是学校的宝贵资源，应着重对其建立更详细的档案目录。

2. 绿化智联模块

绿化智联模块根据校园内植物分布情况，安装温度、空气湿度、土壤含水量等感应装置，通过物联网技术对植物生长状况、外部气候状况、土壤墒情状况、恶劣天气情况等数据进行收集和集成处理，实现对植物生长状况的实时、动态掌握。此外，绿化智联模块会根据植物属性、生长状态数据对比，对植物是否需要营养供给、灌溉或修剪，室外植物是否需要加固，室内植物是否到达轮换时间等情况做出判断，并将具体工作指派给对应的养护人员。

3. 智能灌溉模块

智能灌溉系统集传感器、智能控制、大数据、喷淋系统等技术于一体，可以自动感测到植物生长温度、湿度等环境状况，并根据光照和气象等外部环境因素，结合植物档案所预设的植物生长习性进行综合判断，确定是否需要灌溉并控制灌溉时间和灌溉量。当然，受限于灌溉场景，智能灌溉模块只能应用于室外植物，对于室内植物，则需要根据系统判断结果，由人工进行浇水作业。

4. 养护过程模块

绿化养护信息化并非完全脱离人工作业，养护过程模块中预设植物档案与对应的负责人员，每次养护过程、养护巡查、养护结果、室内盆栽更换过程等都需要负责人拍摄照片上传至智慧管理系统，对植物修剪、营养供给、智能灌溉、浇水作业等工作进行过程上报和结果反馈。

5. 信息展示模块

信息展示模块的实质是将植物的基本信息和养护信息集成到一个模块内，统一制作配有二维码标识的展示牌，通过扫描二维码，可以查询植物名称、科属、位置、生长习性等信息，以及养护负责人、养护记录等养护信息。

（三）维护保养

大部分物业服务都依赖于一定的硬件设施，保证硬件设施运行正常、安全可靠是物业的工作职责之一，物业人员需要及时处理学生所申请的维修事务，同时加强设备设施日常巡检、维护，减少设施设备损坏率。在物业信息化背景下，这些事务均可集成到学校物业信息化系统中，进行集中操作和监督。一般来看，学校物业维护保养信息化系统包括设备台账模块、设备巡检模块、设备维保模块、工单管理模块、审批管理模块五个部分。

1. 设备台账模块

设备台账模块对学校内物业服务相关设施设备进行信息统计，包括设备生产信息、校内安装地址、设备分类、维保要求、注意事项等内容，构建设施设备“身份证”，形成设备列表。

2. 设备巡检模块

设备巡检模块是对设备设施日常巡检工作过程、结果等内容的信息化处理，包括巡检设备名称、设备地址、巡检开始时间、巡检结束时间、巡检状态、巡检人等内容，便于物业服务组织及学校管理者进行工作考核和了解设备运行情况，提高物业服务标准化和高效化。

3. 设备维保模块

设备维保模块是对学校内设施设备常规维护保养工作过程和结果的信息化管理。设备维护保养一般具有周期固定性、技术标准化、人员固定性等特征，因此设备维保模块在内容上较为简单，强调对维保时间的自动提醒及对维保结果的长期记录。

4. 工单管理模块

工单管理模块主要指设备维修事务，包括使用端和管理端，使用端提交维修申请、查看维修状态和维修回访等；管理端包括生成维修工单、自动下派工单、维修过程记录等内容。

5. 审批管理模块

审批管理模块是物业服务组织管理者对以上四个模块所上传信息的审核、批准过程。一般情况下，审批管理采取“事后监管”流程，管理者通过所上传的照片、文字记录、工作时间等内容对维保人员的工作结果进行审批，但在事后会对学校内设施设备维护保养情况进行抽查，一旦发现存在结果不合格的情况，会对审批结果进行撤销，并按照相应的规定进行处理。

（四）安保维护

安全是学校物业服务的底线，秩序维护是保障校园安全的重要内容。传统物业秩序维护模式主要依靠人力和实物，工作任务量大，人力成本耗费高，且工作可靠性不稳定，容易出现安全隐患。现代物业秩序维护强调对技术的应用，通过对传统设备的数字化、智能化改造，实现秩序维护的信息化转型，减少对人力的使用，在提高工作效率的基础上，降低人力成本。物业服务组织在学校秩序维护方面涉及较多的领域包括门禁管理、宿舍管理、车辆管理三个方面。

1. 门禁管理模块

门禁管理模块是对学校门口人员出入进行管理，包含师生管理、访客管理两个子模块。师生管理子模块直接与学生信息库、校园卡中心数据库相连接，在学校门口安置人脸识别、校园卡识别门禁系统，师生可通过“刷脸”“刷卡”方式进出学校，系统会对师生进出时间进行记录。访客管理子模块需要访客登记有效证件，如身份证、驾驶证、军人证等，由保安人员进行系统录入后可放行进入校园，并需要登记个人电话号码，离校时仍需要凭借身份登记信息出校门，系统会对访客进出校门、在校时间进行记录。

2. 宿舍管理模块

宿舍是学生日常生活的重要场所，尤其在高校中，由于学生数量多、宿舍区域大，管理难度较大。同时，学生在宿舍内聚集容易引发矛盾，进而带来安全隐患，因此维护良好的宿舍秩序至关重要。宿舍管理模块通常包括门禁、公共区域监控等模块。门禁系统采用人脸识别技术，并与学校数据库相连，原则上仅允许本楼栋学生进入，校外人员需登记后方可入内，以防止外来人员随意进出。公共区域监控对宿舍楼内的楼梯、走廊等地方进行实时视频监控，内容涵盖环境卫生、治安状况和学生行为等方面，数据同步上传至智慧管理系统，并与保洁系统联动，便于及时发现并处理问题。宿舍智能门锁与学生住宿数据对接，只有入住学生可以打开自己房间的门锁，以保障学生安全。

3. 车辆管理模块

学校物业车辆管理在功能和形式上与住宅物业、商业物业有相似性，但学校对安全的要求较高。因此，在学校物业车辆管理模块设计时，停车计费模块在包含基础的无人管理、车辆识别、自动收费、智能抬杆等功能外，需增设外来车辆申请、审批、信息登记等功能，要求外来车辆驾驶人提供个人信息、联系方式、进校事由等信息。车位引导模块是学校物业车辆管理的重点内容，集成了车辆目的地、空余车位、行车路线等内容。另外，在新能源汽车逐渐增多的背景下，应将充电桩位置信息、运行状态嵌入车位引导模块中。

（五）品质管理

品质管理强调保持学校物业服务的较高水平和稳定状态，强化物业服务过程问题挖掘，充分了解师生需求，优化物业服务质量。品质管理是物业服务社会化的重要目标和内容，学校作为物业服务购买方，希望获得更高质量的物业服务以保障产学研工作的高效运行。物业服务组织作为服务供给方，也希望凭借更高的服务质量获得高校的认可和续约。品质管理信息化进一步强调校企沟通渠道的顺畅性、投诉建议反馈的及时性、满意度调查的充分性等，其功能均指向物业服务质量的提升。一般情况下，学校物业品质管理智慧系统包括投诉建议模块、考核管理模块、满意度调查模块三个部分。

1. 投诉建议模块

投诉建议模块使用端通过文字、照片、视频等方式就物业服务存在的问题进行上传，管理端进行投诉信息的处理，实现了线上投诉建议与线下问题处理的结合，建立了物业服务组织与师生之间的信息沟通和反馈渠道，提高了投诉建议处理的及时性、公开性。

2. 考核管理模块

考核管理模块是物业服务组织强化服务质量的内部管理系统，包括考核分类、考核标准、考核计划、考核表、加分原因、考核结果等内容。通过学校物业信息化系统，物业人员在保洁服务、绿化养护、秩序维护、维修保养等服务过程中均实现了工作留痕，结合物业服务组织管理者日常的检查、抽检等，可直接通过考核管理模块对物业人员工作情况进行考核。

3. 满意度调查模块

满意度是评价物业服务质量的综合性指标，通过构建满意度问卷问题库，按照相应的满意度问卷模板，自动形成满意度调查问卷，邀请师生进行线上问卷填写，并自动生成满意度调查结果，供物业服务组织管理者进行分析。在社会化学校物业服务情境下，满意度调查不仅是物业服务组织提高服务质量的必要手段，也是学校管理者考核物业服务组织服务能力的重要内容和方式，关系到物业服务组织能否获得学校续约、拓展物业服务业务范围、物业服务费用谈判等事务，是学校物业信息化系统的重要内容。

三、特色业务的信息化创新

学校物业服务经过多年实践发展和经验积累，在适应学校高质量发展需要的前提下，业务范围早已突破了传统的“四保一服”，强调打造“大物业”模式，为学校提供除教学、科研等基本业务之外的学校管理和后勤保障服务。当前，房屋内的一些服务工作也被纳入了物业服务范畴之内，会务服务、教辅服务、场馆服务等特色服务逐渐形成规模。

（一）会务服务

高质量学科建设需要学校加强与外界的学术交流、科学研讨，这些活动常以会议形式开展，举办会议成为学校的日常活动。会议质量的高低，在很大程度上决定了外界对学校发展水平的评价，因此学校通常对会务服务质量要求较高。物业服务组织参与下的学校会务服务强调服务整体化、流程标准化、过程人性化、服务优质化，涉及会场预订、设施设备、餐饮住宿、卫生保洁、安全保障等方面，会务服务信息化主要是组织者以“订单”形式，将会议基本信息通过系统上传至物业智慧平台，物业服务组织根据会议时间、会议规模、参会人员、会议标准等，进行会场预订、设施设备调试、茶歇供给、餐饮住宿安排等工作。

（二）教辅服务

教学是学校的核心工作内容，也是学校师生的主要活动．教辅服务以为教学活动提供舒适环境、保障教学设备正常运作、保障教学活动顺利进行、及时解决突发情况等为目标。教学辅助信息化就是将教学辅助的具体内容内嵌到物业智慧系统，实行数据驱动、统筹管理的过程，主要涉及设备管理、教室管理、楼栋管理、应急管理等方面。通过教学硬件设备智能管控模块，实现对教学硬件包括室内监控器、电脑、投影仪、音响等多媒体设备的智能控制及使用记录。教室智能管理模块将学校内所有教室位置、规模、多媒体配置等基本信息匹配教务数据库的课程安排，形成既定的教室使用计划，同时师生可进行空闲教室预订。楼栋管理模块基于在硬件设备上安装传感器，实现照明、空调的智能控制。应急管理模块主要是为教学过程中突发事件的及时处理提供信息支持。

（三）场馆服务

学校内的场馆主要包括图书馆、体育场馆两类。图书馆一般仅向师生开放，物业智慧系统主要解决入馆、占座、抢座等问题。体育场馆较为复杂，一方面，场馆分类较多，如篮球馆、羽毛球馆、游泳馆等；另一方面，国家要求学校体育场馆发挥社会属性，适当面向社会公众开放，导致外来人员进入校园、体育场馆使用人数增加，对学校安全、场馆使用秩序等提出了挑战，信息化需要同时兼顾使用和安全两项要求。场馆预约模块、智能识别模块能够较好地解决以上问题。

一是场馆预约模块。管理端通过对图书馆座位、体育场馆活动场地进行编号并录入物业智慧系统，使用者可通过物业智慧平台对图书馆空闲座位、体育场馆活动场地情况进行查看，并直接通过物业智慧平台端口进行预约，预约时须提交选定座位（场地）、使用时间、个人信息等。预约成功后，系统会生成预约二维码，供使用者在进入图书馆或体育场馆后进行扫码签到，以确认图书馆座位或体育场馆场地的使用状态。

二是智能识别模块。物业智慧系统要求在图书馆、体育场馆入口安装身份识别系统，对于校内师生，可通过刷卡、人脸识别、扫码等方式进入；对于校外人员，则需要在入口进行扫码，系统会自动查找有无预约信息，查证后便可进入。人员信息识别模块保证了图书馆、体育场馆使用人员的实名制，并能定位到具体座位、场地上的使用者，增强了学校管理及物业服务对于风险的控制力。

第六节 实践案例

南方科技大学物业服务信息化建设

南方科技大学（以下简称“南科大”）是一所高起点、高定位的公办研究型大学，在校学生 10 177 人，其中 60%为研究生，师资力量雄厚，1426 名老师中有 64 名院士。学校占地面积约 198 万平方米，单体建筑 93 栋，硬件设备先进齐全。在高校高质量发展战略的推动下，南科大持续推动后勤管理信息化、现代化，并与招商局积余产业运营服务股份有限公司（以下简称“招商积余”）达成一致，将招商积余专业、高效的物业服务引入学校物业管理，对传统物业服务模式进行信息化改造，共同打造以信息化为方向的高水平、信息化、现代化的物业服务体系。

当前，南科大物业服务信息化建设主要集中在保洁服务、校园巡查、设施设备运行与维护、会议室预订、场馆预订等五个部分。

（一）保洁服务的信息化建设

南科大保洁服务信息化建设主要体现在人员信息管理、考勤管理两方面。当前，南科大保洁人员年龄集中在 45—60 岁，保洁队伍整体呈现老龄化特征。

1. 员工资料信息化管理

保洁人员有超过 60%为初中及以下文化水平，在入职信息填写时，传统纸质填写往往存在居住地址、紧急联系人等模糊情况，在保洁人员轮换频率较高的情况下，管理者经常难以发现信息遗漏或不准确，形成了一定风险隐患，人员信息管理系统能够完全识别信息缺失，并对管理者进行提示，要求其寻找对应的保洁人员完成登记，实现对员工信息的完全、动态掌握。

2. 员工考勤信息化管理

根据南科大校园面积及人数规模，其所配备的保洁人员多达 400 余人，分布在教学楼、行政楼、宿舍区域、室外道路等多个区域。鉴于人数较多、工作分散的实际情况，传统集合、点名的上下班考勤方式出现明显的效率低下、时间成本高等劣势。考勤管理信息化建设以电子签到方式取代传统考勤方式，员工通过固定在保洁区域的签到机器进行上下班签到，并通过手机终端将保洁人员上下班情况以照片形式上传至智慧管理系统，形成完整的考勤、考核记录。同时，出于校园安全考虑，除应急值班人员外，保洁人员下班后均须离开学校，考勤管理系统能够识别员工下班后是否离开学校，有效避免因员工私自留在学校内出现的不安全情况。

（二）校园巡查的信息化建设

校园巡查是保障学校安全的重要基础。南科大具有校园面积大、建筑楼宇多、设备数量多、施工改造多等特点，校园巡查的精细化管理面临较大挑战。传统校园巡查对校园区域进行条块分割，将巡查人员分区域、网格化布置在特定区域内，按区域的不同和巡查对象的不同开展周期性巡查。传统巡查工作强调过程执行，忽视巡查结果的记录与反馈。而招商积余巡查系统首先把校园内所有物业服务人员网格化后全部纳入巡查体系，任何人都可巡查、可上报。其次，系统强调巡查目标，提醒巡查周期，并要求巡查人员在巡查过程中，将发现的问题、结果进行实时记录并上传至系统，系统会自动将问题按照类别分发至对应班组，问题处理完毕后将结果反馈至系统，形成巡查问题处理的闭环。线上、线下相结合的方式，实现了校园巡查的首问责任制，将安全责任落实到具体的巡查人员身上，倒逼其增强责任意识。同时，系统会将每天校园巡查的内容、发现的问题、处理过程及结果等信息发送至学校主管部门负责人，主管部门根据上报情况进行现场核查，形成对招商积余服务质量评价考核的依据。

（三）设施设备运行与维护的信息化建设

设施设备的信息化建设主要表现为应用物联网技术对硬件设备进行升级改造，实现信息的及时传递，有效提高风险防范能力。南科大作为一所高标准的研究型、创新型大学和现代化楼宇的集成单位，拥有着非常完善且较为复杂的供配电、给排水及空调暖通等系统。在此背景下，基于设施设备系统化、智能化的管理需求，南科大打造了一套智能化监控管理系统。该系统包含电力、水压监测，空调BA控制，电梯应急平层等系统。这些系统具备24小时监控、远程控制和故障告警等功能，大大提高了设施设备管理的效率，缩短了应急响应的时间，真正实现楼宇自动化、数字化管理。

（四）会议室预订的信息化建设

会议室预订系统将南科大的报告厅、大型会场、会议室等纳入系统进行统一管理，根据学校会议、报告活动管理流程，设置会议室预订流程。师生可通过会议室预订系统界面查看全部会场的使用情况和基础信息，如会场时间安排、会场规模、容纳人数、多媒体设备配置等，便于师生结合所举办会议的要求进行选择。会场预订后，师生可根据会议需要备注所需服务，如会议保障相关事宜等。同时，会议室预订系统可以统计会议举办单位、会议联络人、会议时间等，对学校会议场地的使用情况有较清晰的数据统计，便于学校更好地了解公共资源使用状态。必要时可以为其他单位提供场地支持，避免资源浪费。

（五）场馆预订的信息化建设

南科大场馆预订服务信息化建设主要针对各类体育场馆进行，对于免费场馆，实行App预约，师生按照预约时间，在预约场地进行运动即可。对于收费场馆，学校可以给师生预存一定额度的虚拟金额，满足师生基本运动需求，场馆管理人员根据师生预订信息开启场馆，虚拟金额用完后，师生可自行进行充值再进行预订。场馆预订系统不仅可以供师生预订场地，还可以对场地基本数据，如场地数量、基本设施、使用情况等进行统计，便于场地管理和维护。场馆预订信息化服务上线以来，累计处理预订信息 10 万余条，访问人数 48 万人次。

除此之外，后勤帮系统作为校园后勤综合服务运营管理平台，主要功能是各层级物业服务人员的工作计划管理、重点事项督办提醒、特种作业证件管理、报事报修数据统计、巡检管理、考勤统计等。该系统有效提升了各类事项开展的系统性和计划性。

目前，南科大物业服务水平稳步提升，师生对物业服务的满意度、认可度持续提高。据统计，2022 年第三方客户满意度 98 分，2023 年收到南科大的锦旗 8 面、表扬信 7 封、邮件及好评信 149 封，南科大物业服务效率提升 15%以上。同时，以信息技术、标准化等为基础形成的信息化物业服务增强了服务的稳定性，有效避免了物业服务在质量上的波动性，为南科大师生的教学、科研及生活等活动的开展提供了稳定的后勤保障，有力地支持了南科大高质量发展战略的实施。

第七节　总结展望

当前，人工智能、大数据、物联网、云计算等技术高速发展，其应用已经深入社会生活的方方面面，物业服务行业也不例外，物业服务的信息化发展已成为不可阻挡的趋势。学校物业服务作为服务师生的重要工作，具有信息化建设的先天优势和良好环境，结合数字化技术发展前景、学校后勤改革发展要求、物业行业发展方向，学校物业服务信息化建设在三个方面表现出显著趋势。

一、业务进一步融合，软件进一步集成

随着学校后勤社会化、市场化改革的不断深入，“大物业”模式下，物业服务的多元化特点将会更加凸显，业务范畴不断延伸，校园物业服务将融合更多新兴服务场景，服务模式将进一步扩展，原有的一些单点建设的物业平台也将会进一步集成，师生使用体验更加便捷，学校物业服务信息化建设向着更深、更细的方向不断发展。

二、新技术新产品应用广泛，智能化服务程度越来越高

在过去几年，智能化、信息化的智能硬件设施设备得到越来越多行业的认可，尤其在学校物业服务行业，采用人工智能设施设备不仅可以节约人工成本，提高工作效率，而且可以革命性改造校园物业服务模式。物业服务“软件+硬件”的广泛应用倒逼服务质量的跨越式提升，提高服务的满意度。

三、物业监管的重要性愈发凸显

物业服务点多面广，服务业态及服务模式的多样性导致师生对服务的质量和效率都有了更高的需求，在学校后勤社会化改革的大背景下，对于学校而言，应充分利用信息化手段，加强校园物业服务的监督管理，不断加强对业务过程的识别、监管和风险处置的总体性安排，更好地发挥监管职能。

第六章　绿色节能

——"双碳"背景下的能源管理

能源是人类赖以生存发展的重要物质基础，是支撑经济社会发展的"血液"和"动力"。节能降耗作为国家经济发展的长远战略方针，事关建设资源节约型社会全局，可谓任重而道远。

当前，我国稳妥推进能源绿色低碳转型，在以信息技术为特征的能源革命背景下大力建设"美丽中国"，亦对学校提出建设"绿色校园"的要求。校园不仅是能源消耗的大户，也是传播节能理念、应用节能技术的主要阵地，学校能源不仅要管得好、供得稳、用得节约，更要管理科学化、精细化、智慧化。

"生态兴则文明兴"，安全、高效、节约、协同的能源管理理念正在校园内落地生根，旨在实现资源循环利用、节能减排、生态环境保护和教育相结合，为师生提供健康、安全、宜居的环境。让我们携手并进，共同为绿色节能的校园建设贡献自己的力量！

第一节　背　　景

工业革命以来，伴随着生产力的发展，过度的能源消耗引发的环境问题日益严峻，低碳发展成为世界各国应对环境问题的必由之路。中国作为负责任的大国，于2020年9月正式提出"双碳"目标，为达成这一目标，国务院等多个部门相继印发《"十四五"节能减排综合工作方案》等多项政策性文件，从而寻求更具可持续性、包容性和韧性的经济增长方式，将"绿水青山就是金山银山"这一绿色发展理念进一步贯彻落实。

我国碳排放主要由产业、建筑、交通三大板块组成，其中，建筑产生的温室气体排放量占30%以上，2023年全国教育事业发展统计公报数据显示，我国有各级各类学校49.83万所，学历教育在校生2.91亿人，校舍建筑面积近40亿平方米，如此庞大的人员规模及建筑面积，学校毫无疑问是碳排放及能源消耗的重点单位，2019年住房和城乡建设部颁布《绿色校园评价标准》[①]（GB/T51356-2019），2020年，教育部办公厅、国家发展改革委办公厅正式印发《绿色学校创建行动方案》[②]，标志着全国范围内的绿色学校创建工作启动，绿色校园建设的具体要求包含了校园规划设计、能源节约利用、水资源管理、园林绿化、垃圾分类处理等多个方面，是集育人及管理于一体的科学行动方针，是新时代国家生态文明建设的具体体现，其中，做好能源管理工作、实现节能减排是重中之重。要想实现节能降耗、促减排这一核心目标，则必须借助信息化技术，从而优化学校对于能源的使用与消耗水平。

第二节　学校能源管理工作概况

随着校园招生规模和建筑面积的不断扩大，学校的用能体量也水涨船高，能源消耗量的增加带来的不仅有保供方面的压力，更有着实现节能减排目标的更高要求，这就要求能源管理部门既要摸清学校能源消耗的特征，提升管理和服务水平，又要针对管理工作痛点，借助信息化技术，实现新型能源管理。

一、学校能源消耗特点

一是能源消耗类型多样。校园内的建筑类型众多，以校舍面积最大的普通、职业高等学校为例，学校内一般有教学楼、科研楼、行政办公楼等公共建筑以及学生宿舍、住宅楼等居住建筑，此外，还存在食堂、浴室、供援房等生活辅助建筑，建筑类型及基础设施的多样性决定了学校用能种类和能耗类型的多样化，因此，绿色校园建设必须对能耗进行分类，并进行针对性控制。

二是能源消耗的季节性特征较为明显。一般学校的主要教学时间为8月下旬至次年1月下旬和2月下旬至7月上旬，其余时间为放假时间。寒暑假期间，由于师生离校，学校的能源消耗呈明显的下降趋势。

三是节能工作潜力巨大。校园作为教书育人的主要场所，在教师的引导下，

① 住房和城乡建设部. 住房和城乡建设部关于发布国家标准《绿色校园评价标准》的公告. 2019-09-11. https://www.mohurd.gov.cn/gongkai/zc/wjk/art/2019/art_17339_241758.html[2024-03-20].

② 教育部办公厅 国家发展改革委办公厅. 教育部办公厅 国家发展改革委办公厅关于印发《绿色学校创建行动方案》的通知. 2020-04-03. http://www.gxnd.gov.cn/ggfw/ztfw/jyfw/jyfwxqjy/xqjyzcwj/W020231031372204417152.pdf [2024-03-20].

学生接受科学观念比较快，对节约文明的行为较为推崇，相比其他人群，学校师生节能意识相对较强，此外，高校在技术、科研和人员等方面也存在一定优势，能够为探索节能技术，建设绿色校园做出积极贡献。

二、学校能源管理工作难点

学校能源种类根据来源可以分为电力、天然气、水力、煤炭、燃油、太阳能、风能、地热能以及生物质能等。目前学校中消耗的主流能源以电力、天然气、水力为主，用能主要集中于科研楼、宿舍、食堂及教学楼等建筑群中。学校在校生规模相对较大、用能类型复杂、用能时间较为集中，给保供稳供带来了巨大压力；此外，“双碳”目标的提出，给学校节能工作又提出了新的要求，当前学校能源管理工作主要存在以下问题。

一是学校能源设施较为陈旧。由于大多学校能源基础设施建设时间较早，使用时间较长，设施设备损耗较为严重，受制于人力、物力等资源有限，能源设施设备以改造维护为主，线路老化、超负荷现象普遍存在；此外，设备未能及时更新换代，难以满足能源管理以及节能工作要求。

二是能源管理体制有待完善。部分学校能源管理体制职责停留在能源的报销缴费、数据统计上报以及监督、检查和维护层面，部分学校还存在能源管理在后勤部门、基础设施建设在基建部门的现象，权力与职责的不统一导致责任不明确、不清晰，这使得能源建设项目容易出现规划不合理、运营维护困难等问题。

三是管理制度有待完善。当前，校园面积及招生规模的不断扩大，给管理部门的能源管理任务带来的负担不断增加，而学校中能源浪费现象十分严重，这一定程度上与学校节能管理制度不完善、能源监管模式落后、监管平台不完善、管理粗放等原因存在关联，很多资源的使用不与部门、单位及个人利益挂钩，全部由学校统一负责和管理，缺乏监督考核机制与奖惩激励措施，导致分工不明确、责任不到位以及节能监管可操作性差。

四是信息化水平以及能源技术亟待提升。一方面学校对于智能表计、巡检设备等智能硬件的引入力度不够，无法满足当前能源管理工作以及节能降碳的需求；另一方面体现在学校能源管理及监管平台建设水平不高，数据采集、处理及分析能力不足，管理模式仍旧以人工管理为主，方式较为落后，管理技术已经亟须升级迭代。

五是经费保障有待加强。绿色校园的建设，要求学校在软件上引进高质量的节能管理系统，在硬件上对原有能源设备进行改造，并引进如智能水电表等智能硬件，这都需要学校持续的经费投入，但目前大部分学校在节能管理经费上仍然存在不足，导致学校难以全面深入地开展节能项目改造工作。

三、合同能源管理模式等多元化管理机制在我国及学校的实践

为进一步提升我国公共机构能源管理能力，推进节能减排工作，此前，国家有关部委多次发文指出，鼓励公共机构积极探索多元能源管理体制，探索完善包括但不限于能源托管等方式在内的市场化管理新机制[①]，其中取得较为突出成果并应用较为广泛的即为合同能源管理（energy management contract，EMC）模式，这种模式在我国各地区公共机构及学校能源管理和节能工作中发挥了重要作用。EMC是指节能服务公司通过与客户签订服务合同，给客户提供节能改造的相关服务，并从客户节能改造后获得节能效益中收回投资和取得利润的一种商业模式。EMC作为一种市场机制，最早是在20世纪70年代从美国及欧洲部分发达国家兴起的，在美国，EMC主要是由政府机构出面，与EMC企业进行合作，在EMC机构的辅助下，进行立法、募资及政策发布等工作，并对各行各业节能技术进行升级改造。

我国引入EMC项目的开端是1998年在北京、山东和辽宁建立的3个节能示范工程，通过引进EMC模式，3个示范工程一期工程结束就形成节能能力149万吨标准煤/年，碳减排145万吨/年。现如今经过多年发展，我国已发展了一批具备技术基础、管理先进的成熟节能服务公司，并根据自身特色及服务单位需求提供：系统运行管理、节能监测、咨询服务、工程设计、实施建设、技术推广、节能设备生产及销售等多项业务。

这些节能服务公司的业务领域集中在建筑节能和电机系统节能方面，而建筑节能方面又以空调系统和采暖系统节能改造为代表，我国高校在EMC模式的探索正是始于2006年某高校对学校采暖供热系统的节能改造，该校通过与节能服务公司合作，对自身供暖房、管道及供暖方式进行改造，项目实施后，该校燃气量及系统补水量均实现大幅降低，提高了供暖工作质量，随后，更多的高校也已成功运用合同管理对校园实现了节能改造。

2022年9月，国家机关事务管理局、国家发展改革委、财政部印发了《关于鼓励和支持公共机构采用能源费用托管服务的意见》[②]，对公共机构采用能源费用托管服务工作进行了规范和加强，也为EMC模式的推广应用做出了更规范的要求。

---

① 国家机关事务管理局 国家发展和改革委员会 财政部 生态环境部关于印发深入开展公共机构绿色低碳引领行动 促进碳达峰实施方案的通知. 2021-11-19. https://www.ggj.gov.cn/tzgg/202111/t20211119_33936.htm [2025-06-16].

② 国家机关事务管理局 国家发展和改革委员会 财政部 生态环境部关于印发深入开展公共机构绿色低碳引领行动 促进碳达峰实施方案的通知. 2022-09-23. https://www.gov.cn/zhengce/zhengceku/2022-09/23/content_5711348.htm[2025-06-16].

目前，随着我国节能技术的发展，一批成熟的专业公司在协助学校实现节能方面有着一定技术和经济优势，EMC 成为解决学校节能资金不足、节能效率不高的有效模式。

第三节 学校能源管理信息化建设主要内容

一、建设目标

提升能源利用效率，保障学校事业发展。加强对学校用能系统的整体管控，通过合理布局、优化能源使用方式以及新型节能设备的使用，从建筑节能、新能源利用、非常规水资源利用、可回收垃圾利用、材料节约与再利用等方面入手，提升能源的利用效率；提升学校能源管理精细化水平，合理分配能耗资源，做好校内教学、科研及师生生活的保障。

减少能源消耗总量，推进绿色校园建设。对标“双碳”工作及绿色校园创建要求，利用信息化技术，实现对校园环境、暖通空调、照明动力、生活用水等能源使用和管控系统的智能控制和节能改造，进一步降低人均能耗数量，减少能耗资源浪费情况。

提升能源监管水平，加强能源使用安全保障。推动学校能源管理工作从“人防”到“技防”转变，实现对学校用能设备的全生命周期管控以及用能情况的实时监测，实现 24 小时状态监测、研判分析、联动处置，提升风险早期识别和预报预警能力水平，保障学校用能安全。

培养师生节能意识，推动绿色发展理念深入人心。通过对能源的智能管控及能源循环利用技术的应用，引导师生形成绿色节约的良好生活习惯；此外，还可以通过展示不同时段、不同场所、不同人群的能耗数据，奖励节约行为等多种方式，号召师生落实全面节约战略，减少能源浪费。

二、建设重点

完善管理体制。科学制定用能及节能规划，建立健全管理机构，完善规章制度，配合信息化系统及智能硬件的使用，建成系统性、针对性和可操作性的制度管理体系。建立节能工作领导小组，负责计划、组织、实施和监督能源管理工作；将能源的有效和节约利用情况纳入管理考核范围，推动各项任务落实落细。

提升技术水平。能源管理信息化中的重点工作即引进新兴技术，通过系统建设及智能硬件应用，实现对能源管理的精细化水平，一方面通过建设能源管理平台，实现对校园能耗数据的实时采集、传输、统计、分析与评价，实现校园能耗数字管理、数字监管等工作，另一方面是对现有设备进行升级改造，引进新型节能技术设备，逐步淘汰高能耗及老旧设备，优先采购节能、环保、可再生以及物联网相关智能设备，实现对能源的远程管控，提升校园能耗的管控水平（图 6-1）。

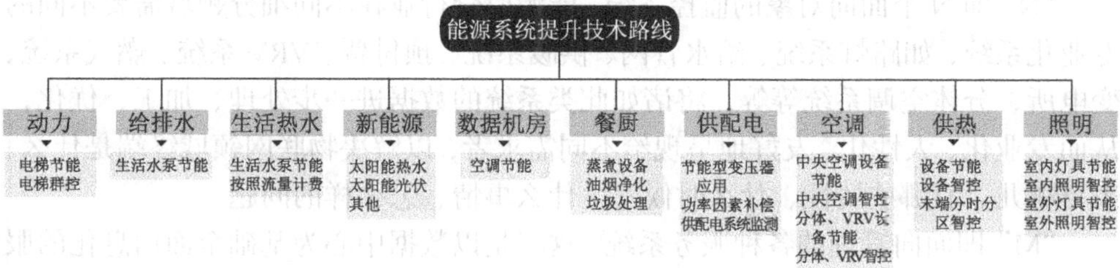

图 6-1　能源系统提升技术

强化数据分析。利用智能系统进行大数据分析，为能源管理的转型提供参考依据。通过设备运行数据的日积月累，综合能源管理平台掌握学校用能习惯，通过人工智能计算为学校提供校级、片区、用电用水设备等多维度能耗预测，并合理制定年度用能指标，协助负责人制定用能目标管理主体，促成用能二级管理，提升内部绩效，将节能减碳工作落到实处，帮助学校挖掘节能潜力，逐步建设绿色校园、智慧校园。

加强队伍建设。全方位提高节能相关人员的专业素养与专业水平。对专职节能管理人员、能源现场实施人员、能源系统运行维护人员，其他相关部门与能源相关的负责人进行普适性和针对性培训。通过培训，提高学校能源相关人员的节能减排技术专业水平、管理水平、实操水平，使之了解先进的节能技术和科学的管理办法，进而提高用能系统和用能设备的运行效率。

三、“双碳”目标背景下的“1+N+M”能源监管平台建设

以《2006 年 IPCC 国家温室气体清单指南》为依据，产生二氧化碳等温室气体的三种能耗分别为：燃烧汽油、柴油、天然气；购电；日常生活、差旅活动及大型活动，这三类能耗类型的温室气体排放方式分别为直接排放、间接排放和中间排放，而从学校的整体发展来看，校内主要能源消耗集中于供电、供水及供气三个方面。由此，可以看出对标“双碳”目标要求，结合学校用能情况，能源管理信息化建设的重点领域主要集中在对以上三种能源供给的集中管理，实现这一目标，必须借助统一高效的能源监管平台，如以“1+N+M”的模式，建立能源监管平台。

（一）“1+N+M”能源监管平台

“1”即数字化能源监管平台，通过网关、OPC 服务、BACnet 协议等方式将

传感层各类设备及离散数据或现场系统数据采集到平台。平台将这些离散数据对象虚拟化处理，经过设备虚拟化、数据对象化，智能化建模处理，统一构建成满足智能化处理需求的各种对象模型及神经元。

“N”即N个面向对象的监控系统。能源监管行业在不同细分领域需要不同的专业化系统，如路灯系统、给水管网、供暖系统、预付费、VRV系统、燃气系统、变电所、分体空调系统等等，将诸如此类系统的数据进一步处理、加工、优化，从而专业化、人性化、友好地呈现给不同需求者，以解决物联网领域终端是什么、来自哪儿、有哪些属性、什么时候发生什么事情、怎么样的问题。

“M”即面向管理的各种服务系统。这将是以数据中心为基础全面信息化的服务系统，包含如掌中能源、能源足迹、指标管理、能源核算等管理功能或组件，将专业化的“监为主控为辅”的模式升华为以管理为主的模式，服务于各类有需求的人，解决谁来管理、管理什么、如何实现管理科学化的问题。

（二）能源监管平台各层级建设

在“1+N+M”的建设理念下，借助能源管理平台，全校能耗数据能够实现实时采集，管理人员能够对各建筑能耗情况进行精准掌控，用户也能够实现获取如线上缴费、查询用量等个性化服务，要实现这一效果，能源监管平台可以分为4个层级，从下至上分别为前端设备层、数据采集层、通信网络层、系统应用层。

1. 前端设备层

前端设备层主要是现场安装的各类智能仪表，包括用于配电回路计量和控制的多功能电力监控终端，用于水量计量的智能水表等，此外，还包括搭配了网关及采集设备的各类用电柜等大型设备。

2. 数据采集层

数据采集层是对前端设备计量的数据进行采集和控制，完成对设备层通信数据包的验证、发送、接收、解析，并对数据进行预处理后存储。

3. 通信网络层

通信网络层是解决现场设备联网的关键环节，在前端设备层和系统应用层之间构成承上启下的数据传输层次，通信网络层包括两个层次：一是前端智能仪表设备组成的现场通信网络，二是系统主干网络，即校园网。

4. 系统应用层

系统应用层则是各种能源管理的平台系统，是面向校园管理需求的各类信息化平台的集合，能够实现能耗监控、远程控制、能耗分布查看、能耗计量查询、能耗分析等多种功能。

（三）平台主要业务系统

（1）能耗监管系统。全面监管校内能源消耗情况以及设备运行情况，实现对能耗数据的自动化采集，从前端设备层采集的各类数据，将在系统后台进行存储、处理和解析，并在前台对校园能耗进行概览，设备能耗实时、历史监测数据，能耗统计，能耗对比，能耗报表，能耗预警，能耗公示，能源审计及系统基本信息进行分类展示，帮助管理者及时了解校园能耗情况，为决策工作提供支持。

（2）能源预警系统。对监测设备的瞬时数据、开关变位状态、配电回路能耗值和智能设备运行状态等进行监测，将这些重点监测参数和模型值实时传递给报警算法，根据设定的报警预案，报警算法判断这些信息是否需要报警以及选择何种报警类型，并将报警信息写入日志，启动报警网关，同时通过微信、手机短信、网页提醒等方式通知用户当前报警信息。

（3）能源控制系统。借助物联网技术，在能源监测的基础上，对包括变电所、水泵房、路灯、中央空调等设施设备进行远程智能控制，并支持根据环境状况、用能时间等要素进行自动开关，从而保证重点用能设备的可靠、高效及低耗运行。

（4）能源服务系统。根据用户角色，为师生提供能耗公示、预付费用管理、能源足迹查询、低碳计算器、线上购水购电等多项服务，并提供移动化应用服务，支持师生随时获取能源服务。此外，对安装了智能设施的公共场所，提供“预约—授权—开关”等一整套公共场所用能申请流程，提升师生获取服务的便捷化程度。

（四）节能系统主要建设内容

根据学校主要用能及场景情况，目前学校的节能工作重点主要集中在公共建筑节电、校园节水以及冬春季供暖节能方面，应根据不同使用场景，开展系统建设工作。

1. 节电

1）智能照明控制系统

学校教学多以白天时间为主，能有效利用自然采光以利节能。智能照明系统借助各种不同的智能设置控制方式和控制元件，对不同时间、不同环境的光照度进行精确设置和管理来实现最大的节能效果。智能灯光控制系统对照明的控制是以模块式的自动控制为主，手动控制为辅，使照明管理和设备维护变得更加简单，控制原理如图 6-2 所示。

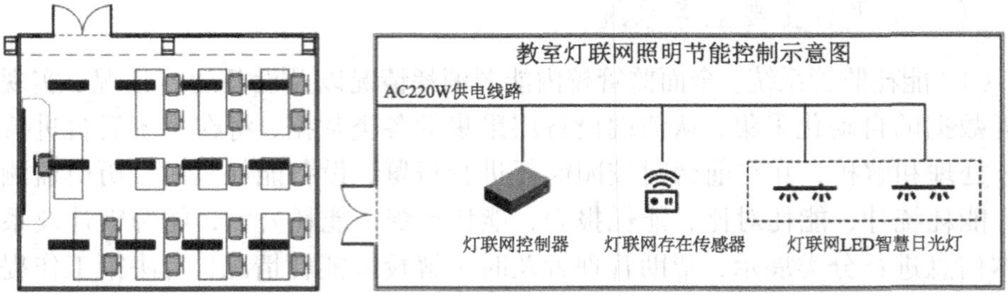

图 6-2 教室照明示意图

智能控制实现如下功能。

（1）场景控制：灯联网控制器内置多种场景控制模式，可以自定义场景控制模式。

（2）光照度控制：始终保持教室内为设定的统一照度。

（3）人流量控制：自动根据教室内的人流量控制灯的开关数量或开灯回路。

（4）课程预约开关灯控制：可与校园网课程系统兼容，根据课程预约开关灯。

（5）能耗计量：可对每间教室进行能耗计量，统计每间教室的日、周、月、年耗电量。

（6）数据采集：实时采集教室内的照度、亮灯率、回路电流、电压、有功功率、无功功率、功率因数等。

（7）数据保存：所有设置参数及采集数据可以在终端上保存半年以上。

（8）自动巡检：自动巡检时间设置，设定固定时间内巡检一次。保证数据和报警信息及时上报。

（9）故障报警：灯具故障、电流过大、开灯异常等。

2）用电监管平台

节能监管平台是一套对学校整体及各楼宇水、电数据进行实时监测和统计分析的能源管控平台，主要有用能监测、用能安全、统计分析、能效管理、能源审计五个功能模块。该平台主要对学校及各楼宇的用电负荷、用电量、用水量进行实时监测，选择不同时间段可查看学校或楼宇日、周、月、年的用能变化情况。

节能监管平台对学校各楼宇用电、用水数据进行分析，挖掘节能潜力；为节能改造前后节能效果对比提供数据支撑；实时监测各变压器及楼宇用电负荷，及时处理用电安全隐患。

通过查询历史数据分析及排查跳闸等停电故障原因。节能监管平台在采集楼宇功能基础数据的基础上，提供多种工具进行能耗分析（电能参数类比、能耗参数类比、能耗同比环比、分类分项统计、能耗公示、单项动能统计、综合能耗统计等），并生成折线图、柱状图、饼状图、能耗报表等多种信息供参考。

3）VRV 及分体空调智能控制

系统建议采用分布式架构，智能空调控制系统由智能空调控制装置、数据采集器、数据服务器和智能化空调能耗管理系统组成，该系统将校区内的空调能源使用情况信息进行集中采集、监视、分析、管理及控制。系统的硬件组成在设计上分为四层结构，分别为设备感知层、网络通信层、数据中心层、管理应用层，具体架构设计如图 6-3 所示。

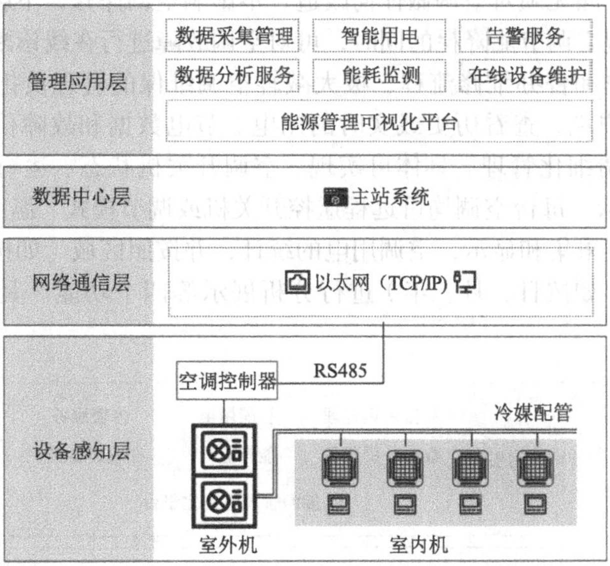

图 6-3 VRV 空调智能控制策略图

在室外机配电回路加装三相多功能智能电表，通过计量以及逻辑运算，可实现中央空调总电耗及建筑各类楼层空调电耗的实时监测。

通过配置数据接口板，实现对中央空调远程在线实时监测，亦可实现在校园综合监控及能耗管理平台上操作相关参数的设定及机组的相关控制功能。提供多种遥控策略，根据不同场景进行针对性的优化控制，实现节能降耗。

（1）一键开关：支持自定义分区，可按楼层或行政分区对选中区域内所有空调实现一键开关机或统一设置温度。

（2）定时控制：可预设时间表，定时自动关机，避免因忘关空调造成的浪费。

（3）温度范围限制：根据国家或单位的规定，对不规范的温度设置进行自动纠正，如室内温度夏季不高于 26 摄氏度，冬季不低于 20 摄氏度。

（4）强制禁用：支持空调电源的拉合闸控制，避免在非使用时间（如过渡季或节假日）违规使用空调。

通过对校园空调加装智能控制模块，利用校园网络 TCP/IP 网络传输协议，获取空调的运行状态和温度信息，在校园综合监控及能耗管理平台中实现校园可视化管控，实时按照节能减排要求进行节能远程控制，达到节能减排的目的。

该系统是一款基于物联网和云计算技术，采用硬件、软件和云平台结合，针对公共建筑的特定应用场景开发的产品，集监测遥控、优化节能、故障诊断功能于一体，可实现分体空调舒适节能 15%以上。

所有硬件产品无须对空调做任何改造，不影响空调保修，不影响遥控器的正常使用。在实现空调节能降耗的同时，可对空调故障进行在线诊断和实时报警，并自动生成工单和督办维修流程，极大减轻空调维保的管理负担。用户可登录网站或微信客户端，查看历史或实时的用电、节电数据和故障信息，实现空调用能和运维的精细化管理。具体可实现：空调开关机状态、运行模式等各种状态的采集和显示，每台空调均可远程遥控开关机或调节模式、温度、风力，各房间的实时温湿度采集和显示，空调用电的统计，并按照区域（如按房间、楼层、建筑）或时间（如按日、月、年）进行分析展示等四个功能。具体架构设计如图 6-4 所示。

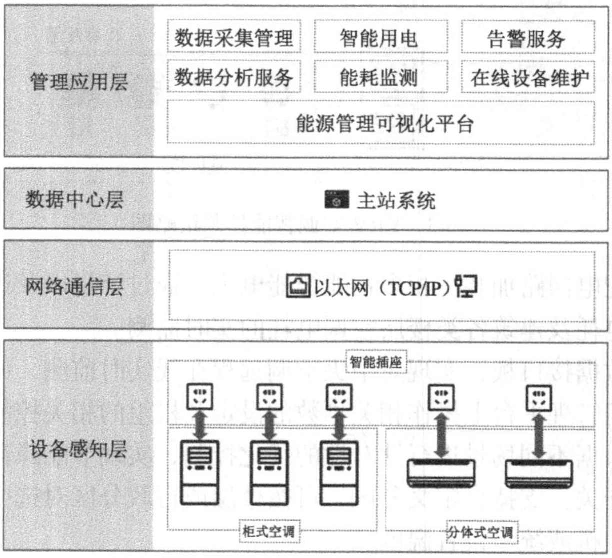

图 6-4 分体式空调整体架构图

2. 节水

校园水资源按照水质净化级别可以分为直接饮用水、洗漱洗浴等生活用水、冲厕浇灌用水、景观湖补水，不同级别的水质用于不同的用途，实现水资源多级利用。节水的基本途径有两种，即“开源”与“节流”，学校最主要的水源是市政自来水，为节约市政自来水应充分利用其他水源，常规的方法有中水回用、雨水回用，有条件的情况下利用周边河流湖泊的水。在输配过程中减少漏损和末端节约用水是节流比较有效的方式，合理规划校园供水管网和泵房，可以优化供水系统压力分配，降低管网漏损，避免末端压力过高引起的末端出水量过大和末端损坏现象。

1）地下管网平台

地下供水管网节水改造应本着“经济实用”原则，除对现有管网进行全面测查，对跑、冒、滴、漏处进行维修外，重点对现有破损严重无维修价值的管网进行更换，并完善管网相关计量装置及消防设施。

建立健全计量体系有助于加强管理，提高运行管理水平，可以快速通过表计异常显示发现漏水点，快速补漏，从管理上实现节约用水。为满足对校园内的供水设备的智能化计量需求，应综合利用互联网和低功耗广域物联网技术，在校园部署建设信号基站、无线水表及网关，利用物联网平台，实现前端数据的智能化采集。

地下管网三维可视化系统实现了地下管线的观察梳理工作，涵盖供电、通信、供暖、给水、雨水、污水、中水等七类管线系统，主要功能为：可查看地下各管网路由、其相对位置分布情况以及管线属性，如埋深、高程、管径及材质等参数，从而辅助学校基础设施建设，为决策层实施决策提供依据；在学校需要排查地下管线故障过程中，通过该软件可模拟开挖过程中涉及的地下管线，为工程施工人员实施开展挖沟作业提供参照。

为了达到更好的观测效果，地下管网平台可设置地面透明度及各图层的可见筛选，以方便排除视觉干扰，达到辅助实际工作的效果，以立体化的效果展示各管线的分布情况、相对位置等信息。在该平台通过查询管线属性，可了解管线的埋深、材质以及其他管线信息。

2）节水监测平台

节水监测平台主要是对学校一级、二级水表用水情况进行动态监测，同时对学校用水情况进行量化分析的一套监测软件。该平台能够对学校总用水量、供水管网渗透率、中水使用量、人均用水量以及单位面积用水量等主要数据进行计算分析，便于管水人员随时掌握学校用水情况。

此外，除了对学校用水情况整体进行分析外，对学校单栋楼宇用水情况也可进行分析，特别是通过日间用水异常功能和夜间用水异常功能可判断出楼宇漏水情况，及时安排工作人员进行维修。

3）绿地喷灌改造

绿地灌溉管网主要包括灌溉给水主管、支管、控制阀及各式喷头等灌水单元。校区的绿地灌溉管网需要根据供水水源的位置、管径、压力等情况，以及绿化地、栽植苗木的情况进行灌溉管网的布管设计（图 6-5）。

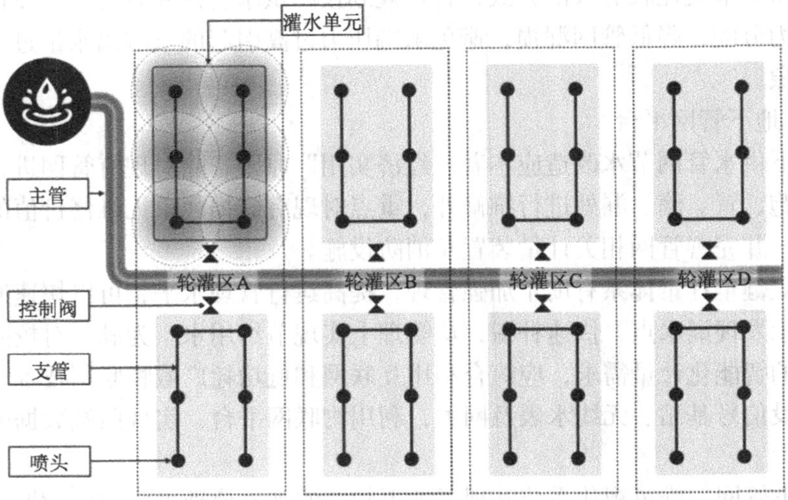

图 6-5 灌溉管网系统组成示意图

绿地采用智能化灌溉的优势如下。

（1）智能化灌溉系统操作简单、效率高，每人可管理 20 万—30 万平方米的绿地灌溉；

（2）灌溉均匀，可以节水 30%—50%，每平方米绿地耗水可降到 0.35—0.5 吨/年；

（3）能够及时、足量、均匀地按需灌溉，及时提供植物健康生长所需的水分，保证植物的健康生长，也营造出美丽的生态环境；

（4）智能化灌溉系统可设置在夜间或凌晨灌溉，减少对校区行人的影响及人为破坏的风险。

（5）绿地喷灌时的喷水景观也是一道美丽的风景，提升校园景观。

3. 其他

供暖控制平台是通过设置供暖控制设备参数来实现学校各楼宇分时、分温、分区控制功能，做到按需供热。该平台主要通过在楼宇进户供回水主管道上加装温度传感器、电动三通阀及在室内安装温度传感器实现联动控制，结合学校各楼宇特性设置不同参数即可实现按需供暖，进而降低学校能耗。

第四节　实践案例

北京林业大学综合保障部能源信息化管理实践

北京林业大学是教育部直属，教育部、国家林业和草原局、北京市人民政府共建的全国重点大学，是国家首批“211 工程”重点建设学校、“优势学科创新平台”建设项目试点高校和“双一流”建设高校。学校总占地面积 13 176 亩[①]，其中校本部占地面积 696 亩，实验林场占地面积 12 480 亩，校本部建筑面积 53.761 万平方米。北京林业大学节能减排工作全面贯彻国家能源资源可持续发展的方针，是首批通过北京市绿色学校创建验收的学校。以提高能源利用效率为核心，以转变观念、创新机制、完善管理为重点，统一整合学校资源，提高办学效益，积极开展节约型校园、能效领跑者校园、绿色学校创建，对学校节能减排工作起到了一定的引领和示范作用。

（一）经验做法

1. 统筹协调，健全绿色发展保障机制

学校高度重视绿色校园建设工作，成立由书记和校长任组长的绿色学校创建领导小组，统筹协调，完善工作机制。先后印发《北京林业大学绿色学校创建工作方案》《北京林业大学节能减排“十四五”规划》《北京林业大学能源使用管理条例》《北京林业大学能源资源消耗统计与公示办法》《重点用能场所节点目标管理办法》《供暖节能目标管理办法》等节能管理制度及办法，为学校绿色低碳工作提供制度保障。

2. 创新模式，倾力打造智慧管理系统

积极探索“互联网+”后勤服务管理模式，构建了 PC 端、移动端、微信端、客服电话和线下服务大厅“五位一体”的全覆盖服务保障格局，通过线上线下的有机结合，完善服务生态闭环，打造方便快捷服务平台。

倾力打造“1+N”智慧后勤管理系统，集成节能监管、照明控制、空调控制、供暖控制、再生能源等十余套管理平台，为广大师生提供全方位、集成式智慧后勤服务。

节能监管平台对学校各楼宇用电、用水数据进行实时监测、统计和分析，实

① 1 亩 ≈666.7 平方米。

现学校能源资源消耗智能化、可视化管理；照明控制平台对全校教学楼教室及公共区域灯具进行远程监控和智能化感应控制，实现教室照明多场景设置与监测，有效避免长明灯；空调控制平台通过远程集中控制和按课表预设开关时间等方式，实现按需制冷；供暖控制平台根据楼宇使用特性进行分时分温控制，实现按需供热。再生能源平台实时采集空气源机组、循环泵运行状态、储热水箱液位以及淋浴供回水温度，实现机组运行数据可视化监测；精准灌溉平台通过加装一系列土壤湿度传感器和微喷灌溉阀，设置相关参数进行精准灌溉联动控制，实现校园绿地定时定量灌溉，极大地减少了水资源的浪费。

3. 深挖潜力，持续推进绿色技术应用

节电方面，通过智能照明改造，基本实现LED照明全覆盖，并将全校20余栋楼宇的公共区域照明由原有的手动开关改为智能感应，每年节电约275万度；实施空调控制系统改造，中央空调机组的智能化控制改造年节约用电近 50 万度，教学楼分体空调集中控制系统改造节能率达 23.93%；通过为数据中心增加节能氟泵、配套分项计量装置，增加窗户反光隔热膜、优化气流组织、采用自然换热供冷技术、优化设备布局、改进 UPS 供电等，全年节能率可达 29%以上，年节省电能约 32 万度；淘汰电热开水器，实现电磁开水器全覆盖，并启用开水器监测平台，节约能源的同时保障用水安全；建设光伏发电设施，为学校 11 号楼、12 号楼输送绿电。

节水方面，实施节水器具改造，实现节水龙头、节水器具、淋浴刷卡系统节水全覆盖；建设 3 座高层公寓中水处理站，收集学生公寓洗漱废水，供冲厕使用，日处理能力为750吨；采用绿地精准灌溉技术和雨水回收利用技术，充分利用水资源。

节气方面，提升锅炉运行效益，完成了供暖节能智能控制系统改造，应用气候补偿、楼宇分时分温控制、热源综合控制技术，节能率达到了 30%；充分利用清洁能源，在 4 栋宿舍楼安装空气源热泵淋浴系统，每年节约燃气约 5 万立方米，在宿舍楼楼顶安装太阳能热水器，集热器面积约 440 平方米，减少燃气使用。

（二）主要成效

1. 绿色教育、宣传、活动三位一体，习近平生态文明思想深入人心

通过建设绿色学习空间，开展多形式、多种类、多途径的绿色宣传教育活动，将建设生态文明理念贯穿在师生的日常工作和学习中，使环保行动深入人心，把绿色生活融入校园文化和学生思维习惯之中。

2. 节水、节电、节气三管齐下，绿色硬核建设成效显著

注重在水、电、气三个方面进行有效控制，推广节能技术、绿色设施、绿色能源等，达到节能降耗的目标，减少二氧化碳排放，有效保护环境，进一步提高了水、电、气的利用效率。

3. 实施制度、规范、智能三方并举，绿色管理步入长效轨道

通过制定绿色低碳管理制度、规范运营流程、推进智能化管理等，进一步提高了绿色低碳管理的效率和精度，实现绿色化、智慧化管理模式的全面普及，形成长效的管理机制，全面提升管理效率和服务水平。

第五节　总结展望

2019年初，科幻电影《流浪地球》上映，酷炫的视觉特效和新颖的剧情背后，也隐藏着人们对能源消耗殆尽、家园环境遭受破坏的恐惧。实现“双碳”目标，是国家做出的重大战略决策，是着力解决资源环境约束突出问题、实现中华民族永续发展的必然选择，是构建人类命运共同体的庄严承诺。

加强能源信息化建设不仅是学校实际工作的需要，也是培养师生节约习惯的重要辅助。展望未来，各校应深入贯彻落实习近平生态文明思想，坚持系统观念，立足新发展阶段，完整、准确、全面贯彻新发展理念，坚定不移走生态优先、绿色低碳的高质量发展道路，着力构建清洁低碳、安全高效的能源体系，为学校事业发展提供坚实可靠的能源保障。

一、理念为先，高度重视能源管理

各校应积极响应国家“双碳”目标，根植可持续发展的理念，积极履行学校应有的社会责任，自上而下高度重视能源管理工作，坚定树立节能减排、低碳发展的理念，把节能降耗作为后勤管理的重要目标，提倡节约能源之风，尽节约能源之责。

二、降本增效，提升能源管理水平

各校应加强顶层设计、强化内部管理与协调，结合实际制定具体、可行的能源管控方案。加强目标管理，在构建能源管理体系、更新管理理念、优化技术手段、健全管理制度、强化队伍建设等方面下功夫，不断提高校园能源供应保障能力，给师生提供安全优质的供应保障。

三、顺势而为，不断推进能源技术转型

各校应与时俱进，顺势而为，积极引进先进技术、安装节能设备，开展节能改造，不断推进能源技术转型，同时各校要在规范化、精细化、标准化建设的基础上持续加强智慧化建设，用现代化的管理理念和技术手段提升校园能源管理水平，加快绿色校园建设步伐。

第七章　师生为本

——聚慧后勤服务一站式平台

“治大国，若烹小鲜”，古人的智慧告诉我们，管理之道在于细节的把握与流程的优化。在现代教育的宏大叙事中，后勤一站式服务便是这样的精细化管理典范，它具有强大的汇聚能力，将各类校园生活的服务整合在一个平台系统上，给学校师生提供了极大的便利。

后勤一站式服务是解决师生“急难愁盼”问题、高效处理师生“接诉即办”的有力举措。通过信息化的手段整合标准、流程、处置等，采取多角色、多部门管理，为师生提供全链条、全方位的服务，促进服务质量的提升，有效打破时间限制，实现资源共享互通，提升服务效率。

“甘于人后，勤于人前”，通过服务让师生们感受到科技带来的温暖和便捷，这正是后勤服务在新时代的最好诠释。

第一节　背　　景

自党的十八大以来，党中央、国务院深入推进简政放权、放管结合、优化服务的“放管服”改革，对行政监管机制进行优化创新，落脚于施政为民的新政本质，加快推进向服务型政府的角色转变，取得了显著的成效。其中，“互联网+政务服务”是“放管服”改革的关键举措，政务服务部门通过信息化手段改进和优化政府的公共服务，推动企业和群众办事线上“一网通办”（一网），线下“只进一扇门”（一门），让群众到政府办事像“网购”一样方便，大大提高了服务的效率和质量，助力实现了政府服务的数字化、网络化和智能化。

在全国“互联网+政务服务”转型的背景下，多地政府相继推出了多项举措来促进政务服务“一网通办”建设，如浙江省政府提出“最多跑一次”，江苏省政府提出“不见面审批”。各地还纷纷推出了地方政务服务品牌，如广东推出“粤省事”、湖南推出“心湘事成”、重庆推出“渝快办”、陕西推出“秦务员”等。各地通过业务流程再造、数据支撑和技术支持，进一步减环节、减时间，简化申报材料，降低办事成本，普惠更多群众，让“一网通办”成为检验服务效率的“试金石”。

各省政务服务一站式平台的落地实施，为实现智慧政务提供了一条具有可操作性的新路径，广泛影响了各个领域。学校借鉴政务服务的先进做法，也逐步推进校园一站式服务平台的建设。通过信息化手段，学校整合各类校务服务，建立统一的网上服务平台，为师生提供一个便捷高效的办事入口，满足日常教学、科研、后勤等多方面的业务办理需求。这一平台的建设旨在简化办事流程，提高办事效率，实现“让数据多跑路，让师生少跑腿”的美好愿景，进而提升学校治理的现代化水平，加速学校综合改革和智慧校园建设的进程。

学校后勤部门作为直接为师生提供服务的重要窗口单位，亦顺应趋势，开始尝试后勤服务一站式平台建设，这是提高学校后勤服务水平的重要探索，是后勤管理模式创新的重要举措。后勤服务一站式平台将学校后勤的各种服务功能整合到一个统一的在线平台上，涵盖餐饮、物业、公寓、能源、维修、车辆、商贸、快递、通信等，使师生可以通过一个单一的入口来完成多种后勤服务请求和事务处理，如报修、缴费、咨询等。后勤服务一站式平台建设，一是提高了后勤各部门之间的服务协同效率，促进资源的共享和整合，形成良好的工作格局；二是为师生提供基于大数据的个性化服务，形成个性化页面，定期推送专属服务信息；三是加强了后勤业务的重塑与整合，提升后勤管理科学化、精细化、智能化水平，达到“减办事时间、减跑动次数”等价值目标，促使后勤服务提质增效。

第二节　后勤服务一站式平台的发展历程

一、搭建后勤官方网站

在后勤信息化建设的初期，大部分学校后勤部门通过搭建专属官方网站或页面，提供师生查看后勤信息的门户窗口，常见内容包括各服务单位地址及服务电话、校车时刻表、节假日值班安排，以及后勤日常的服务动态、党建活动开展情况等。这一时期的后勤官网一般仅具有信息发布和查看的功能，主要起到师生与后勤部门之间的信息传递作用。

二、后勤服务一站式平台初期建设

随着互联网、电脑设备的普及，以及师生与后勤服务人员之间希望加强进一步的交流，建立沟通与互动的渠道，学校后勤部门开始逐步建设与线下服务窗口单位相对应的线上一站式服务平台，即“数字后勤服务大厅”或“线上后勤服务大厅”。此时的平台除了常见的查询、公示、通知功能之外，还有诸如线上报修、咨询服务、投诉意见等服务应用，最大化地模拟了线下的互动形式，有力地补充了下班或服务时间之外的服务空缺，做到 24 小时服务不间断、服务不打烊，大大扩展了学校后勤服务时间，增强了用户黏性，提高了服务效率。

但这一时期的一站式平台，由于未提前进行统一规划，多为系统之间的简单组合，或在一个平台上跳转到多个系统，还是存在信息孤岛现象严重、规范和标准不统一的情况。

三、后勤一站式服务平台多元发展

随着信息化理念的深入发展，越来越多的学校在进行后勤信息化建设时会进行统一的设计规划，后勤一站式服务平台建设也进入了一个新阶段，各校根据自身实际情况，采取了不同的策略和路径。部分学校在信息化处等职能部门的主导下，在校级一站式平台上拓展了后勤服务的应用和模块，由学校进行统一管理。还有部分学校自建了专门的后勤服务“一网通”或一站式平台，与学校平台之间进行联动和打通，并能够在学校的管理之外，为学校员工及家属、学校供应商等角色提供一些个性化或无须经过统一认证的服务，两种建设方式虽略有区别，但目的都是为师生及后勤管理提供服务，极大地简化了操作流程，提高了服务的便捷性和师生的满意度，从而更好地实现资源的集中管理和优化配置，同时也为师生提供了更加统一和连贯的服务体验。

此外，后勤一站式服务平台的形式也有了多元化发展，出现了 PC 端、App、小程序、公众号搭载 H5 等多种服务形式，因此，本章所说的后勤一站式服务平台并不拘泥于某一种形态，而是指一切能够为学校师生提供聚合式后勤服务的平台。有条件的学校还应配套建立线下实体办事大厅，实现线上线下密切结合、后勤服务平台与学校服务门户深度融合，共同推动全校范围内后勤服务事项标准统一、整体联动、业务协同。

第三节　后勤服务一站式平台的建设思路

一、标准化建设

随着信息技术的快速发展，学校信息化建设已经从早期的各自独立运行，逐渐转变为追求统一的标准化服务。智慧校园建设要求各校建立“校园治理要素一张图、互联互通一张网、数据汇集一个库、学校大脑一朵云、系统开发一平台、移动应用一门户”的技术支撑体系和智能应用生态。在底层的学校网络统一接入、云计算资源统一提供、用户身份统一认证、网络信息安全统一防护的基础上，后勤一站式服务平台应依据智慧校园布局，基于统一的数据和标准规范，以后勤的各类事项、流程、服务为核心，建立聚合服务统一入口、后勤数据统一治理、信息提醒统一发送、后勤资源统一供给的平台。

二、梳理业务

后勤服务点多、线长、面广、体庞，是后勤服务区别于其他学校服务的明显标志，在纷繁的事务中，要建设后勤一站式服务平台，首先应全面梳理面向师生的服务项目，精简归并不同层级、部门的同类事项，规范工作要求，固化办事指南。后勤一站式服务平台应用场景列举如下。

（1）周期类服务：能够实现学生寒暑假住宿在线申请、评奖评优在线申请等服务，在线服务办理解决了业务高峰期现场人流拥挤的情况，节省了老师和学生的时间，极大提高了办事效率。

（2）日常服务：包括校内报修、生活咨询、投诉、建议等，通过线上精简流程和业务流转，极大地方便了学生。同时，这些服务往往牵扯到多个部门的业务范畴，通过信息化串联多个部门的管理流程，提高了管理效能。

（3）自助服务：包括查询类、自助打印类、自助水电缴费等服务，例如校车时刻查询、电费缴纳等。这些服务实现了在线自主办理，极大地节省了师生的办事时间，提高了办事效率。

（4）扩大服务对象范围：除了在校师生和学校管理人员外，后勤一站式服务平台还服务于社会大众，比如体育场馆预约、校园参观预约等功能。

对后勤业务的全面整理，可以确保后勤一站式服务平台的建设更加贴合师生实际需求，实现资源的合理配置和服务流程的优化。

三、流程整合

在后勤一站式服务平台的建设过程中，需要将后勤服务中分散的业务流程进行全面整合和优化，通过信息化手段实现跨部门、跨层级的业务协同，构建统一、高效的服务流程。后勤应通过相应政策和制度进行辅助，探索建立信用承诺、容缺受理制度，自上而下推行减少前置条件、精简流程环节、缩短办理时间的服务革命，各部门须积极参与推动一站式服务平台这个总枢纽平台的建设，统一接受监督，向师生公布受理流程和办理时限，高效办事，共同维护系统的持续良性运行。

四、技术支持

（一）大数据和云服务

大数据和云服务技术的运用，为后勤一站式服务平台建设开辟了新的可能性。校园大数据是智慧校园建设中最宝贵的资源，后勤业务每天产生着大量的数据，应使数据分析业务服务于后勤信息化建设，秉持用数据说话、用数据服务、用数据决策、用数据创新的理念，以校园网为基础，以大数据为核心，以各业务系统为载体，基于前端的数据分析、数据挖掘和后端的数据仓库、数据交换、开发者平台，将分散在各应用系统中的校园生活、管理与服务数据进行采集、建模、整合、深度分析，消除信息孤岛，实现学校业务领域的海量、多源、异构数据的共享和统一，实现数据利用的最大化。同时坚持"一校一库、一数一源、一数多用、动态更新"的原则，做好数据的统一采集、归集、共享、开放和使用，为一站式服务平台赋能，为管理和服务部门提供可感知的数据服务，为学校整体运行状况提供基于数据的评估与分析，有效提升学校管理决策水平。

随着教育行业信息化需求的日益增长，学校后勤信息化建设正经历着显著的变革。最初，学校依赖于私有云部署以确保数据的可控性和安全性，而现在越来越多的学校开始采用混合云架构。这一转变不仅增强了信息系统的灵活性和可扩展性，还带来了更高效的资源利用和更优质的后勤服务。云服务技术提供了灵活的计算资源和存储能力，使得后勤管理系统能够处理更大规模的数据集，实现跨平台的信息共享和服务协同。这些技术的融合应用，不仅推动了后勤服务的标准化和流程的自动化，还为后勤决策提供了数据支撑，提高了后勤服务的响应速度和服务质量，在智慧校园建设中发挥了关键作用。

（二）微服务、轻量化开发

随着信息技术的不断进步，后勤一站式服务平台建设呈现出轻量化的开发趋势，其中以小程序、公众号搭载 H5 为代表的移动端轻量级应用正在成为后勤服务的新兴渠道。同时，学校或后勤管理部门可以引入"移动校园微应用工具"，使各业务部门可以根据场景需要，通过这些微应用工具，像搭积木一样快速构建专属的移动应用场景，满足师生多元化的数字应用需求。轻量化开发模式以其便捷性、低成本和快速迭代的特点，实现了后勤应用小步快跑的建设模式，不仅使后勤服务更加贴近师生需求，也为后勤信息化建设提供了更为灵活和经济的解决方案。

（三）智能硬件

智能硬件是后勤一站式服务平台实现智能化的重要载体，智能硬件通过内置的通信模块，如 Wi-Fi、蓝牙、NFC 等，实现与其他设备或服务器的无线连接，从而实现数据的实时传输。这种高效的信息传送能力，提高了后勤服务的响应速度和处理效率。智能门禁、智能水电表、智能洗衣机、自动售卖机、智能洗浴等软硬件结合智能设备的普及，为师生营造了更加舒适、智能化的学习和生活环境。

第四节　后勤服务一站式平台的建设内容

一、四大体系

在构建后勤一站式服务平台时，须充分考量平台使用者的多样性，包括学校师生、后勤业务人员、管理人员以及后勤人员与学校决策者等。鉴于各类用户群体在使用平台时的身份角色和关注重点不同，平台的建设应综合考虑服务体系、管理体系、监管体系和决策体系四个关键维度，以满足不同用户的需求，确保平台服务的全面性和有效性（图 7-1）。

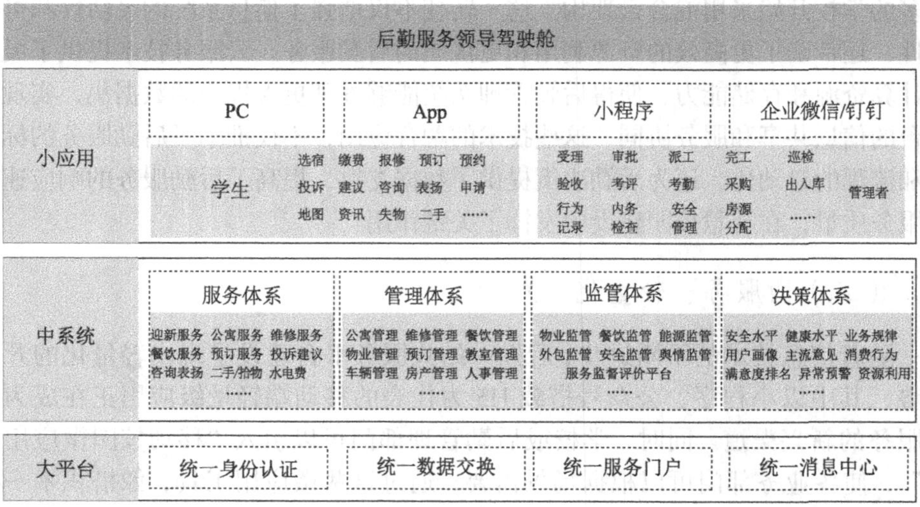

图 7-1　后勤服务一站式平台建设体系

（一）服务体系

服务体系的应用对象是师生和教职员工，将校园生活各类场景如迎新服务、公寓服务、维修服务、餐饮服务、预订服务、投诉建议、咨询表扬、二手/拾物、水电费等集成在统一线上平台，通过一部手机就可轻松解决。

（二）管理体系

管理体系的应用对象是后勤各业务部门的人员。后勤涉及大量子部门，管理是相当重要的一环，后勤管理系统是确保校园日常运作顺畅和高效的关键。通过集中管理校园的各种资源和服务，提高资源利用效率，降低运营成本，同时提升服务质量。信息化建设将公寓管理、维修管理、餐饮管理、物业管理、预订管理、教室管理、车辆管理、房产管理、人事管理等归类到统一平台。

（三）监管体系

监管体系的应用对象是后勤服务的监管人员，以确保服务流程的规范性和服务质量的可控性。智能监管体系能够有效地加强校园安全，维护校园环境，确保师生的健康和安全。监管体系包括物业监管、餐饮监管、能源监管、外包监管、安全监管、舆情监管、服务监督评价平台等。

（四）决策体系

决策体系的应用对象是学校后勤管理的决策者，系统可以提供数据支持，从而优化决策过程。后台与移动端可实现各场景业务数据查询监管，比如维修项目统计、服务监督投诉项目统计、师生消费类型统计分析等。通过业务数据、财务数据、历史轨迹等数据分析，给决策者提供宝贵的决策支持，使他们能够基于数据做出更加明智的决策。

随着四大体系的确立,后勤一站式服务平台的目标是实现服务的全方位覆盖、管理的科学化运营、监管的标准化控制以及决策的数据化支持，极大提高后勤服务的综合性效能，并显著增强用户满意度。

二、功能设计

根据平台功能和人员角色后勤一站式服务平台的功能设计通常围绕后勤服务门户、师生应用和服务管理人员应用三个核心部分进行构建，常见的功能包括但不限于以下方面（图 7-2）。

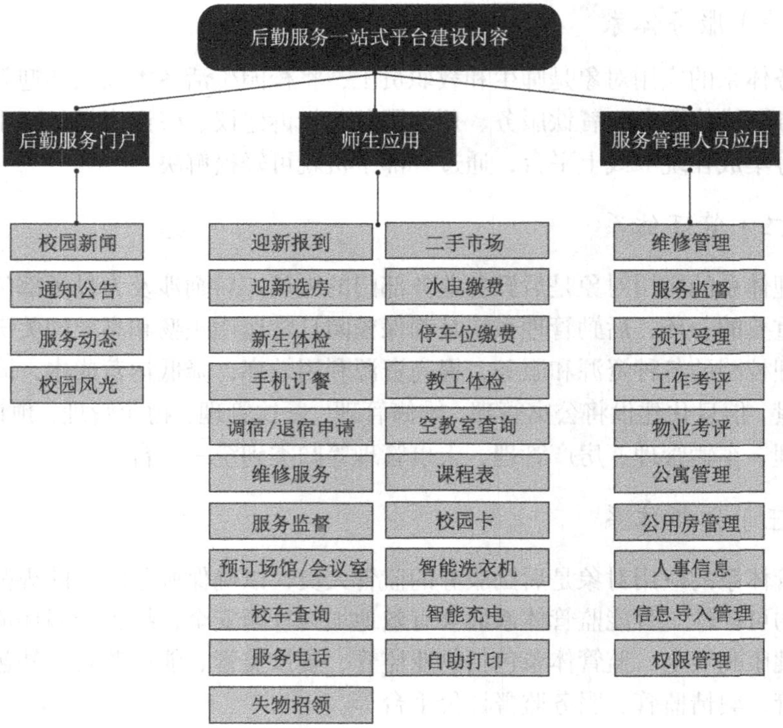

图 7-2 后勤服务一站式平台功能结构图

（一）后勤服务门户

校园新闻：发布新闻资讯。

通知公告：展示后勤部门发布的各种事项的通知公告。

服务动态：展示后勤最新的服务动态。

校园风光：以图片的形式直观地展示学校的风貌，侧面反映后勤服务质量。

（二）师生应用

迎新报到：新生报到流程查询、开学须知发布等。

迎新选房：学生自行选择宿舍，提交自己的生活习惯标签，并查看其他同学的标签。

新生体检：新生入学后进行体检预约等。

手机订餐：轻松进行菜品选择，提交订单并支付，下课后去食堂快速取餐。

调宿/退宿申请：学生可在线提交调宿或退宿的申请，由主管辅导员等责任人逐级审批。

维修服务：提供随时随地拍照报修服务，可实时追踪、查询维修进度，并对维修效果进行自主评价。

服务监督：为学生提供发布建议、咨询、感谢、投诉帖子的校园平台，增强后勤部门与学生的沟通交流。

预订场馆/会议室：全景式查看场馆、会议室情况，提供日程式预订列表，可供师生根据需求进行筛选、搜索，可一次实现单场预订、全天预订、系列预订等单次或批量的预订。

校车查询：一键查询通勤校车的发车时间、站点及路线等信息。

服务电话：一键查询后勤各服务单位的办公地点及服务电话等信息。

失物招领：发布物品丢失或招领信息的公共服务平台。

二手市场：提供闲置、以物换物等的自由交易平台，使资源有效利用，符合学生需求。

水电缴费：提供智能水电表缴费、余额查询及历史缴费记录的功能。

停车位缴费：校内办公及住宿人员均可缴纳年度或月度停车费用。

教工体检：教职工进行年度体检时的预约渠道。

空教室查询：提供对校内自习室、空教室的查询功能。

课程表：与教务部门对接最新课程信息，方便学生、老师查找上课时间及地点，节省时间，还可添加学生感兴趣或选修的课程信息，供其进行课程管理。

校园卡：一键式查询校园卡的使用状态、交易明细、余额等，可进行密码修改等。

智能洗衣机：集成第三方智能洗衣机，支持洗衣机预约、支付等功能。

智能充电：集成智能充电插头，提供扫码充电、支付等功能，方便校内电动车充电。

自助打印：集成自助打印机，支持无线传输文件、智能支付等功能，为师生带来便捷服务。

（三）服务管理人员应用

维修管理：对师生的报修单进行受理、审核、派工、完工等操作，维修过程可以在线追溯，维修结果可评价。

服务监督：在线审核、回复学生发帖。

预订受理：提供在线受理、查询订单、扫码签到等功能。

工作考评：实现工作备忘录的提醒、工作意见的发送等功能，进行各种工作文档的流转交接，工作人员出差时也可进行远程工作汇报，方便领导进行工作的调度和安排等。

物业考评：随时随地进行保洁、环卫、绿化的检查、监督、考评，考评与绩效奖金挂钩，激励员工保持优质服务。

公寓管理：管理学生住宿情况，审核学生的调宿、退宿申请，并进行调宿或退宿操作。监测学生安全，包括对早出晚归、出入异常数据的管理，并接收消息预警。发布公寓的文明评比、卫生检查、宿舍文化活动等资讯，还可进行宿管员的评价、点赞等。

公用房管理：进行公用房概况的查询，全校使用公用房的统计查询、平均面积计算、公摊面积计算。

人事信息：查询人事档案、人事调动情况、岗位轨迹、家庭情况等。

信息导入管理：管理员通过此功能导入数字化校园系统中的学生和管理员的用户信息。

权限管理：管理员首先根据不同用户进行角色的分配，然后根据角色对各种应用权限进行分配。

第五节　后勤服务一站式平台的建设与保障

一、建设模式

（一）采购模式

在后勤服务一站式平台的建设模式中，采购模式是其中关键的一种，它通常是从科技公司采购成熟的软件系统来满足特定的服务需求。这种模式的优势在于能够快速部署并投入使用，从而减少自行开发所需的时间和资源消耗。

采购模式的核心在于后勤部门选择合适的软件系统，这需要后勤部门明确自身的服务需求。一旦需求明确，学校便可以通过市场调研，评估不同科技公司提供的解决方案，选择最符合学校实际需求的平台。

在采购过程中，学校还须考虑系统的可扩展性、用户友好性、数据处理安全性和系统稳定性。所选择的系统应能够随着学校后勤服务需求的变化而灵活调整，同时提供直观易用的界面，保障数据安全，并确保在高并发情况下的稳定运行。

此外，技术支持的可靠性也是采购决策时的重要考量因素。学校需要确保软件供应商能够提供持续的技术支持和系统维护，以应对可能出现的技术问题，并根据未来的技术发展进行系统升级。

（二）自研模式

学校后勤服务一站式平台的建设还可考虑自研模式，即学校自行研发满足特定需求的软件系统。自研模式允许学校根据实际需求和校园特色，开发高度定制化的后勤服务系统。这种模式的优势在于能够更灵活地响应学校内部的需求变化，更好地控制项目进度和质量，长远来看更具经济效益。

自研模式的建设内容包括以下几点。

（1）需求分析：深入分析学校后勤服务的特定需求，包括服务内容、用户群体、业务流程等。

（2）系统设计：根据需求分析结果，设计系统架构、功能模块、数据流程和用户界面。

（3）技术研发：组织技术团队进行编码、测试和系统开发，确保技术实现符合设计要求。

（4）系统集成：将新开发的系统与现有的校园信息系统进行集成，实现数据共享和业务协同。

（5）用户培训：对后勤服务人员和师生进行系统操作培训，确保系统能够被正确使用。

（6）系统维护：建立系统维护和升级机制，确保系统长期稳定运行。

（7）反馈与优化：收集用户反馈，对系统进行持续的优化和改进。

自研模式需要学校具备一定的技术实力和研发能力，同时也需要投入相应的时间和资源。但通过自研，学校能够获得一个更加贴合自身需求的后勤服务平台，从而提高服务效率和质量，为师生提供更好的服务体验。

（三）合作模式

学校后勤服务一站式平台由于集成了较多的系统及硬件，通常还有合作研发的模式，即学校与软件公司之间开展合作，结合双方的优势，进行软件系统的定制化开发。在这种模式下，学校可以提供特定的服务需求和业务流程，而软件公司则提供技术支持和功能研发，共同打造适合学校实际情况的系统平台。

在合作模式下，学校将与软件公司共同进行需求分析，明确平台的功能模块、业务流程和用户界面。同时，软件公司的研发人员将设计符合学校特色的系统架构，确保与学校现有的信息化基础设施兼容，并且为学校后勤部门提供系统培训。同时，学校后勤部门将持续收集用户反馈，与软件公司合作对系统进行持续优化。

通过这种合作模式，学校后勤部门能够获得更加贴合自身需求的服务平台以及平台的知识产权。同时软件公司也能够通过项目实践提升自身的技术水平和服务能力，有助于打开市场，这种模式较好地实现了资源共享、优势互补。

二、资金保障

（一）自筹资金

自筹资金是各校建立平台时最常见的模式。由于面向师生的服务较多，部分学校还设立了专项经费，后勤部门可采用项目申请的方式，向学校申请建设资金。

自筹资金的优点在于学校可以根据自身财力状况，制定更为合理的系统建设方案，可以决定将资金投入哪些最需要改进的服务流程中，或者用于提升哪些技术设施，确保资金的筹集和使用更加符合学校的长远利益。

后勤部门普遍经费紧张，其资金筹集往往较为困难，信息化建设多属于“锦上添花”，须“靠边排队”，因此为确保资金的合理利用，后勤部门在采用自筹资金模式时，需要有明确的战略规划和有效的资金管理机制，以确保资金的筹集和使用能够做到高效、透明、合规。

（二）第三方投资

近年来，各校后勤服务一站式平台的建设中还出现了以第三方投资来筹集资金的方式。这也不难理解，后勤一站式服务平台主要是面向师生的C端应用，用户黏性很高，因此银行、通信运营商及部分国资企业希望在教育行业开展进一步的合作，以产生深度的效益，并采用投资后勤信息化建设的形式来进行资源的互换。

例如银校合作模式，银行为学校提供资金支持，以满足其短期和长期的后勤建设需求；学校同样能给银行带来益处，包括扩大客户数量、拓展业务范围、提供科研服务等。这种合作关系不仅促进了学校后勤服务的发展，也助力了银行业务的扩展和知识更新。

通过第三方投资建设，学校后勤部门可以纾解建设资金方面的困境，而投资者也可以通过参与学校后勤服务平台的建设和运营，获得长期的投资回报。这种合作模式有助于实现双方的互利共赢，并推动学校后勤服务的可持续发展。

第六节 实践案例

四川师范大学后勤服务管理中心：让师生真正体验到“一机在手，便捷我有”的丰富学校智慧生活

四川师范大学后勤服务管理中心设立了“川师微生活”官方微信公众号，在微信公众号中接入一站式综合管理与服务平台，师生可以在平台上完成在校园生活的多数需求，如报修服务、生活缴费、线上订餐、线上商城、电瓶车充电、座位预约、投诉建议、失物招领、公车预约、场馆预约、跳蚤市场、智能打印等，

目前平台关注使用率已达到90%以上。

（一）主要建设场景

（1）综合支付场景。连接用户、商户，汇总校内各部门的支付信息、数据，为学校的财务管理提供管理支撑，根据是否需要线下工具辅助分为线上收银及线下收银两种方式：用户线上支付结算时的直转收银界面，可自主选择支付方式进行支付结算；线下收银基于收银工具的不同，支持卡码脸等多介质的支付手段。

（2）公寓生活场景。将学生公寓里的住宿管理场景、公寓报修场景、宿舍订水场景、查寝管理场景、迎新床品场景等各类场景一并涵盖，实现线上智能操作管理。

（3）安全管理场景。包含校园及宿舍门禁管理、宿舍用电管理、车辆出入口管理、签到管理、电瓶车充电管理等，便于学生移动端操作，负责人后台线上管理监控。

（4）智慧餐饮场景。主要应用于校内食堂与外来商家的智能操作与管理，如：食堂档口点餐机及各类移动支付场景，桌码点餐与自助点餐机，教职工人脸识别就餐与智能餐台，校园外卖，外来人员食堂就餐的临时虚拟生活卡等。

（5）校园商贸场景。学生在校期间对消费环节都较为在意，智慧校园生活商贸消费场景主要体现在无现金、无卡移动支付场景，手机线上商城场景，无人超市场景，跳蚤市场场景。

（6）咨询社交场景。校园内寻物平台信息共享场景，重要消息通知发布场景，问卷调查、在线咨询、投诉建议等服务监督场景，交友圈、告白墙等社交场景。学校校园生活里的社交、答疑、寻物也是体现智慧信息化校园的一大板块。

（二）功能特点

（1）平台化。统一入口、统一管理、部门/后勤/学校平台一体化、用户体系统一、基础数据统一。

（2）模块化。应用模块化设计，积木式搭载，自主管理，权限分配，不同角色分配不同账号。

（3）集成化。软硬件集成交互，线上线下结合。

（4）智能化。自动审核，消息实时送达，设备、用户状态实时监测。

（5）社交化。朋友圈、图文消息、通知提醒自由推送，内容精准触达，信息传播社交化。

（6）消除信息孤岛。通过平台的交互性和连接能力使信息数据库不再是相对独立的“孤岛”。

（三）应用情况

1. 总体使用情况

“川师微生活”平台自2021年6月上线运行以来，截至2023年6月，平台注册人数为52 259人，关注人数为50 932人，已完成认证人数47 273人，认证率（使用率）达到90.5%。

“川师微生活”平台日活用户约为28 500人，具体使用场景包括报修服务、智能用电、公车出行、跳蚤市场、服务监督、座位预约、教工餐厅码、线上餐饮、线上商城、智能充电桩、智能打印等。

2. 重点场景使用情况（表7-1）

表7-1 重点场景使用情况

板块类型	具体场景	上线时间	年度使用频次
基础服务	报修服务	2021年4月	28 338次
	智能用电	2021年6月	39 386笔
	公车出行	2021年7月	245单
	跳蚤市场	2021年6月	507条
	服务监督	2021年11月	1502条
	座位预约	2022年3月	21 585次
	教工餐厅码	2022年9月	97 865次
生活服务	线上餐饮	2021年6月	23 661笔
	线上商城	2021年8月	7202笔
	智能充电桩	2021年9月	73 403笔
	智能打印	2022年4月	132 876笔

（四）总结分析

通过“川师微生活”平台，将员工大部分工作环节转移到线上，为后勤管理人员和服务对象提供便捷的操作、沟通渠道，从而让服务对象切身体会到后勤部门的工作成果。

“川师微生活”平台将校园生活服务集成于一体，丰富师生在校期间的校园生活，提供了一个智能、高效、便捷的信息化校园环境。

“川师微生活”平台使得各项工作流程更加简化，物资、设备、人员等管理直接通过线上申请、审批，不仅提高了整体工作效率，而且使各类信息、流程被记录在系统中，为服务的进一步优化奠定了基础。

厦门大学：后勤集团便捷服务“一站式”，事半功倍“快、准、优”

厦门大学后勤集团紧密围绕校园后勤服务保障中的难点和痛点，以“互联网+后勤服务”为突破口，重点聚焦方便师生教工及职工家属在校的学习、工作、生活，致力于通过“一站式”服务项目的整合，实现“信息多跑路，师生少跑腿”的良好愿景。

（一）思明校区后勤服务大厅

1. 建设意义

思明校区后勤服务大厅的建设旨在优化服务流程，提升服务效率，通过整合资源和利用大数据技术，减少服务对象的不便，增强服务体验，推动学校和集团的内涵式发展，使之成为具有标杆示范作用的“民心工程”“双赢工程”项目。

2. 建设过程

作为后勤集团“学党史，办实事”七大重点为民办实事项目之一及集团信息化、智慧化建设的重要支撑线下实体，思明校区后勤服务大厅以“有限的客服座席、优化的服务整合、精干的人员配置、全时的服务保障”为大厅规划建设原则，以“先有后优、分步实施”为大厅建设基准方略，于2020年开始筹备建设。

1）内部基础服务整合方面

筹建期间，集团办公室牵头先后7次走访集团相关业务中心办公室和服务窗口现场，以师生教工眼中的“一件事”为标准，锁定关注度高、办理量大的高频业务，详细摸排现有服务人员队伍构成、业务办理流程、业务在用系统等情况，并就窗口设置、人员配备、岗位职责、服务范畴、办事流程、监督考核等方面逐一与相关业务中心、部门反复沟通明确，狠抓协调落实，最终成功将校园车辆管理、校属公用房管理、水电费收缴管理等集团现有高频业务服务及相应工作人员充分整合、集成于服务大厅，变“一事跑多窗”为“一窗办多事”。

2）外部增值服务引入方面

后勤集团引入具有厦门特色的“e 政务自助服务新模式”，引进“e 政务”便民自助服务终端，为学校师生提供公安、社保、医保、公积金、入学入园、养老等市政服务，进一步拓宽便民服务领域，提升服务对象在校学习、工作、生活的幸福指数。

3. 建设成效

1）高频业务服务全囊括，省心省力“一站办”

思明校区后勤服务大厅自2021年3月6日启用以来，通过整合高频业务和引入智慧化设施，如“e 政务”自助服务终端，为师生提供了便捷的服务。截至2021 年底，大厅累计处理 1995 笔业务，办结率和满意度分别达到 100%和98.5%。服务内容涵盖车管、公用房管理、水电费收缴、市政业务办理等，显著节约了师生办理业务的时间与精力。

此外，大厅还承担了“服务 110”办公室的职能，建立了服务矛盾纠纷的预防和调处机制，确保服务对象遇到问题时能够得到及时有效的解决。

2）市政业务服务覆盖广，轻轻松松“刷脸办”

针对老年人和新生家长，“e 政务”便民自助服务终端设有“敬老专区”和“入学一件事”专区，提供便捷的服务。例如，在“敬老专区”，退休人员变更发放养老金银行卡账户，只需携带身份证，通过“刷脸”即可办理，填写银行卡号和联系电话即可完成变更。“入学一件事”专区则让新生家长通过“刷脸”一站式办理房产证明、户籍证明、亲属关系证明、居住年限证明、社保缴费信息等5 项证明材料。

此外，港澳台同胞及外籍人士通过服务终端的电子出入境证件读卡器，可以自助办理社保缴费信息查询打印、医保个人权益单查询与打印等业务，为子女入学提供工作凭证。

这些服务得到了教育部“为民办实事”专项工作督导检查组的充分肯定，认为它们体现了厦门大学后勤集团为民办实事的努力，期望能进一步推广，提升师生的幸福感和获得感。

（二）后勤集团“号百服务”

借鉴厦门“12345”市政服务专线模式，后勤集团“号百服务”热线整合了21 个高频业务电话，如水电报修、车卡办理等，实现了一键转接至相应业务窗口，覆盖思明、翔安、漳州三校区，有效解决了号码难记的问题。

自投用以来，“号百服务”累计处理 95 项服务，办结率 100%，满意度99.3%。与后勤服务大厅、数字后勤服务大厅及集团官方微信服务号相结合，构建了“四位一体一站式服务平台”，实现了线上线下服务闭环，提升了服务效率和质量，同时控制了成本，整合了资源，满足了需求。

（三）建设心得分享

后勤服务大厅作为学校服务模式的新兴趋势，虽备受青睐，但在运营实践中却面临多重挑战。如果仅将各部门业务引入线上而未对体制机制进行重新规划，可能导致业务受理效率低下，引发师生不满。若新建机构以提升服务，虽能暂时改善形象，却可能因员工对业务的生疏而服务不到位，影响大厅的运行效率和成本，延长磨合期，损害后勤服务的声誉。部分学校在特定时期临时设立的线下服务网点，虽为学生提供了便利，但管理上仍显粗放，服务人员的专业能力与“一站式服务”的要求相去甚远。此外，一些学校过分侧重实体服务而忽略线上平台的优化，尤其在应对夜间服务需求时，线下服务的不足将被放大。厦门大学思明校区后勤服务大厅的建设和运营，展现了后勤集团在“一流后勤”建设上的初步成果，未来将继续着力于服务大厅的标准化、信息化、专业化建设，致力于满足师生的实际需求，提升服务效能，努力成为连接师生的桥梁和服务育人的重要阵地，为学校“双一流”建设做出积极贡献。

第七节 总结展望

后勤一站式服务平台是新时代互联网+校园后勤服务改革的“新名片”，它为学校促进校园治理现代化、校园服务标准化提供了切实可行的演进路线与实现方案。学校通过建设后勤一站式服务平台，规范事务办理和协同流程，并推动线上线下服务深度融合，从而逐步实现校内外事务一站式解决，进而实现技术、架构、服务以及用户体验的统一。后勤一站式服务平台作为学校整体一站式服务平台的有机组成部分，将有力提升学校整体层面一站式服务平台的发展进程及建设水平，同时也为后续接入社会一站式服务平台奠定基础。

后勤一站式服务平台未来将深度融合新兴技术，如人工智能、语音识别等，以实现服务的智能化和个性化。人工智能技术的应用，将使平台能够通过学习用户行为来预测服务需求，并实现自动化的资源调配和流程优化，此外利用人工智能驱动的聊天机器人，平台可以提供全天候的自助服务支持，以便快速解决常见问题，最终提高服务的可及性和便捷性。随着技术的发展，平台将提供更加多样化的身份认证方式，如二维码、生物特征识别、跨域联合认证等，进而增强安全性并简化用户登录流程。同时，平台通过数据的保存、传输和链接加密，以及安全规章制度的建立，将进一步保障平台的数据安全。

后勤一站式服务平台的深入普及，将助力各校教育决策科学化、管理精准化、服务个性化水平全面提升，最终实现支撑构建高质量教育体系的目标要求。

第八章　高频刚需

——及时响应的维修服务

俗话说，三分建设，七分管理。校园房屋和设施设备既要保持“底子里子”完好，还需要方方面面的精细化维修养护，因此维修工作在后勤管理和服务中的地位举足轻重。它不仅是解决现有问题的应急措施，更是确保各类设备正常运行、维护校园资产价值的关键环节。

良好的维修工作就像是一位无声的守护者，保障着学校各项设施的持续运作，为教学科研等活动的顺利进行提供坚实保障。便捷的维修服务更是如同雪中送炭，能够在最短的时间内解决师生的“急难愁盼”，提升校园生活的便利性。

利用信息化手段进行维修管理，如同为维修工作装上了“千里眼”和“顺风耳”，不仅提高了维修工作的便捷度、透明度，增强了师生互动，还有助于创造更优美和谐的校园环境。

第一节　背　景

自21世纪初至今，我国高校招生规模不断扩大，大体量的服务主体使得学校后勤部门的工作要求更加多样、工作任务面临更多挑战、师生对工作质量更加期盼。传统的维修方式已经无法满足学校日益增长的需求，因此，学校维修信息化建设应运而生。

维修信息化建设是指利用现代信息技术手段对维修服务进行全面升级，提高效率、降低成本、提升服务质量的过程。随着互联网技术的发展，手机、平板电脑等终端设备的功能日趋强大。与此同时，在设备维修过程中，师生对故障的描述完整度、维修的急切程度、服务态度以及对维修结果的满意度等方面，都体现出师生与后勤部门之间加强沟通的必要性。因此，需要建立一个高效的沟通接口渠道，以更好地对接双方需求。以往报修采取的方式多为电话报修或者现场报修，维修工根据现场记录进行维修。这样容易导致报修内容不精确、后勤分工不明确、维修不及时、维修过程不沟通、维修结果不能使报修方满意、维修投诉渠道不畅通等问题，同时不方便后勤管理人员汇总整理，发现高频维修点、疑难维修处等共性问题，进而提前做好预防性工作。维修材料的采购、领取也会杂乱无章，导致整个后勤维修任务既费时费力又浪费成本。因此学校维修信息化建设势在必行。

第二节　学校维修现状

一、后勤维修的分类

学校后勤维修主要包括零星维修和工程维修。其中零星维修占据大部分工作量，是指由师生、教工、家属等人员直接申报的各类小型维修项目，不涉及工程造价或专项审批手续。

工程维修往往需要具备相关专业技能的施工人员，有相关资质要求，资金量需求较大，流程审批复杂、周期较长，大部分学校的后勤系统未配备专业的工程维修队伍，更多的是由零星维修工兼任。

因零星维修与师生需求结合紧密，因此本章主要探讨零星维修方面的信息化建设。

二、后勤维修工作现状

（一）工作量大

对于学校的零星维修来说，维修项目包括水、电、暖、木、泥、油等多种类型，维修数量大且种类繁多，导致报修流程复杂，手续烦琐，维修进度缓慢，一线维修人员工作压力较大，很难确保每一个维修项目都能及时、有效地进行处理，容易出现报修人对维修进度不满意等现象。

（二）维修人员素质偏低

各校后勤维修工作普遍存在工作环境较差、工作时间不固定、工作待遇偏低等现象，不容易为年轻人所接受，青年人才流失严重，维修队伍普遍年龄偏大。维修服务作为一项较为繁忙和劳累的工作，在高强度的工作下，工作人员也容易出现服务意识不强、服务态度不好的情况。

（三）师生对维修服务的要求不断提高

师生在校生活深受各类宿舍问题的困扰：宿舍楼内漏水、墙皮脱落、电路故障、热水供应不稳定，以及纱窗、电风扇损坏等问题频发；而间断性停电更导致电器受损、食材难以保存，严重影响日常生活。这些燃眉之急亟待解决，抢修工作刻不容缓。由于社会上的服务企业出于营利等目的，往往在制度上对服务人员的态度、效率和沟通能力设定严格的高标准，师生在体验过此类优质服务后，自然会形成对比。相比之下，学校后勤维修服务在服务流程和质量上普遍难以达到社会企业的水准。因此，学校后勤部门应当提升服务标准，向社会化服务的水平靠拢。

（四）监督管理不到位

传统的人工报修方式不仅效率低下，且易出现信息传递不畅、维修进度难以跟踪等问题，日常的零星维修工作零散、维修量大，相关负责人很难对每一件维修工作进行跟踪检查，这意味着维修工作的完成情况绝大部分依靠维修工人、报修人员的反馈。同时，大型、集中的维修项目通常在寒暑假期间进行，多个项目同时进行，也增加了监管的难度。

第三节　学校维修信息化建设的痛点

学校后勤是教学科研的基本保障，但重教学科研、轻后勤管理的现象普遍存在于各学校，导致后勤政策、资金、人力资源普遍短缺。

一、对维修信息化建设的认识不足

学校后勤日常工作烦琐、复杂，且工作质量的优劣直接影响到学校形象。因此学校后勤主管领导对于学校后勤的全局规划，及是否重视后勤管理工作效率和质量提升、是否将信息化建设作为学校治理现代化的基石，是影响后勤信息化建设的重要因素。在推动后勤信息化建设的过程中，应从组织结构、资源调配等方面提供支持。

二、对维修信息化建设的投入不足

信息技术是支持学校后勤维修信息化建设的关键因素。后勤维修信息化硬件及软件系统一次投入成本较高，使用过程中还要依据实时需求不断进行系统优化，需要持续的资金投入才能获得明显成效，需要学校相关政策、资金给予倾斜。

维修信息化的建设以及完成后的运维工作，对主要管理人员的专业能力要求较高，对一线维修工也有一定的准入要求，目前学校后勤一线人员普遍年龄偏大，难以适应信息化系统的建设。同时，学校维修信息化建设的投入大，而对应的效果产出比较慢，会导致部分后勤管理人员存在“够用就行”“不求更好”等思想。

三、对维修信息化建设的动力不足

传统的维修管理方式在各大学校已有几十年的应用历史，虽然维修信息化建设是共识，但是因长期习惯于传统维修管理方式，部分师生及后勤部分维修人员对其存在固化思维，不愿花时间和精力学习和接受新的维修管理方式，信息化系统接受度低。同时，维修信息化建设中数据信息支撑是一个关键的问题，其准确性、完整性、及时性和一致性都需要严格管控，但学校层面缺乏对信息化建设相应的政策支持，后勤维修管理部门进行信息化建设的内在动力不足，影响了维修信息化的建设进程。

四、维修信息化系统用户体验不佳

用户体验不佳也是学校后勤维修信息化建设的一个重要问题。首先，用户界面可能不够友好，不够简洁、直观和易用，导致用户难以理解和使用平台功能；其次，操作流程过于复杂和烦琐，需要用户进行多次点击和操作，降低了用户使用体验和工作效率；再次，系统可能存在功能不全或不完善的问题，无法满足用户实际需求；最后，系统可能存在稳定性和响应速度的问题，导致用户在使用系统时出现卡顿、延迟或崩溃的情况。

五、维修信息化系统安全性问题

学校维修信息化建设中的安全和隐私问题非常重要。一是数据及隐私安全，维修信息化系统涉及大量师生的个人信息和维修记录，这些数据需要得到妥善的保护，防止出现泄露、篡改、丢失等安全问题；二是网络安全，维修信息化系统需要在网络环境中运行，需要采取必要的网络安全措施，保护系统的稳定和安全运行；三是用户身份验证和授权，系统须对用户进行身份验证和授权，确保只有合法的用户才能访问和使用系统功能，同时需要记录用户的操作行为，以便追溯和审计；四是数据备份和恢复，系统需要定期进行数据备份，确保系统数据在出现故障或灾难时得到有效的恢复和保护。

第四节 开展后勤维修信息化建设的必要性

维修信息化建设是后勤数字化、信息化建设的重中之重。计算机软硬件技术、互联网科技的迅猛发展，为学校维修信息化建设奠定了坚实的发展基础，大数据集成及分析技术、系统整合技术等都为实现维修信息化建设提供了重要的技术支撑。

一、学校维修信息化建设助力后勤精细化建设

学校后勤服务对象是教师和学生，服务内容多，涉及范围广，服务保障水平的滞后易引发学校管理与师生实际需求的矛盾。传统模式下，后勤管理人员的工作效率较低，信息化技术与实际操作的融合程度不高，而通过信息化平台，可以实现自动处理和快速响应。信息化平台一般采用定制化软件，使用方可根据自身需求，对平台各项功能进行深度设计，并对整个流程进行细化分析，从而使报修流程简洁高效。接单阶段，平台会为每一个工单分配唯一流水号，并根据预设内容为工单分配相应承修单位，同时能做到报修忙闲时区分，忙时平台自动审核，方便各个承修单位及时接收工单；闲时手动审核，保证维修时效性的同时，也能做到特殊、紧急事件第一时间得到处理。派单阶段，承修单位接收到工单时，平台会有相关提示，督促及时处理；受理人可直接在平台内分配维修工，并通过平台提示所选择的维修工。维修工维修结束后，可在平台直接完工，同时上传维修前及维修后的对比照片。整个流程不同阶段对应不同的颜色、不同内容的状态展示。

推动维修信息化建设，不断实现各项流程的规范和优化，针对建设过程中出现的问题及时进行解决并对服务体系加以改进，能够有效解决内耗严重、信息不对称、服务效率低下等老大难问题，构建符合广大师生需求的科学服务体系，推动后勤服务更加科学、规范。利用移动物联、数据分析等信息化手段高速快捷地处理师生的各种服务需求，保证师生能够在第一时间获取相关的后勤服务。

同时，信息化的建设也方便了管理工作，可以便捷地统计相关的服务信息，查询相关的管理和服务数据，并进行信息共享，有效提升后勤服务效率，高效推动后勤服务的精细化建设。管理人员通过汇总、对比、环比等数据分析结果，可清晰获取到多次维修的报修位置、报修项目、报修人员等信息，可以清楚了解到校园日常保障中的维修高频点、重点、难点，对之后的维修工作有一个清晰的规划，同时对维修工的工作情况也有一个清晰的认知。

二、学校维修信息化建设提升后勤服务质量

传统方式下需要投入大量人力物力才能完成的任务，在信息化平台上可以实现自动执行和智能优化。根据以往的服务经验，部分报修人报修时希望对维修进度、维修时间等信息有所了解，因为缺乏沟通渠道，就会出现其多次致电，甚至存在重复报修等现象，信息化服务平台的建设可解决此类问题，报修人可实时查看承修单位的接单、派工情况。此外，维修全过程面向维修人，承修单位、监督单位收集维修人意见、建议等难度较大，依托信息化平台集成的维修回访系统，可针对服务态度、服务质量、维修质量、维修进度等方面进行评价，报修人可对维修过程进行评价，各项评价作为维修工、承修单位等的绩效考核部分依据，能够充分激发维修工的服务积极性。

信息化平台上所有操作都基于数据驱动，并且可以进行精准分析和优化。信息化平台集成维修物料管理系统，可实现维修物料的出库、入库。仓库管理员可通过系统实时查看库存维修材料，同时可定期统计汇总，根据维修频率优化采购周期。

三、学校维修信息化建设助力后勤廉洁建设

近年来，教育事业发展迅速，学校规模日益扩大，学校后勤服务规模也随之扩大，加之后勤部门涉财涉物岗位较多，保持廉洁自律显得尤其重要。依托维修信息化平台建设，维修工绩效核算、维修材料出入库等关键廉洁风险环节均纳入智能监管系统，实现数据云端处理与动态监控，从而为廉洁自律创建健康的大环境，逐步打造务实、高效、廉洁、公正的学校后勤服务新形象，为教育事业的发展保驾护航。

第五节　学校维修信息化建设内容

参照后勤体系多年维修服务经验，结合信息化建设新思想、新技术，可将学校后勤维修服务工作分为五大模块，分别是报修工作、维修工作、维修材料管理工作、回访工作以及维修工标准化绩效考核工作。在维修信息化建设过程中，通过分析这些模块，分别讨论、研究，针对研发，结合学校后勤维修服务实际需求和体量，参照相关行业法律法规，使用信息化技术，建立软件系统，集成硬件设备，对学校后勤维修提供服务支持、数据收集、数据分析，实现学校后勤维修服务的高效、便捷，更好地支持学校教学工作。

学校维修信息化建设并非一蹴而就，其关键支撑在于信息技术如何融入学校

的发展，在于信息系统如何匹配后勤管理理念，在于信息化内容如何落实学校和后勤服务的实际需求。这三个如何既是维修服务信息化建设的难点，也是目的。

一、建设目标

在以往维修模式中，当学校师生发现故障需要维修时，首先要找到负责此类维修的相关后勤单位维修班的电话号码，等到接线员详细登记维修信息之后，维修工按照登记顺序，依次上门完成维修工作。此模式效率低下，已经不能满足学校的高速发展需求，原因有三。

（1）学校维修工作大多是分类维修，因为方便管理，让专业的维修工做对应的工作，所以学校的维修班组会有很多个，而学生不可能记住那么多电话，会出现报修困难。

（2）维修工接到维修工作任务后，如果不到实际现场一般无法准确判断维修工程量，无法做到根据具体维修内容携带特定工具，因此容易出现“跑空”现象。

（3）传统受理维修过程中，经常出现受理时间长、责任主体不明确等现象，而师生与受理单位之间缺乏有效沟通，也会影响服务时效。

维修服务信息化建设首要解决的就是此类问题，针对这些现象，结合维修工作实际情况，学校后勤部门找准维修服务升级方向，确定维修服务建设目标，开发相应维修服务系统，旨在通过信息化手段，实现后勤维修服务升级，其系统原理如下。

通过服务热线电话报修、网络自主报修等方式，详细收集维修信息，生成维修数据，报修服务系统根据维修数据信息，生成相应维修工单，流转到相对应的维修部门，相关维修部门接到工单后，派发工单给下属维修工，待到维修工完成工单后，上传相关信息，报修人员通过访问维修服务系统，可以评价维修情况。

学校维修信息化建设以服务师生为目标，以学校后勤维修实际情况为基底，以信息化为手段，将信息技术和后勤维修业务相结合，打造高效、便捷的维修信息系统，以便更好地为在校师生提供维修服务。学校维修信息化建设可实现学校后勤维修工作规范化、科学化、信息化，从而提高学校后勤维修工作效率，创建优质的后勤服务保障体系，并促进学校后勤服务事业健康发展。

二、建设方法

从程序建设角度来说，学校维修信息化建设分为两个层面：一是系统管理主体程序，二是系统具体功能执行程序。从使用角度来说，学校维修信息化建设也可以分为两个层面：一是报修程序，二是维修程序。通过不同层面分析、设计各层需求内容，实现维修服务系统建设规范化、精细化、严谨化。

（一）维修数据收集

要对学校维修项目、维修状态、人员信息、材料信息等具体数据进行统计整合、分析，创建数据基础。

（二）创建需求报告

需要设计部门走访每个维修单位，调研实地情况，统计具体使用人员的使用需求和对系统的期望，创建相关需求报告。

（三）施工

根据学校后勤维修实际情况，结合实际软硬件条件，根据计划时间进行施工建设。

（四）试运行

维修服务系统设计完成后，学校后勤相关维修部门对维修服务系统进行试运行，及时发现系统不足，妥善处理、优化。

（五）上线系统

试运行结束后，后勤部门正式上线维修服务系统，同时配置相关人员负责系统运行情况，完善相关维护制度。

三、系统功能设计

（一）系统基础

维修服务系统的基础是“服务器”的部署。一个良好的系统软件能否高效运行，高效的服务器支持是非常重要的，系统部署在哪里关乎软件的时效性、维护的便捷性，同时维修数据库的存在，要求服务器至少有一定的性能基础，否则在大量“增、删、查、检”的数据传输过程中，会出现服务器性能不足的情况，轻则影响维修服务系统的运行效率，严重时会出现数据崩溃、丢失等现象，给维修服务系统的稳定运行造成阻碍，严重影响学校后勤维修服务的质量。对此，维修服务系统一般建议在本地部署，充分利用校园网络的便捷性，实现维修服务后台系统的高效支持。

（二）报修功能设计

报修功能设计主要目的是服务受众能随时随地方便地进行故障报修，其思路如下。

1. 报修途径多样化

学校以往报修模式多为电话报修，可以对此进行优化，整合学校所有维修相关部门，集中设置报修服务台，通过一个电话，解决所有报修问题，这样能够极大方便师生进行报修工作。

师生通过特定账号，访问维修服务系统自主报修，新媒体的力量也不可忽视，维修服务系统可以设置相关接口，链接微信公众号、微信小程序、移动App等工具，配合“扫一扫”、照片上传等功能，实现师生移动端报修。

2. 报修程序简单化

在热线报修岗位上，培训相关客服人员，通过客服人员对报修信息的判断，快速做出相关维修分类，实现一个电话解决报修问题。

在维修服务系统中设置各种相关选项，师生在一步步的筛选中，自动选出最合适的维修单位。

（三）维修功能设计

在以往的维修模式中，维修工作完成之后的一切信息都只能从维修工口中得知，具体干得怎么样、维修到什么程度、使用了多少维修材料，都是维修工说了算，在这种模式下，不能形成有效监督管理，时常出现维修材料大量浪费的现象。

维修服务系统要解决这些问题，需要重点设计数据留存功能，通过维修前后照片的对比，保留最真实的维修数据。

（四）维修材料管理设计

通过维修工单，关联维修材料库房，让每一种维修材料的消耗都有单可查，有据可依，杜绝维修材料错领、乱领现象，减少维修材料的浪费，节省维修开支。

（五）回访功能设计

报修人员通过相应账号访问维修服务系统，查看维修进度，当维修完成时，对相关工单进行打分评价，维修服务系统将收集相关数据，作为对维修工评估的一部分。

（六）维修工绩效管理设计

以往维修管理模式中，维修工只需要按部就班地进行维修工作，但具体干了多少、什么时间完工，无法得到有效监管，经常会出现部分维修工看着每天工作很满，态度也很积极，但是迟迟不完成维修的“磨洋工”现象，维修服务效率低下。

对此，维修信息化建设中设计绩效管理，通过对具体维修内容的判定，设置相对应工分，而维修工的工分与绩效工资挂钩，从而改变“干多干少一个样”“干好干坏一个样”的状况，形成多劳多得、少劳少得、不劳不得的观念，督促维修提速，服务提升。

（七）其他功能设计

1. 紧急报修功能

应对突发情况，维修服务系统设置 24 小时及时报修功能，通过报修服务台，及时联系到后勤客服人员，及时处理突发问题。

2. 数据分析功能

维修服务系统设置数据分析功能，对学校各个区域的维修频率、维修材料使用情况、各项维修类型的报修频率等数据进行汇总，由后勤管理人员进行分析，进而调整维修队伍，平衡维修材料的添加，促使学校的维修工作更加科学。

3. 工程维修功能设计

除了占据学校维修服务绝大多数的零星维修之外，还有部分维修呈现出维修体量巨大、维修内容单一、施工周期长等特点，这些维修被认定属于工程维修，需要对其维修功能在维修服务系统的基础上进行延展设计，其内容如下。

1）报修设计

在工程维修报修功能设计中，由用户、客服人员正常报修、录单，并标注“大维修”或“工程维修”字眼，以区别于其他零星维修。

2）维修设计

维修班组在接到含有“大维修”或“工程维修”字眼的工单后，需要第一时间上报主管部门，由主管领导判断本维修班组是否有能力（人手是否充足、维修材料是否充足）接纳该工程维修。如果班组有能力处理，则依照正常维修派工处理，若无能力处理则需要面向社会走招投标程序，并与报修人员耐心解释。

（八）系统设置

维修服务信息化系统应设有系统管理模块、维修人员管理模块、维修工单管理模块、维修材料管理模块、维修内容管理模块等。

维修信息化系统通过设置多个模块，针对相关维修部门分别授权，便于多用户的管理；通过对不同模块的分工，满足多元化维修需求。

四、维修信息化的标准化建设

在学校维修信息化建设中，进行标准化建设是十分重要的，它能够确保信息化系统的稳定性、一致性和可维护性。以下是一些步骤和方法，可以帮助学校进行标准化的维修信息化建设。

（1）制定标准化流程和流程规范。首先，确定学校维修工作的各个流程环节，包括维修请求的提交、维修任务的派发、维修人员的处理、维修完成的反馈等。其次，制定标准化的流程和规范，明确每个环节的操作步骤、责任和时间要求。

（2）设计统一的数据结构。在信息化系统中，各种维修信息都需要以统一的方式进行记录和存储。设计统一的数据结构，包括维修请求的信息、设备的基本信息、维修任务的状态等。确保不同的数据能够互相关联和方便查询，从而减少信息冗余和混乱。

（3）选择合适的信息化平台。选择适合学校维修管理的信息化平台或软件，确保平台能够满足标准化流程和数据结构的要求。该平台应具备良好的用户界面、数据安全性、扩展性和适应性，以便未来的维护和升级。

（4）制定统一的数据录入规范。为了保证系统中的数据一致性，制定统一的数据录入规范，明确每个字段的格式、单位、范围等。这有助于避免由数据录入错误而导致的信息不准确或无法查询的问题。

（5）培训与宣传。针对学校内的维修人员、教职工和学生，开展信息化系统的培训，使他们了解标准化流程、数据录入规范等。同时，通过宣传和推广，让大家认识到信息化标准化建设的重要性，积极参与和支持。

（6）建立维护和更新机制。信息化系统需要定期维护和更新，以适应学校维修工作的变化和发展。建立相应的维护和更新机制，包括定期检查系统的稳定性和安全性，及时修复程序缺陷和添加新功能。

（7）建立监督与反馈机制。设立监督机制，确保标准化流程得到执行。同时，建立用户反馈机制，鼓励用户提出改进建议，以持续优化信息化系统的标准化建设。

（8）数据安全和隐私保护。在建设信息化系统的过程中，要充分考虑数据的安全性和隐私保护。制定相应的数据安全政策和隐私保护规定，确保用户的信息不被泄露或滥用。

学校维修信息化建设的标准化建设涉及流程规范、数据结构、信息化平台选择、数据录入规范、培训与宣传、维护更新机制、监督与反馈机制以及数据安全和隐私保护等方面。这些措施可以确保信息化系统的稳定性、一致性和可维护性，提高学校维修工作的效率和质量。

当进行学校维修信息化标准化建设时，还有一些关键点需要考虑和补充，以确保整个建设过程的顺利进行和系统的高效运行。

（1）定期审查和优化。建立定期的审查机制，对信息化系统的标准化建设进行评估和优化。根据实际情况和用户反馈，对流程、数据结构、系统功能等进行调整和改进，保持系统与实际需求的匹配度。

（2）制定应急预案。在标准化建设中，可能会遇到系统故障、数据丢失等问题，因此需要制定应急预案，规定各种紧急情况下的处理方式和措施，确保系统能够及时恢复和正常运行。

（3）与供应商合作。如果学校选择购买第三方信息化平台或软件，与供应商建立良好的合作关系十分重要。确保供应商能够提供及时的技术支持、更新和维护，满足学校标准化建设的要求。

（4）数据备份和恢复。建立完善的数据备份和恢复机制，确保维修信息和数据不会因为系统故障或其他原因而丢失。定期进行数据备份，并测试数据恢复的可行性。

（5）用户参与和反馈。在标准化建设的过程中，要积极征求维修人员、教职工和学生的意见和建议。使他们作为系统的使用者参与进来，这样可以更好地满足实际需求，提高系统的用户满意度。

（6）推广和培训。标准化建设完成后，进行系统的推广和培训是关键。为新用户提供培训，让他们了解如何正确使用信息化系统，避免因不熟悉而导致的错误操作和信息不准确问题。

（7）跨部门协作。学校内部存在着不同部门、单位之间的维修工作，需要进行跨部门协作。确保标准化建设可以适应不同部门的需求，促进信息流通和合作。

（8）持续改进。标准化建设不是一次性任务，而是一个持续改进的过程。根据实际运行情况，定期进行评估，找出问题并持续改进，使信息化系统始终保持高效运行状态。

学校在进行维修信息化、标准化建设时可以更全面、系统地规划和推进，确保信息化系统能够真正满足学校维修工作的需求，为学校的设备管理提供更高效、精准的支持。

第六节 实践案例

郑州大学维修服务系统信息化实践

郑州大学的后勤保障任务由郑州大学后勤集团公司（以下简称“集团”）全

面承接，集团是为郑州大学提供后勤服务保障的实体性正处级事业单位，按企业化管理机制运行，根据国家和学校的有关规定，按照“立足学校、突出服务、独立核算、自负盈亏”的原则，建立以成本核算为主的适度经营运行机制，为学校提供有力的后勤保障和优质服务。

郑州大学总占地面积 5700 余亩，现有主校区、南校区、北校区和东校区四个校区，有全日制普通本科生 5 万余人、各类在校研究生 2.2 万余人、留学生 2500 余人。后勤集团为学校提供饮食服务、水电暖保障、宿舍管理与服务、班车运行、通信保障、教学楼管理、校内维修、校园绿化保洁、开水供应、洗浴服务、幼儿教育等后勤服务。郑州大学作为一所在校生规模庞大的学校，后勤工作由集团四校区一体化运转，服务点多、线长、面广，维修保障压力大，传统的维修管理模式难以满足师生服务诉求。在信息化建设背景下，后勤集团分步实施，全面推进后勤维修服务建设，以智慧后勤引领后勤服务升级、管理转型。集团 2014 年联合陕西师范大学建成河南省内学校首家集维修服务、服务监督等功能于一体的服务平台，于 2015 年自主研发上线“微后勤”平台，于 2017 年在全国学校中首家上线维修材料管理系统。此后，集团多次组织对平台系统进行升级优化，现已取得良好成果。

在维修服务的信息化建设过程中，集团首先成立信息化专班，即“数字化服务中心”，专门负责集团的信息化建设工作，通过设置后勤“客服员”岗位，负责后勤热线“1234”的 24 小时接听，实时处理学校各类报修信息，维修人员“照单出工”，根据不同项目要求在相应时间内完工，做到了“有报必修、限时维修”。依托维修服务平台，打造“报修申请—服务受理—系统派单—过程跟踪—质量回访”闭环式服务流程，有效监控信息反馈和维修进程，持续提升维修服务质量。

2014 年，集团组织维修单位技术人员对各项维修项目所用工时进行测算，对 265 项零星维修工作进行量化管理。在充分测算的基础上，借助维修服务平台，系统为所有维修项目分配相应工分，实现了维修人员绩效工资与工分挂钩。通过对职工个人工作量的精准统计，实现“多劳多得”，充分激发职工工作热情。

2016 年，集团对校园公共部位的零星维修巡检实行网格化管理，改变了在传统管理模式下缺乏有效监管、责任难以落实导致的现实困境。通过使用维修服务平台，师生、管理者、维修工之间的沟通信息通过数字信号高速流转，维修服务的每一个过程，报修、受理、维修、完工、耗材、回访等环节均以数据形式保存在系统中。在对痕迹进行搜集、整理的基础上，我们为后勤管理人员提供了数据支撑，并完善了责任落实和追究机制，从而提高了维修服务效率（图 8-1）。

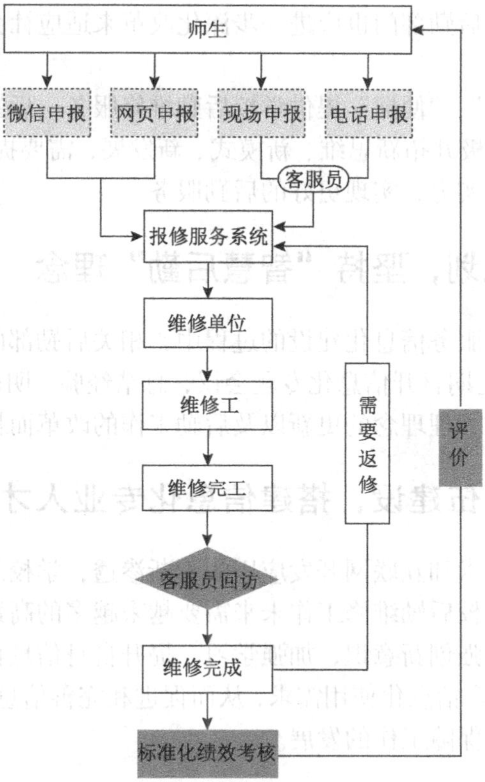

图 8-1　郑州大学报修流程图

2017 年，集团上线维修材料管理系统，对维修材料进行信息化管理。确保做到单个维修材料的相关信息有迹可循，并对维修项目、维修工单、材料种类、使用数量、领用人等情况进行分项精准统计，可有效预防维修材料多领、冒领的情况发生，解决了零星维修工作中材料使用乱象，降低了维修服务成本。

2018 年，后勤集团上线安全巡检系统，实现了从“做好维修”到“主动出击”的转变，利用 GPS 定位、二维码等技术手段，进一步加强维修巡检监管力度，通过定时巡检，发现问题及时解决。

集团“维修服务系统”目前已经运行多年，借助信息化建设的帮助，集团的维修服务能力逐年提升，广受郑大师生好评，通过绩效管理，充分调动了员工工作积极性，提高了工作质量，有力促进了集团和学校的事业发展。

第七节　总 结 展 望

在科学技术日新月异的今天，多种信息化新技术、新理念不断衍生，机遇伴随着挑战，对此学校后勤部门也应进一步深化改革来适应社会发展，从而为学校提供更好的后勤服务。

对于如何“高效”“便捷”提供学校后勤维修服务，后勤部门需要不断提高信息化建设能力，积极开拓新思维、新模式、新发展，需要提高效率、控制成本、优化流程，增强自身实力，实现更好的后勤服务。

一、统筹规划，坚持“智慧后勤”理念

在学校后勤维修服务信息化建设的过程中，相关后勤部门要统筹规划，坚持“智慧后勤”理念，定期召开信息化专题会议，总结经验、明确目标，使信息化建设随着技术的发展和管理理念的更新以及后勤工作的改革而持续完善。

二、加强队伍建设，搭建信息化专业人才梯队

随着电子信息技术和互联网开发应用的不断渗透，学校维修服务将进一步与信息化紧密结合，学校后勤维修工作未来需要越来越多的高素质复合型人才，这也需要管理者不断增强创新意识，加强学习，提升自身信息化应用能力和应用素养，同时也会带来更多信息化使用需求，从而促进和完善信息系统不断优化改造，以适应后勤维修服务保障工作的发展。

三、与时俱进，促使维修服务信息化系统升级

未来学校后勤管理势必顺应技术潮流，与时俱进，如云计算、人工智能、物联网、大数据等手段都将被引进后勤服务体系当中，如何使用这些新技术来提高工作效率、优化服务效能，将成为后勤管理者所面临的问题。对此，后勤部门通过不断学习，将先进技术与后勤维修服务系统建设相结合，积极创新，灵活运用，后勤的服务水平也将大幅提高。

第九章 加快转型

——融合共享的房产管理

古人云："安得广厦千万间，大庇天下寒士俱欢颜"。中国人对"家"的情怀自古有之，家不仅仅是一间房子，而是一份温柔的期待，是一种归属感和安全感。在现代学校中，房产管理不但包含住房，还包含教学科研用房、经营用房、功能性用房、师生宿舍等，管理内容十分庞杂。

校园房产管理系统可以帮助学校高效管理房产资源，优化资源分配，确保房屋维护和维修工作及时进行，同时简化租金和费用收取过程。通过提高透明度和便捷性，帮助学校提升校园房产管理效率和服务质量。

第一节 背 景

房产资源是学校国有资产的重要组成部分，是开展教学科研活动最基本的保障，其使用效率和完好程度是衡量一个学校办学质量和管理水平的重要标志。[①]随着近年来各学校办学规模的不断扩大，空间需求的不断增加，房产资源紧缺已经成了困扰各学校房产管理部门的常态化问题，尤其是随着学校内部推行的资产、房产、财务、人事、分配等各项改革的深化，对学校的房产管理工作不断提出新的要求。为了推进房产管理工作的科学化、规范化、精细化，提高各类房产的优化配置和有效使用，更好地服务学校学科建设、人才培养等重点领域，运用互联网新技术手段科学管理房产资源成为一个重要的命题。

近年来，国家及上级部门对教育数字化、智慧校园建设越来越重视。2021 年

① 李世东，袁学迎. 高校房地产信息化管理的研究. 现代物业（新建设），2009，（5）：39-41.

4 月 1 日起施行的《行政事业性国有资产管理条例》中提到要“推行资产管理网上办理，实现信息共享”。2021 年 7 月 1 日，教育部等六部门发布的《关于推进教育新型基础设施建设构建高质量教育支撑体系的指导意见》提到：“教育新型基础设施是以新发展理念为引领，以信息化为主导，面向教育高质量发展需要，聚焦信息网络、平台体系、数字资源、智慧校园、创新应用、可信安全等方面的新型基础设施体系。教育新型基础设施建设是国家新基建的重要组成部分，是信息化时代教育变革的牵引力量，是加快推进教育现代化、建设教育强国的战略举措”。2023 年 2 月 27 日，中共中央、国务院印发了《数字中国建设整体布局规划》，其中提到要“大力实施国家教育数字化战略行动”，在教育等重点领域，加快数字技术创新应用，推动高等学校等参与数字中国建设。

智慧校园建设中，房产管理信息化建设必不可少。房产管理信息化是充分利用现代化的科技手段，借助计算机和校园网络对房产资料、数据、文件进行管理，再将单机的信息管理以网页的形式延伸拓展到校园网络平台上，建立高速有效的信息互动，便于多用户使用、管理及信息查询，以提高学校房产管理工作效率、服务水平与规范化程度，宣传房改知识与住房信息①。其特点是以网络为基础，依托校园网，做到在网上完成各种数据信息的传送与交流，为管理者和使用者提供在线信息服务。目前，学校房产管理信息化涵盖的类型主要包括公用房、住房和经营性用房等。

学校后勤管理作为学校日常工作中的重要环节，具有业务种类多、服务人群广泛等特点，通过将信息网络、智慧校园等“新型基础设施建设”与后勤管理深度融合，起到提升管理效能等作用。当前，房产管理作为后勤管理的重要组成部分，摸清房产底细、科学配置房产资源，进行房产管理信息化建设势在必行。

第二节 学校房产管理现状

一、房产资源稀缺性产生供需矛盾

目前，我国已建成世界上规模最大的教育体系，教育现代化发展总体水平跨入世界中上国家行列。随着我国高等教育蓬勃发展，学校办学规模不断扩大，办学功能不断拓展，无论是开展教学科研、引进人才，还是建设实践实训场地，都需要充足的房产资源作为保障。在资源有限的情况下，各学校纷纷采取措施增加房产总量，但无论是新建楼宇还是通过租借、合作等方式寻求场地，资源增加都

---

① 袁莹. 高校房地产管理信息化研究. 中国教育信息化，2012，（5）：22-24.

极为有限，且具有明显的滞后性，仅靠总量的增加将难以满足发展的需要。[①]有限的房产资源和无限的空间保障需求之间的供需矛盾日益增加，并且随着学校“双一流”建设的不断推进，这种供需矛盾也在日益凸显。

二、房产配置缺乏规划，“贫富不均”现象明显

公用房方面，虽然近年来各学校房产管理部门管理手段不断规范细化、管理制度体系不断完善，部分学校也对房产有偿使用进行了探索，但在很多学校里，房产使用单位仍存在争资源保发展的“本位主义”思想，希望占有的房产越多越好，几乎都在积极向房产管理部门争取房产资源，而由于招生规模缩小等原因房产管理部门需要裁减其公用房面积时，人们大多不愿配合调整，以各种理由推托。所以虽存在房产资源紧缺的问题，但有些房产的利用率并不高。当新学科培育、学科内部方向调整和跨学科交叉融合需要房产资源支持的时候，却因为房产资源难以及时配置到位，影响了其发展进程。虽然现阶段许多学校都已制定了公用房管理办法及用房面积标准，但管理改革涉及范围广、情况复杂，制度往往难以落到实处，即使在已经建立定额核算标准的学校，仍存在不按照标准配置用房的情况，分配面积超过应该使用的面积，造成资源浪费。

住房方面，每年都有新入职教职工，学校在没有新建房的情况下，所能提供的教职工住房或周转公寓数量十分有限，不能满足所有人的需求，但有些教职工因公或因私出国半年甚至一年以上，未申请退周转公寓；甚至有少部分教职工利用国有资产谋取私利，擅自转让、转租、变相转租住房，致使房产资源浪费。[②]

三、缺乏有效的系统管理手段

学校的公用房管理模式一般是校、院两级管理，而学校院系部门众多，房产管理部门较少，且多数学校并未建设专门的综合协调部门，各个部门属于独立开展工作，难以实现不同部门之间的协调。在这种情况下，管理易发生脱节。在长期的管理实践中，学校的房产管理部门将公用房分配到各使用单位后，对房产实际使用变动情况缺乏系统的管理，对于各房产的用途、实际使用人、房产是否被拆分合并等情况并不知情，只能通过使用单位自觉申请备案或组织公用房抽查了解房产基本情况。而房产面积是否满足各单位的发展需求，缺乏统计数据支撑和系统的论证，难以科学管理。

---

① 杜骁，袁艺青，李玲，等. 高校公用房管理现状及腾退机制研究 实验室研究与探索，2020，（6）：236-239.

② 陈佳靓. 高校公有房产管理问题与策略. 中国教育技术装备，2018.（6）：131-133.

学校的住房管理模式一般是房产管理部门在分配住房时对分配的房源和教职工信息进行登记，教职工离校时对房产进行收回，房产信息随之进行更改删除。但住房不同于公用房都是在职教职工使用，其内的居住人员成分较复杂，有些不在校内居住的教职工私自将住房出租给校内或校外人员，有些人员并非本校教职工，但因历史遗留问题一直在校内住房中居住，还有些本校教职工将住房给子女或遗属居住，这些人员成分复杂，情况多样，信息并不在房产管理部门掌握范围内，经常要通过咨询学校人事部门、离退休职工管理部门、社区物业部门等才能获得部分房源使用人的较准确信息。存在利用学校住房从事违法犯罪行为和宗教活动的风险，管理方面缺乏系统有效的管理手段。

学校的经营性用房管理工作的管理机制和工作流程不够顺畅，多头管理现象比较普遍，管理职能分散，参与部门众多，权责不明晰。有些出租、出借行为未按规定办理出租审核、备案登记工作。合同签订模板不统一，内容不完善，对合同内容的把控审核不严格，未经本单位法律事务顾问审查，给后期合同的正常履行带来了风险。部分经营性用房招租方式不透明、不公开，存在许多低价出租、转租现象。房屋承租人资质参差不齐，履约意识不强，安全防范不到位。租金收入管理不规范，缺少必要的监管，部分收入没有纳入单位收入预算、统一核算、统一管理，造成了经营性用房产权不清、资产收益流失等问题，容易滋生腐败现象。经营性用房出租全流程业务办理涉及环节众多，缺乏实时、有效管理手段。①

第三节　开展学校房产管理信息化建设的作用

一、提升房产管理规范化水平

房产数据量大，信息复杂。学校房产涉及全校所有使用部门，分布在各不同校区不同楼宇，房屋功能复杂，这就使得需要处理的房产数据量巨大，信息复杂。过去，由于房产数据较少，各房产管理部门主要依靠人工使用 Excel 表格和手工绘图来录入房产信息。然而，随着处理的房产数据量不断增加，人工录入存在较大的出错可能性。历史遗留问题导致房产数据有偏差，房产图形遗失、缺失的情况也时有发生。还存在部分房产使用部门为工作方便，人为打通房屋或者划分隔间，并且未在房产管理部门处备案的情况，导致房产管理部门并不能非常准确地掌握各使用部门的房产数据。

采用信息化手段将房产资源数据化并对数据进行有效管理，可使房产数据字

① 杨培飞，邓昌黎，徐劲松，等. 高校经营性用房的规范化管理. 中国现代教育装备，2018，（21）：1-2，11.

段按照标准录入，系统变动数据留痕，并建立明确的审批流程，使各项业务闭环管理，避免了人为疏忽等原因导致房产数据不准确，从而使房产业务管理更规范。利用信息化技术构建的房产管理系统，能够更加科学地划分各部门职责，规范部门沟通环节，提升房产管理规范化水平。

对于办公用房来说，《党政机关办公用房管理办法》要求使用单位应当严格按照有关规定在核定面积内合理安排使用办公用房，不得超标使用，不得擅自改变办公用房使用功能。党政机关办公用房建设、使用、维修、处置利用、运行费用支出等情况，应当在办公用房管理信息平台等公共平台定期公开。运用信息化手段也可以确保办公用房管理更加规范。

二、提高房产管理工作效率和服务质量

早期学校房产管理，比如房屋报修、房产调换等大多依赖纸质表单、电话或人工报送等传统方式，这种方式费时、费工还浪费人力，并且容易出现遗漏，造成服务工作不及时。另外，工作程序烦琐，有的工作需要工作人员上报不同科室、不同部门，逐级进行审批，耗费时间很长，工作效率低下。①

近年来，各种信息化手段层出不穷，也被越来越多地应用到学校房产管理业务中，房产管理部门运用信息化手段可以方便快捷地获得房屋建筑面积、房间功能、使用人信息等房屋基础信息，为房产调配、维修、改造等工作提供快速准确的依据，进而做出全面、快速反应。利用信息化手段构建的房产管理系统可逐渐实现房产使用部门和教职工在线上办理房屋申请、房屋腾退、缴纳租金、选房等各类业务，不用再到线下找相关部门填表签字，使业务办理时间大幅减少，节省了公共资源，实现“信息多跑路，师生少跑腿”，提高了服务质量。

三、节约成本

以往对于各种房产信息的收集、整理、存档需要人工进行，查找信息又需要在各类纸质材料里翻找，这就使得房产档案管理需要设置专门岗位，而各类房产新选、调配、维修等则需要使用大量纸张打印、复印。信息化将房产档案全部电子化管理，所有房产信息可线上录入、查询、变动；房屋的使用申请全部线上进行，节省了人力和办公纸张的使用，也极大地减少了相关经费支出，节约成本。

四、有助于建立科学的房产管理体系

房产管理信息化建设能够充分发挥房产管理在学校后勤管理中的积极作

① 马静波.“互联网+”背景下高校房产管理工作改进措施. 数字技术与应用，2022，（8）：58-60.

用，各类数据可在各部门中共享共用，避免各部门之间产生数据壁垒或数据丢失及历史记录不清等问题；还可运用大数据分析等手段，全面掌握房产数据，灵活配置房产，科学决策，建立更加科学的房产管理体系，为服务学校高质量发展提供支撑。

第四节 学校房产管理信息化建设工作的痛点

目前，全国各学校基本都有各自的房产管理系统，在系统中实现房产信息的统计整理，但房产管理信息化仍有以下痛点。

一、公用房管理

公用房管理信息化存在以下几个方面的难点。

（1）房产信息多为数据列表形式，无法满足对图像化、空间化、可视化的更高需求。房产信息多以数据列表的形式呈现，包含房屋面积、功能、使用部门、使用人和平面图等文字和简单图纸信息，房产管理人员对数据熟悉度高，很快能抓取相关重要信息；相关职能部门工作人员、普通教职工或学生想通过系统了解各个楼宇、教室、办公室的空间布局、位置等相关数据时，在数据列表中很难快速获得想得到的信息，无法实现地图浏览、空间可视等需求。

（2）房产使用绩效评价难。房产绩效评价在房产科学分配、调整中发挥着重要作用，以往绩效评价需将各单位房产数据分类整理，运用公式计算，将计算结果对比，工作强度大，人为错误多，不利于精细化管理需求。

（3）房产管理无法实现实时监控，动态管理。传统的房产管理将房产当不动产、账目管理，未与人员信息、房间设备信息、财务信息建立联系，没有形成“谁使用，谁管理，谁负责”的动态管理机制，且无法获取各类房产动态使用数据，房产使用情况无法实时监控。

（4）易形成信息孤岛。房产管理中，牵扯公用房、住房、水电能源、房补、教室排课等各个方面，存在业务在各学校不同管理部门之间独立管理的现象，使得不同部门之间的数据无法做到有效共享，出现严重的“信息孤岛”现象。尽管各学校建立了各自的信息化管理系统，但是系统并不完善，在数据传输时，无法充分发挥信息化管理的优势，降低了房产管理效率。管理层中的管理者也无法从系统平台中获取有效信息为房产配置做出科学决策，上述问题都严重阻碍了学校房产管理的健康发展。

二、住房管理

住房管理信息化存在以下几方面难点。

（1）教职工不了解可选房源信息，线下业务办理耗费时间长。新进教职工入校后对选房流程不了解，对能够选择的房源信息不知如何获取，房源内部构造情况只能一间间房现场去看。

（2）许多学校选房流程仍以线下办理为主，在登记相关信息时才会录入住房管理系统，有人工操作失误导致信息不准确或出错的现象发生，且办理过程中往往存在重复劳动，浪费人力物力。

（3）房源复杂，管理耗时耗力。各学校住房房源分布在不同校区、不同楼宇，且类型繁多。每种类型的管理方式和标准都不同，增加了管理的复杂性。

三、经营性用房管理

经营性用房管理信息化存在以下几方面难点。

（1）重视程度不够导致相关问题。学校各部门都有相关的信息化建设项目，学校在划拨相关经费时会优先考虑用于承担学校主责主业的教学科研类项目的信息化建设，而对经营性用房信息化建设的重视程度不够，目前很多学校经营性用房的大多数业务还都依赖于人工线下办理。但近几年上级部门对经营性用房的出租出借要求越来越严格规范，经营性用房的出租出借俨然已成为内控、巡察、审计工作的重点内容之一，包括出租出借流程审批、教育部备案审核、价格评估、公开招租、合同签订材料等都在提供材料的范围内，而出租商户众多，没有信息化手段，仅依靠人工办理业务流程、填写数据，会出现提供的数据信息不全、更新不及时等问题，难免出现错误或者遗漏，可能造成相关风险点的出现。

（2）归口部门管理难。经营性用房的归口管理部门一般为资产或房产管理部门，参与部门包括各承租单位及负责租金收取的财务部门等。房屋出租数据掌握在不同部门手中，其中，资产或房产管理部门主要负责房屋出租的审批监管，熟悉掌握各类审批材料；各承租单位负责出租的日常事务管理，熟悉掌握出招租合同材料；财务部门负责租金收取，掌握租金收取情况。当上报各类数据，而数据的统计口径有所不同时，归口管理部门需将自己掌握的数据与不同部门的工作人员进行反复沟通核对，才能得到较准确的数据结果。

（3）全流程监管难。近年来，教育部出台《教育部办公厅关于进一步加强国有资产出租出借管理的通知》等多项文件落实学校国有资产管理主体责任，要求严格履行决策程序，规范出租、出借行为，这就使得对出租出借行为全过程监管、全流程留痕显得尤为重要。但实际上，出租出借流程从审批到租金收缴上报全过程耗费时间长，各项手续需要材料不同，这就使得全过程监管、全流程留痕显得比较困难。

第五节 学校房产管理信息化建设内容

学校房产管理信息化建设起步较晚，主要经历以下三个阶段。

第一阶段是单机版模式，主要操作和使用对象是房产管理部门管理人员，运用该系统简单将数据和图像录入系统，数据存储在系统里，不与外界网络连通，仅能方便管理员修改和查找数据，其他人员无法获取相关信息。

第二阶段是多用户模式，在房产管理部门管理人员使用的同时，房产使用单位的工作人员可通过局域网协同操作，查询和维护房产文字信息和图像信息，管理和使用部门数据共享共用。由于房产实际使用部门参与数据的维护，降低了房产管理部门的工作强度，也增加了房产数据的准确性，但房产使用个人无法对个人房产信息进行查看。

第三阶段是广义用户模式，除房产管理和使用部门工作人员可查询和维护信息外，校内所有人员均可在系统中进行查询和浏览操作，且数据信息已内嵌入空间地图中，房产空间模型与数据可交互浏览，使非管理人员能直观、高效地获取房屋位置、图像等各种信息。

一、建设目标

（1）摸清家底：通过系统采集准确、完整的基础数据，有问题的历史数据通过可持续数据治理获得规范、有效的数据，构建房产统筹—归口管理部门—使用单位—使用人四级立体管理体系，建立房屋资产多方验证的透明账本，全面掌握家底情况，为数据分析奠定基础。

（2）智能管理：提供动态监督管理（变更、退房、续租等），实时更新，原始数据自动进入历史记录，体现动态家底。

（3）物联可视：利用电子房牌、智能门锁和视频监控等移动互联手段实现动态监测，搭建楼宇-房屋-资产一体化可视平台，实现物理空间向数字空间转换，实现房、物、人、事等要素数据融通。

（4）精准决策：搭建大数据决策平台，深度挖掘数据关系、动态统计数据变化、可视呈现数据信息、对用房超标等行为进行智能预警，建立可视化科学考核评价体系，助力房屋资源使用效益最大化。

二、建设任务

随着信息化发展水平越来越高，传统的房产管理平台已经无法满足学校对房产精细化、智能化、可视化的需求，需要建立一个集“管理、分析、展示、服务”四位一体的智慧房产管理系统。为适应使用者习惯，系统分为电脑端和手机端，所有业务均可在电脑端呈现，而日常业务可在手机端处理。依托房产数据建立两个平台，业务平台与地图系统全方位对接，实现在浏览房产空间化布局、地理位置、具体图像的同时，又能看到房产基本数据资料和进行房产业务办理，实现空间图像与数据交互浏览；大数据决策平台通过抽取有用信息进行分类整理，呈现各种图表，辅助领导进行科学决策。

（1）管理：可实现基础档案、日常监管、合同租金、申请审批、定额核算、汇总查询等全流程、一体化业务管理服务。与智能门禁、智能水电表联动，实现分房、退房、调房等房产配置管理与门禁线上授权同步进行。水电线上计算缴费，避免烦琐的线下审核环节。

（2）分析：将房产数据对接大数据分析平台，为决策领导提供数据变化趋势分析，展示折线图、直方图、饼图，用于辅助决策。

（3）展示：提供图文一体化设计，充分利用多媒体文档、楼盘全表、地理信息系统（geographic information system，GIS）、百度地图、高德地图等进行信息展示。

（4）服务：建立手机掌上客户端，包含通知公告、政策法规、公用房查询、待办事项、到期提醒、我的房产、我要申请、我要报修、在线选房等在内的房产管理重要业务均可在手机端操作，方便快捷，便于查询使用。

三、建设准备

（一）开发准备

学校房产管理部门和系统专业技术团队对房产管理系统需求、总体设计、详细设计进行分析及评审，确定数据库设计、接口设计。在完成总体设计后，需要对系统架构、数据库设计、界面设计、安全性设计等进行评审。评审的主要目的是验证系统的设计是否满足实际需求，以及是否具有可行性和可实现性。

（二）房屋面积测绘

组织人员开展房屋摸底排查工作，对房屋进行勘测和测量，确定房屋面积，并了解现有房屋的基本信息与使用状况，为系统建设提供准确的基础数据。

（三）数据化、图纸化准备

数据标准化处理，对房屋的编号、使用面积、结构、建筑年代、使用人、使用单位等信息进行反复收集、编排，为信息系统的建设提供标准化、格式化数据。

为建设基于地理信息的房产管理系统，实现直观、准确、快速的房屋定位、查询、统计分析功能，通过查档、现场测绘等方式完成所有楼宇、楼层的 CAD 图纸及平面图的绘制工作。

四、功能模块

房产管理系统功能模块如图 9-1 所示。

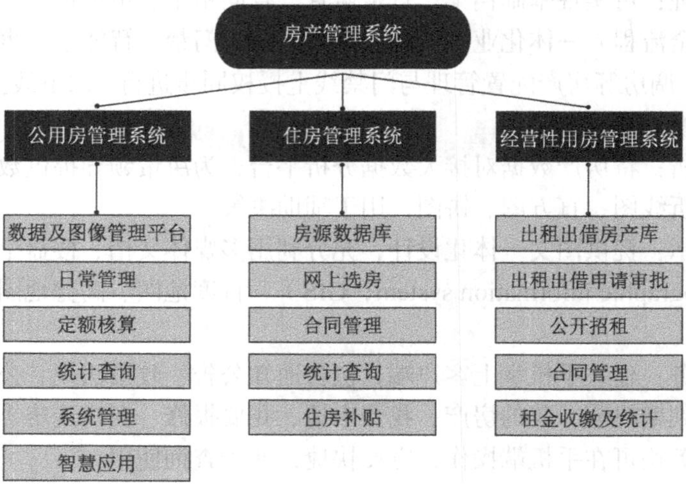

图 9-1　房产管理系统功能模块

（一）公用房管理系统

公用房管理不只是房产管理部门一家的职责，需要建立多级立体管理体系，对房产管理部门、各业务归口管理部门、房产使用单位、房产使用人等各级落实责任。房产管理部门落实全校房产“统一领导、资源统筹”职责，业务归口管理部门落实各业务归口审核管理职责，比如水电及房屋维修在后勤管理与服务处，公用房调配在国有资产管理处等。房产使用单位确认房产权属关系，一次认领终身有效，房产使用人落实房产使用情况，实现房产实名制管理。

1. 数据及图像管理平台

数据及图像管理平台主要是进行数据及图像的维护和治理工作，以确保数据的准确性和完整性；提高数据的可用性；提高数据的共享和协作效率。

数据及图像上传维护：该模块可对房产基本的数据信息和图像信息进行维护，包括对土地、校区、楼栋、公共区域、房产类型、人事信息等基础属性和档案数据进行单个或批量采集、维护、统计、导入和导出；对土地证、校区概貌图、楼栋照片、楼层平面图等图像信息进行上传、维护。

数据评测及治理：对于以往历史数据有误或者缺失的，应用该模块对各类公用房基础数据进行评测治理，检测数据质量、解决数据缺陷、保证数据有效可用，并通过多级体系，落实个人实名制领用。对公用房数据开展盘点工作，通过线上制订盘点计划、拆解盘点任务、实施盘点任务、核实盘点结果，对公用房基础数据、使用属性、异常情况和可视图像进行全方位盘点检查，摸清公用房家底。

完整可用的数据和图像是公用房系统建设的基础，也是运用系统分析决策的保障，因此，数据和图像的维护治理是房产管理部门必须坚持要做的事情。

2. 日常管理

公用房管理系统的日常管理模块是二级单位使用频率最高的模块之一，包括变动管理和房屋维修管理模块。

变动管理：对各类公用房进行变动管理，包括主管部门将当前房产闲置资源分配给二级单位，二级单位根据单位需求在线申请房产资源，实现线上分配与确认，以及使用情况监控。

房屋维修：二级单位通过系统申请房屋零星维修，在系统完成报修申请、接单派工、进度跟踪、结果评价等程序。

3. 定额核算

配置核算：针对公用房资源紧缺、各单位公用房数量不平衡、利用率低的房屋不腾退等情况，为发挥公用房使用效益、优化学院及独立科研机构的房产资源合理配置，进行公用房配置核算。配置核算是对各二级单位的教学、科研、行政办公等用房，综合其机构、人员、绩效等要素，兼顾学科差异及其他特殊情况，实行用房定额面积配置。该模块包括房产管理部门创建公用房核算计划（确认参与核算单位、确定核算规则）、系统根据规则进行核算、生成二级单位核算结果报告、二级单位确认核算结果，并对统计超额、无使用人、一人多房、一人多单位等情况进行超额提醒。

配置规划：基于学校年度规划、大批量调整、搬迁各单位房产等用房情况进行需求配置的背景，在系统中添加公用房配置规划功能，并生成报表、统计和配置结果报告，从楼宇及用房单位多维度统计模拟配置后的用房增减情况，辅以决策。创建公用房配置规划方案，进行房间的批量模拟分配或模拟腾退，并记录配置前后各用房单位、房间状态的变化情况。

各学校的定额核算规则不同，建设定额考核模块的核心是科学配置思想，因此在具体设计该模块时，在此固定功能模块的基础上，根据各学校的实际情况，考虑各校的机构、人员、绩效等各方面因素，确定各校不同的输入参数配置，设计开发出切实可行的定额核算功能。

4. 统计查询

公用房管理系统还应设置统计查询模块，提供公用房信息、人员信息的精确查询和模糊匹配查询功能；系统自动统计各楼宇、各单位的总建筑面积、总使用面积、办公用房总面积、服务用房总面积、附属用房总面积等实时数据，并自动生成需要上报的各类统计报表；系统以各类统计图形的形式直观分析办公用房使用性质、使用情况及办公人员分布特点等，并与 GIS、百度地图、高德地图无线连接，图数双向定位、拉框统计、周边搜房。

5. 系统管理

系统管理模块主要包括组织机构管理、编码管理、角色及权限管理、人员管理、操作日志等。可针对操作者做出十分细致的权限分配，确保数据安全、分级查看等，并记录下所有数据操作过程生成日志，便于责任划分。

6. 智慧应用

大数据决策平台：通过大数据分析模式，为决策者提供实时的房产统计分析信息，通过图表、数据、多媒体、电子地图等综合手段，展示房产情况，提供趋势分析，辅助决策者做出相关决策，实现房产管理工作的科学化、标准化、系统化监督管理。

物联应用：公用房管理系统还可深度联动电子房牌、智能门锁、视频监控等智能硬件，一方面实现会议室、公共教室等线上预约申请，预约成功分配权限后，线下直接扫码开锁；另一方面可全方面了解各单位公用房使用频率，为公用房调整提供数据支撑。物联设备与管理软件的互通服务，让公用房管理更智能更精准。

（二）住房管理系统

对教职工校内住宅实现“选房、入住、调房、退房”的功能，实现现状与历史的变化对比，实现各类统计数据汇总查询，并计算生成住房补贴数据。

1. 房源数据库

教职工分房、退房是不断进行的，因而房源数据也在不断变化，房源数据不仅要实时更新，历史分配使用和退房记录也要留痕。在住房管理系统中建立住房房源数据库，构建样板间户型库，可视查看全校出租房源套型资格申请，并对接人事系统，获取职工信息，使教职工入校后一站式移动办理住房资格申请，随时查看申请状态，建立职工资格档案。

2. 网上选房

传统的线下选房分为零星选房和集中选房，都需要教职工去现场看房，然后在住房管理部门办理选房相关手续后，在财务部门办理缴费手续才能办理入住。住房管理系统的网上选房模块，可制订灵活选房计划，教职工足不出户即可便捷选房，支持移动 VR 看房、配套设施一览、房源地图等，选房过程公开透明，缓解住房管理部门分房压力。还可建立人房对应关系，实现人房互查。

3. 合同管理

合同主要指签订住房分配、住房租赁合同，签订过程全流程在线管理，支持合同模板自定义配置，以及电子合同秒发秒签、线下纸签回传系统，实现在线退房、退租、续租，合同变更过程全留痕，租金账单自动生成，到期提醒缴费。合同管理模块的建立，能够使所有流程线上高效办理，电子合同的签订减少人为和纸质方式的误差，所有合同线上输出，减少合同丢失引发的麻烦，且线上合同可直接抓取合同签订中的重要字段，一键统计，加强统计分析和查询的能力，提高合同管理的效率；合同的到期提醒等功能，增强合同的履约率，避免不必要的风险。

4. 统计查询

统计查询模块可辅助管理者高效管理、科学决策，是系统发挥效用的关键所在。该模块为管理者提供对无房户、一人多房、一房多人、超规格住房、住宿异常、产权变更、退房情况等信息的查询统计，使房产管理部门能够及时、实时掌握职工住房的整体动态，还可以自动提取数据并汇总输出标准格式的统计报表。

5. 住房补贴

以往住房补贴的发放主要采用人工方式，并需对接人事部门和财务部门，即从人事部门拿到教师职称等相关数据，资产管理部门根据教职工实际住房面积、住房补贴发放标准人工制表，再报给财务部门，由财务部门负责住房补贴具体发放，这样获得的住房补贴数据有人工计算错误的风险，且不利于查询历史数据。而住房管理系统的住房补贴模块根据住房补贴发放标准和条件，自动计算导出住房补贴数据并推送财务部门，且发放情况和住房补贴调整都有存档记录。

（三）经营性用房管理系统

经营性用房管理系统重点聚焦出租出借，实现全流程在线办理、全程留痕追溯、全过程监督。系统对出租申请、汇总报批、价格评估、公开招租、合同签署与管理、结果上报上级部门备案等出租出借全流程一站式管理，全程留痕留底，并可根据巡查、审计、内控等要求定义数据列，导出对应统计报表。

1. 出租出借房产库

对接资产系统，直接获取经营性用房的价值、面积、位置等数据，添加经营性用房独有的评估、招租、合同等数据材料，并聚焦出租房间等单元，基于楼宇资产价值自动计算每个出租单元的资产原值，出租状态、出租历史全留痕。

2. 出租出借申请审批

根据上级部门和学校文件有关规定，承办部门线上填写出租出借各类材料，经本单位会议决议、国资处初审、学校议事协调机构线上审核后，根据金额经学校会议决议。可实现审批全过程精准内控、申请审批留痕留底。还可根据学校需要，实现在线定制格式的审批流程（须具有通过扫描二维码在手机上手写签名，然后同时把签名无线上传到审批单上的功能，手机无须与电脑有线连接），可以自动生成审批单。还可一键导出教育部审核备案材料。

3. 公开招租

对接公开招租平台，对拟承租方身份认证、诚信体系、法律手续等进行在线审核，实现线上公开招租、公开竞拍。

4. 合同管理

根据填写内容自动生成合同文本，同时可以通过在线电子签，补充、上传和管理合同。

5. 租金收缴及统计

对接财务系统，按照合同完成租金收缴，并导出统计报表。

第六节 实践案例

陕西师范大学房产关系及信息化实践

陕西师范大学在房产管理领域一直比较重视信息化建设，从 2010 年起先后开发了多个软件系统，比如公用房管理系统、住房管理系统和会场共享平台等。为提高学校的房产管理效率，方便教职工业务办理，提升资源使用绩效提供了有力支撑。2017 年以来，鉴于原有系统的结构、功能不能满足管理升级的需要，陕西师范大学在原有平台数据基础上进一步开发了数字房地产服务平台，对校内房产资源数据进行了分类汇集，并以此为基础开发了人事信息、住房信息、公用房信息、720 度全景 VR 校园系统、红烛共享空间自助预约平台、会场共享平台等多个接口平台。同时给用房单位提供了核实、管理本单位用房的接口，为下一步实施成本核算奠定了坚实基础。

（一）"1+N"的系统结构

"1+N"即一个基础数据平台和 N 种开发应用，这是当前房产管理平台开发的一个基本构架。其中，基础数据平台是一个信息化集成平台，负责将各个智能子系统的数据采集、汇总在一起，使原来分散孤立的信息可以集中在同一个界面下进行浏览、维护，是整个房产管理信息化工作的基础。开发应用包括选房网、车位在线查看系统、会场共享平台、共享办公空间等，涉及公用房管理、教职工公寓、住宅、车位管理，将管理权限最大限度地融合，形成房产管理大格局。

（二）多元参与的管理模式

学校房产管理过程中，房产使用单位众多，功能和使用人在不断变化，为了确保房产基础数据的准确性和完整性，不能只依靠学校房产资源管理部门一家，而要分清责任，提供系统接口，由学校、用房单位和用房责任人共同核定、维护、管理房产基础数据。

（三）智能化的管理手段

陕西师范大学正在推广应用的智能门禁、智能监控、BIM（building information modeling，建筑信息模型）+VR（virtual reality，虚拟现实）等技术，将智能硬件与房产管理软件相结合，有助于更清楚地了解房产的内部构造、空间布局、使用频次和使用情况，为房产科学配置提供依据。

（四）共享化的管理举措

陕西师范大学一直都很重视资源共享机制的构建，利用信息化手段推动落实房产资源共享、共用。为了有效盘活闲置资源，立足长远解决教师办公场所短缺问题，学校提出了共享办公空间的理念，建立了红烛共享空间自助预约平台，为全校教学科研人员提供集共享办公、小组研讨、学术沙龙等多功能于一体的 24 小时可在线预约共享空间。系统通过 BIM+VR 技术，实现三维实景+动态交互融合，与 720 度全景 VR 校园系统链接，教师在预订时可利用在线方式查看各类共享空间的房屋结构、布局、室内陈列以及座位位置，实现上下左右三维全景的超视角，有助于快速找到满足需求的房间或座位。共享办公改变了原有教师办公室的私人属性，通过线上自助预约、智能化门禁管理、物业统一服务的形式，意图最大限度地提高办公室的使用效率，满足更多教师尤其是青年教师跨校区、临时办公及多人研讨的需求。红烛共享空间自助预约平台便捷化、智能化、现代化的设计特色得到了教职工的肯定。

目前，学校已建立起了以资源共享共用为基本理念，以信息化为技术支撑，以精细化为管理要求的红烛共享空间自助预约平台、会场共享平台等房产信息化管理平台。学校依托信息化平台更多地盘活闲置资源，更好地提高资源使用效率，为推动学校的高质量发展贡献力量。

第七节 总结展望

随着信息技术的不断发展，学校房产管理信息化建设已经成为学校智慧校园建设的重要组成部分。通过信息化手段，学校可以实现房产管理的规范化、科学化、高效化，提高学校房产管理的水平和效率。同时，学校房产管理信息化建设还可以为学校提供更加便捷、快速的服务，为师生创造更好的学习和生活环境。

目前，各学校其实早已走在信息化建设的道路上，如何走得更好、更远才是我们要共同关注的热点和关键。为使学校房产管理更加精细、便捷、智能，今后学校房产管理信息化建设有以下三个发展方向。

一、集成各类系统接口，跨部门数据共享

房产管理系统不是一个单独的系统，是依附于人、物、财、事等各个环节存在的，未来房产管理系统与人事系统对接，获取教师职称职务信息，核定办公用房超标及离校手续审批；与资产系统对接，房屋中存放的家具、设备等各类资产信息同步于房产管理系统，可对各类房屋资产的存放情况进行详情实时了解；与财务系统对接，房屋租金收缴、住房补贴发放等实时更新；与教务系统、学工系统等对接，教室排课情况、学生住宿安排及调整、会议室预约情况均可实时掌握，对房产使用效率进行测算，便于多维度科学决策。

二、依托房产管理信息化，建立房产绩效评价、数据分析及智库体系

房产资源紧张的情况下，利用信息化管理手段与物联网智能门禁、智能水电等更多智能硬件联动，科学评判房产资源使用情况和能源消耗情况，建立房产资源使用效益评价体系，对房产资源使用效益高的单位，在房屋分配中优先考虑，

并在有偿使用中适当减免租金；对房屋使用效益低的单位，科学考虑对其闲置资源进行整合，合理分配，达到利用信息化手段科学评判房屋使用效益，为房屋使用和配置提供导向性参考。

三、搭配智能硬件，走向房屋智能、万物互联时代

以教学、办公、生活场景为驱动，把房产管理的信息化纳入学校的智慧校园建设框架中，智能软硬件与房产管理系统相结合，实现各类房产智能管理，万物互联。比如，在教室场景，智慧水电气暖、智慧空调与房产管理系统、教务系统联动，实现上课教室水电、空调自动开关，还可根据室内温度自动调整变化；在实验室场景，智慧门锁与房产管理系统、实验室安全考试系统联动，学生实验室安全考试成绩合格者方可被授予授权门锁，不合格者自动进入“不可授权”名单，补考成绩合格后方可被授权；在学生宿舍场景，消防烟雾报警与房产管理系统联动，当有火情时可立刻识别出火点对应的房间号，为第一时间有效灭火提供依据，智慧门禁与房产系统联动，人脸识别进入宿舍区。所有硬件设备打破边界，依托房产管理系统，真正形成一个万物互联的生态圈。

未来的智慧房产以网络化、智能化为技术驱动，从各类场景中获取数据，在业务管理中获得需求，再根据海量数据不断训练。每个软件、硬件不仅能智能联动、相互智能判断，还都有自适应能力、自学习能力、自进化能力，计算师生行为偏好数据，主动提供更舒适的服务，带给师生更好的数字化、智慧化办公学习生活体验。

第十章　畅通循环

——信息化建设物流新体系

物流“小包裹”，映照经济“大棋局”。近年来，我国物流市场繁荣活跃、发展质效不断提升，是中国经济稳中向好的生动注脚。

随着信息化的普及，网购、外卖、团购等业务亦成为师生生活的常态，校园物流业务因而变得越来越繁忙，各学校的快递站点常常人头攒动，尤其是“618”和“双十一”这种全民消费高峰时段的接力赛，师生们排队领取快递的场景早已成为一道屡见不鲜的风景线。

南来北往，货畅其流。为进一步提升效率，推动物流服务“加速跑”、不断改进组织模式、提高服务质量，校园物流业务也不断采用新技术优化服务，注入创新活力与智能元素，推动数智化转型。

每一件包裹和校园配送的背后，承载着师生对便捷生活的期待和对美好生活的热爱。让我们用信息化不断打通校园末端物流瓶颈，畅通“最后一公里”，加速“服务零距离”，为师生带来更好的服务体验。

第一节　校园物流服务起源

一、物流行业的社会背景

物流一词最早来源于美国，出现于20世纪30年代，原意为“实物分配”或“货物配送”。随着世界经济的高速发展和全球化趋势的日益突出，现代物流理论和技术已经在发达国家得到了空前的应用和发展，并产生了巨大的经济效益和社会效益。面对我国加入 WTO 后所面临的机遇与挑战，引进和发展现代物流理论和技术，培养现代物流经营管理的高级人才，已成为当务之急。2001 年 8 月 1 日正式实施的中华人民共和国国家标准《物流术语》（GB/T 18354—2021）中，对物流进行了定义：“根据实际需要，将运输、储存、装卸、搬运、包装、流通加工、配送、信息处理等基本功能实施有机结合，使物品从供应地向接收地进行实体流动的过程。”[①]2009 年 2 月 25 日，物流行业成为国务院常务会议审议并原则通过的十大产业振兴规划中的第十个产业，被业界称为“第三利润源”、被媒体称为“21 世纪最大的行业”、被老百姓称为“金饭碗”。

“十三五”以来，我国现代物流发展取得了积极成效，作为延伸产业链、提升价值链、打造供应链的重要支撑，服务质量效益明显提升，政策环境持续改善，对国民经济发展的支撑保障作用显著增强。《“十四五”现代物流发展规划》明确指出，要加快培育现代物流转型升级新动能、深度挖掘现代物流重点领域潜力、强化现代物流发展支撑体系。[②]

二、校园物流服务的形成

随着教育现代化进程的不断推进，学校师生及后勤管理者的日常生活、教学科研活动对校园物流服务的需求呈现出显著增长的趋势。一方面，伴随科研项目数量与质量的提升，各类实验器材、图书资料等教学科研物资的流通量急剧增长，对高效、精准的校园物流服务提出了更高要求；另一方面，随着生活水平的提高，师生对生活物资配送、快递收发等服务的需求日益精细化、个性化，校园物流作为连接校内外生活资源的重要纽带，承担着越来越重要的责任。

近年来，学校作为物流理论研究和技术创新的重要基地，不断为物流行业输送前沿理念和技术成果，同时学校日常运营中也涉及大量的物流建设与运营。2024 年，全国共有高等学校 3117 所，其中，普通高等学校 2868 所，本科院校 1308 所，高职（专科）院校 1560 所，成人高等学校 249 所[③]。截至 2023 年，全国高等学校在校生总规模 4763.19 万人[④]。根据中国教育后勤协会、阿里巴巴研究院发布的《校园快递行业发展报告（2022）》，全国校园快递数量从 2018 年的 25 亿件增加到 2022 年的 30 亿件[⑤]。随着校园生活服务模式的不断创新发展，校园物

① 全国物流标准化技术委员会．物流术语：GB/T 18354—2001．北京：中国标准出版社，2001：3.

② 新华社. 国务院办公厅印发《“十四五”现代物流发展规划》. 2022-12-15. https //www.gov.cn/xinwen/2022-12/15/content_5732146.htm[2025-06-17].

③ 教育部. 全国高等学校名单．2024-06-21．http://www.moe.gov.cn/jyb_xxgk/s5743/s5744/202406/t20240621_1136990.html[2024-07-20].

④ 教育部．2023 年全国教育事业发展统计公报．2024-10-24．http://www.moe.gov.cn/jyb_sjzl/sjzl_fztjgb/202410/t20241024_1159002.html[2024-07-20].

⑤ 中国教育后勤协会，阿里巴巴研究院. 校园快递行业发展报告（2022）. 内部资料，2023.

流也呈现出多种业态，除了大家司空见惯的快递包裹，还包括外卖服务、团购服务等，且近些年高校物流服务单量逐年上升。这些都使得校园末端物流压力陡增，对物流处理能力和服务水平提出了新的挑战。

第二节 校园物流服务概述

随着校园生活服务模式的不断创新发展，学校围绕教学、科研、行政管理以及师生日常生活所需的物资采购、存储、分拣、配送等一系列活动的组织与管理形成了独特的物流模式。这一模式是专门为满足学校内部物资流通需求而设立的服务体系，旨在通过科学合理的规划和高效运作，确保各类物资从供应商到最终用户的无缝衔接，保障学校的正常运行及提升校园生活的便利性。

一、校园物流服务的内容

校园物流服务内容涵盖学校教育教学和日常生活的多种类型服务和管理活动，是一个综合且多元化的服务体系。它通过不同类型的物流活动确保学校内部物资流通的有效性和效率，服务内容分类如下。

（一）按功能分类

（1）教学物资物流：包括教材教辅资料的采购与发放，以及实验设备和耗材的采购、维护与更新。

（2）生活物资物流：涉及食堂食材配送、宿舍生活用品供应、清洁卫生用品分发等与日常生活相关的物品流动。

（3）办公用品物流：包括办公设备及耗材的采购、存储和分配。

（4）快递物流：负责校内快递收发点运营、处理师生的网购包裹及其他外部邮件往来。

（5）废弃物回收物流：包括废弃物收集、分类、运输及处理。

（二）按流程分类

（1）采购物流：从供应商选择到合同签订，再到货物接收的过程。

（2）储存物流：包括仓库管理、库存控制、保管条件优化等方面。

（3）分拣配送物流：对各类物资进行整理、分拣和最终送达指定地点或个人。

（4）回收物流：对废旧物资或可循环利用物品的回收、处理和再利用过程。

（三）按服务对象分类

（1）教师物流服务：针对教学科研需求，提供专业仪器设备、图书资料等的支持。

（2）学生物流服务：满足学生学习生活所需，如教材领取、寝室用品配送、快件收取等。

（3）行政后勤物流：为行政管理部门提供办公设备及日常消耗品的及时供应。

（四）按技术应用分类

（1）智能化物流：采用物联网、大数据、人工智能等技术实现自动化仓储、智能调度和实时监控。

（2）绿色物流：倡导环保理念，推行低碳、节能、减排的物流运作模式。

校园物流服务涵盖了从食材、教学设备到科研物资等多样化的流通需求。然而，在这一复杂的物流网络中，随着校园规模的不断扩大和校园生活的日益丰富，加之电商平台迅猛发展，师生的网购频率显著提升，而高校场景尤为突出，每学期的开学季，学生报到时已习惯“空手到”，他们已将所有物品包裹提前邮寄到学校，这进一步推动了校园快递业务的快速增长。据统计，近年来全国高校日快递量最高峰值已突破约 1500 万件，部分大型院校的日均快递处理量甚至达到数万件。这种高频次的快递需求不仅反映了高校快递市场的庞大体量，也凸显了其作为校园物流体系中最为关键的环节的重要性，更与师生日常生活紧密相连，是体现物流服务质量和技术创新的核心领域。

因此，本章将聚焦高校快递物流的场景，分析校园物流的现状及特点，探讨如何通过智能化管理、技术手段升级以及服务体系完善来提升校园物流的服务水平，以更好地满足师生日益增长的需求。

二、校园物流服务的特点

（一）服务标准日益规范

以高校物流发展为例，随着高校后勤社会化改革的深入，以及信息化技术的发展，相关主管部门先后出台一系列支持高校物流服务的相关政策，中国教育后勤协会也先后发布了《校园快递服务站建设与服务规范（团体标准）》和《校园快递服务站建设与服务规范（修订版）》团体标准[①]，在相关政策和行业标准的指引下，校园物流服务的相关服务标准日益规范。

① 中国教育后勤协会. 关于发布《校园快递服务站建设与服务规范（修订版）》团体标准的公告. 2023-01-19. https://www.chinacacm.org/content/11006.html[2023-08-15].

（二）服务技术迭代快

随着企业的参与，校园物流服务相关技术迭代快速，核心体现在服务设备的技术升级、服务系统的迭代和信息化管理手段的更新迭代上。

（三）环保与实践结合

在绿色物流趋势下，校园物流除了完成基础的物资配送任务外，还承载着培养学生节约意识、环保意识以及实践操作能力等教育功能，体现了学校的社会责任感。

三、校园物流和社会物流的区别

校园物流与社会物流在服务对象、业务需求、运营环境、管理特点等方面存在明显区别。

（一）服务对象及需求特性

校园物流主要服务于学校内的师生员工，其需求集中在教材配送、实验材料供应、学生生活物资快递接收与分发、食堂餐饮配送等方面。由于校园用户群体相对集中且有规律的作息时间，物流高峰期因而往往出现在开学、期末、大型活动期间。

社会物流则面向居民小区或城市社区的居民，其服务范围涉及日常生活用品、网购商品、生鲜食品等多种类型的物品配送，其需求更为个性化和多元化，并且受节假日、促销活动等因素影响较大。

（二）运营环境与设施要求

校园物流通常拥有特定的物流区域，如快递驿站、仓库等，校园内交通管控较为严格，对环保、安全要求较高，而且校园物流需要遵守学校的管理制度。

社会物流要适应各种类型社区的空间布局，包括住宅区、商业区等不同场景，可能需要面对更复杂的配送环境，如狭窄的道路、多层住宅楼、门禁系统等，同时还要考虑如何高效利用社区内的公共空间设置自提点或者提供上门配送服务。

（三）物流模式与流程差异

校园物流常采用集中式管理模式，例如菜鸟驿站、京东派送等，通过信息化手段整合多家快递公司资源，减少重复投递，提高效率。此外，校园物流还可以利用智能柜、无人车等设备实现智能化物流服务。

社会物流一般是分散管理模式，形态较为多样，会结合社区便利店、物业服务中心、自助快递柜等进行多元化末端交付。社会物流对即时配送、预约配送以及夜间配送的需求也相对较多。

（四）管理特点与政策考量

校园物流在管理上有较强的计划性和可控性，可配合学校教育部门进行统一规划和规范管理，同时也受到国家教育行政部门和邮政管理部门的相关法规约束。

社会物流面临的管理问题更为复杂，不仅要符合城市物流规划的要求，还需要协调好与物业公司、街道办、业主委员会等多个主体之间的关系，同时遵循国家邮政、商务等部门制定的相关行业规定。

总之，校园物流与社会物流虽然都属于末端物流的重要组成部分，但它们的服务形态、运营策略以及所面临的挑战各有特色，都需要根据各自的特点来设计并优化服务体系。

第三节　校园物流服务发展

一、校园物流服务运营模式的发展

在校园物流服务整体快速发展的背景下，校园快递物流作为其中最活跃、发展最快的组成部分，呈现出需求增长迅猛、服务形态不断升级的特点。然而，伴随着规模的扩大，校园物流也暴露出诸如配送效率低、取件体验差、末端压力大等一系列问题。由于校园人群集中、用户需求多元、场地资源有限等特殊属性，校园物流成为近年来各方探索智慧物流解决方案的重点场景。围绕这一典型应用场景，物流从运营模式到技术支持都在发生深刻变革，本节将聚焦校园快递物流服务的发展脉络与运营模式演变，进行系统分析与总结。

（一）校园物流服务的初期运营模式

校园物流运营模式从最初产生，到近几年的发展，经历了几个时期的迭代，先后经历了分散摆摊、委托代派、分散经营等几种模式。

1. 分散摆摊

各家快递的小件员在学校门口或附近分散摆摊，并通过打电话通知师生到指定地点取件。这个阶段的服务体验较差，如师生会随时随地接到电话，上课经常受到打扰。此外，遇到下雨下雪等恶劣天气，包裹容易被淋湿，取件也不方便。

2. 委托代派

随着小件员的派件数量增加，以往在校门口一两个小时能完成的派件工作，需要半天甚至一整天还派不完，逐渐有小件员找学校的超市或其他商业门店合作，以一定的协商价格，委托给校内商业门店代为存储和派件。这种模式解决了恶劣天气的弊端，但是由于商业门店只能提供场地，对派件业务也不专业，师生如果遇到问题，处理和解决链路也较长。

3. 分散经营

随着包裹数量的进一步增加，校内门店有限的空闲场地已无法满足需求，快递小件员只能到校内租赁场地专门用作包裹派发。然而，随着业务规模的扩大，分散的小型租赁代派点已不足以支撑小件员的收益需求，这一情况在第三方包裹派发系统广泛应用后变得尤为突出。在相当一段时间内，校园里涌现出多个品牌的第三方专业代派服务站点，不同快递在校内租赁场地，分散经营，但受限于从业人员的背景参差不齐和信息化程度低，该模式多数时候也只能完成包裹寄派的基础服务，依然无法达到较好的服务体验。

（二）校园物流服务的当下运营模式

1. 相对集中租赁经营

由部分快递从业主体/快递一级网点等，整合其他快递派件业务，与学校基于校园物流服务，签署租赁场地用于校园物流服务的协议。这种模式可以实现相对集中的派件服务，由于规模得到进一步扩大，这类代派点一般会加盟一些专业公司的末端服务品牌，场地条件和服务流程等也相对规范。

2. 学校自营

一些学校后勤企业成功转型，成为“独立核算、自主经营、自负盈亏、自我发展”的企业法人。这类学校的后勤企业，有一部分早期就开始接手校园物流的服务，逐渐发展为校内自营的模式。即由校方后勤或后勤公司作为经营主体，加盟某个末端品牌后，为校区师生提供校园物流服务的模式。

3. 校企合作共建

在学校后勤社会化的进一步发展演变下，各级政府也在鼓励企业进入校园投入建设，在这个背景下，逐渐产生校企合作共建的模式，这也是当下很多院校逐渐开始采用的一种典型模式。即由专业做校园物流服务的平台型公司，与学校建立校企合作，前期基于校园特点和师生服务需求，共同策划方案、共同建设，后期由企业负责运营、学校参与监管的校企合作共建模式。

二、校园物流服务的发展现状

近年来，在国家一系列政策的指引和支持下，我国校园物流服务取得了飞速发展，但仍然存在一些问题与挑战。

（一）空间资源限制

在校园场景中，电商快递包裹和外卖订单的大规模集中配送需求，都是随着移动互联网的普及而兴起的消费和服务模式。不同于学校的宿舍和食堂等，多数学校在前期建设方案中并没有规划对应的用房或场地，导致整体服务场地资源紧缺。多数学校为解决校园物流用房，只能采用旧房改造，或基于学生宿舍楼的架空层进行改建，有的学校甚至只能在校园的空地专门重新建房。很多个体分散经营的站点，一部分在家属楼租赁一楼房屋用作快递包裹派发服务，一部分则可以租赁到学校商业楼的场地用于快递物流服务，有的场地甚至分布在建筑楼的二楼，不管是站点包裹入库上架，还是师生取寄包裹，都存在很大的不便。整体呈现出位置受限、面积受限、布局受限的特点。

（二）服务质量参差不齐

由于不同地区、不同类型学校的改革程度有所差异，各类学校对校园物流服务项目的重视程度差异也较大。一部分学校将校园物流服务作为主流服务项目定位，进行整体规划和管理，面向社会进行公开服务招标，核心考察服务水平和技术方案。还有一部分学校则将校园物流服务作为普通商业或一般商业租赁项目定位，无论在管理上，还是资源投入上，都并没有得到足够的重视，导致对应的物流末端服务模式不同，经营主体和从业人员也不稳定。

（三）环保与可持续性压力

校园末端物流发展进程加快的同时，其所面临的环保和可持续性的压力也明显增加。诸如包装废弃物增多、空间设置不合理带来的资源浪费及环境污染等一系列环保和可持续性问题都亟须解决。积极响应国家生态文明战略、推进绿色发展理念，建设绿色校园，是学校面临的一个重大课题。如何在实现校园基本教育功能的基础上，以可持续发展思想为指导，在学校全面的日常管理工作中纳入有益于环境的管理措施，有待学校和全社会各个方面共同参与进来。

（四）信息化建设深度不足

当前，大多数高校已广泛采用大数据、云计算、物联网等先进技术构建校园物流信息化系统，实现了从订单生成、货物入库、分拣打包、配送调度到信息反馈全过程的数字化与可视化管理，把枪、高拍仪、智能快递柜、无人自助驿站、无人配送车等智能终端设备已基本普及应用。在用户信息安全与隐私保护方面，许多高校也逐步引入了技术防护与数据算法支持，但仍需进一步健全数据安全防护机制，并妥善解决各平台间的数据共享问题，以实现跨平台、跨区域的高效协同。与此同时，校园物流日常运营中校方智能化监管和预警机制仍显薄弱，如何通过数据整合与可视化监管，构建具备智能预警与自动化管理功能的管理体系，推动管理方式由“被动响应”向“主动防控”、由“碎片化管理”向“全流程协同”转变，将是未来校园物流智慧化监管的重要探索方向。

第四节　物流新技术带来校园服务新发展

随着互联网技术和智能科技的飞速发展，物流新技术在校园物流服务的各个环节得到广泛的应用和升级，切实提高了服务效率和服务质量，师生的服务体验得到很大改善。

一、物流新技术在校园物流服务中的新应用

（一）物联网技术

物联网技术的核心在于万物互联，通过 RFID 标签、传感器、GPS 定位器等设备，校园物流信息得以实时采集和传输。无论是教学物资、图书资料，还是师生个人快递，均可实现全程信息化追踪，准确记录物流节点，大幅提升物流信息的透明度和响应速度。同时，物联网技术还可协助后台系统进行大数据分析，预判物流高峰期，优化配送路线，降低运营成本。校园物流服务点常用的智能出库设备智能把枪、智能高拍仪等，都是物联网技术的应用体现。智能把枪是以手机或 PDA 终端作为数据存储和识别的载体，连接条码扫描枪，形成一套数据采集传输系统，可实现数据采集和查询，支持随时随地记录和传输各种形式的数据；智能高拍仪能完成一秒钟高速扫描，具有 OCR 文字识别功能，可以将扫描的包裹面单信息进行快速识别和存储、反馈。

（二）大数据技术

大数据技术凭借其强大的数据处理和洞察能力，为优化服务流程、提升运营效率以及实现精细化管理提供了强有力的技术支撑。

在校园物流场景中，大数据的应用正逐步推动传统物流向智能化、无人化方向转型。在校园物流存储领域，无人自助驿站作为一种新型服务模式得到了广泛

应用。该模式依托数智化门禁系统，用户在站点内有未取包裹时，可凭取件码扫码开门进入站点，在站内自主查找包裹，并通过无人自助高拍仪完成出库操作。整个取件过程无须人工干预，实现了“人机”无缝对接，显著提升了服务效率与用户体验。

此外，为了进一步提升用户体验，在师生到站点取件的环节中，借助“货架地图”功能，结合站内货架的数字化建模与大数据分析技术，系统可为用户提供可视化货架布局图，并精准展示待取包裹所在位置。用户通过移动端即可查看具体指引，快速找到目标包裹，大幅缩短寻找时间，提升整体取件效率。

在校方管理层面，大数据技术实现了对校园物流全流程的数据整合与可视化呈现。通过物流数字化管理大屏，校方可实时查看包裹流转数据、回收减碳行为统计及站点日常运营状态等关键指标。管理者无须亲临现场，即可通过电脑端或移动端随时掌握各站点作业动态，实现远程监控与科学决策，进一步提升管理效能。

（三）人工智能

人工智能通过机器人技术模拟快递一线岗位工作，缓解了从业人员流动性大、服务水平参差不齐的问题。智能消杀机器人在包裹消杀工作中，只需要配置消毒剂，就能够实现室内环境的自动消杀，提高消杀效率和质量，减少人工操作。在物资配送环节，无人配送车采用自动驾驶技术、物流传感技术、智能配载技术，使得辅助配送货运自动化设备能够在设定路线上自主导航，准确投递包裹，自动化配送货运，提升了末端配送效率（图 10-1）。

图 10-1　无人配送车

二、物流新技术对校园物流发展的影响分析

（一）对快递包裹的影响

近年来，在国家一系列政策的指引和支持下，物流新技术在校园物流服务的各个环节得到广泛的应用和升级。《国务院关于促进快递业发展的若干意见》指出，支持快递企业加快推广应用现代信息技术，不断创新商业模式、服务形式和管理方式。而近年来校园快递快速成倍增长，疫情三年防控政策要求减少人员聚集和非必要出行，直接导致了进入校园的快递包裹数量大幅度增加，物流新技术的采用，极大程度地改变了校园快递物流的面貌。自动分拣系统、智能快递柜、无人自助驿站等可以实现包裹的自动化揽收与派送，尤其在高峰时段如“618”“双十一”等网购节日，可以有效缓解人工分拣派送压力，提高服务效率。智能设备的使用和 App 软件的自主查取寄功能，可以避免学生长时间排队等待和误取件情况的发生。物流新技术的应用使得校园快递服务变得更加高效。

（二）对餐饮管理的影响

物流新技术已深入学校餐饮管理，在食品采购和供应链管理、配送和配餐优化、绿色餐饮与可持续发展等方面多有体现。物流信息技术和大数据分析能够实时跟踪食材的源头信息、批次、保质期等，实现食品安全追溯，确保食材新鲜、安全。同时，通过预测算法，高校食堂可以更加精准地进行需求预测和库存管理，减少食材浪费，降低成本。

在部分高校，无人驾驶车辆、无人配送机器人等新兴物流技术已经实现食材在校园内的准时、准确配送，为学生提供更方便更多元化的用餐方式。物流新技术还可以帮助学校餐饮部门更好地践行绿色餐饮理念，通过精细管理减少食品浪费，通过优化配送减少碳排放，通过智能设备提高能效，从而实现餐饮服务的可持续发展。

（三）对校内商贸流通的影响

物流新技术在学校商贸流通领域的应用，不仅提升了流通效率和服务质量，也有力地促进了绿色校园建设和人才培养，为构建智慧校园打下了坚实的基础。物联网、大数据、云计算等技术可以实时监控和分析商贸流通环节中的商品流向、库存状态、销售数据等信息，帮助学校商贸系统实现供应链精细化管理，准确预测市场需求，合理调配货源，降低库存成本。

同时，新技术的引入也推动了学校商贸流通模式的创新和发展，使之更符合现代社会和市场经济的要求。学校内商业网点可以利用智能货架、无人售货机、智能快递柜等设施，提供 24 小时自助服务，学生可以在任何时间方便快捷地购买

商品或收取包裹，提升了服务体验。通过大数据分析，学校能够依据消费趋势和需求变化，适时调整商业网点布局、商品种类和价格策略，有效利用有限的校园商业资源，实现供需平衡。

（四）对多校区跨校区物流转运的影响

对于国内众多学校存在多个校区，且校区间涉及实验资料、设备设施及文件的转运需求，通过引入智能调度系统和大数据分析，能够精准预测各校区间的物流需求，实时优化运输路线和时间安排，减少无效行驶和等待时间，显著提高跨校区物流转运效率。同时，物联网技术的应用使得物流过程透明化，可以实时追踪跨校区物资的位置、状态等信息，确保物资安全、准时到达目的地。新型绿色物流技术的应用，如电动车、氢能货车等清洁能源交通工具，以及环保包装材料的推广，有助于高校跨校区物流转运实现低碳、绿色、可持续的发展目标。

物流新技术在学校多校区、跨校区物流转运中的应用，不仅优化了物流效率、提升了服务质量，还有助于实现校园物流的智能化、绿色化和高效化，对提升校园管理水平、保障教学科研工作的顺利开展具有重要意义。

（五）对公共服务等生态的影响

校园物流在管理上有较强的计划性和可控性，接受统一规划和规范管理，能够更紧密地与所在城市社区联动，实现教育资源、科研成果等公共资源的高效输送，促进学校与社会的融合发展。物流新技术在学校公共服务设施管理中发挥着关键作用。智能物流管理系统可以实时监控和追踪各类物资的库存、调拨、使用情况，实现资源的精准管理和高效利用，如图书资料、实验设备、体育器材等公共物资的流通。在科研领域，物流新技术可以支持复杂仪器设备、样本和试剂的精准、安全、快速传递，提高科研项目的执行效率。同时，也成为物流管理等相关专业教学实践的鲜活素材，培养符合时代需求的现代物流人才。

整体而言，物流新技术的应用使得校园物流发展更加高效、便捷、安全和环保，不仅有利于提升校园生活品质，也符合教育部门对智慧校园、绿色校园的建设要求，进一步促进了学校后勤服务的现代化进程。

第五节　校园物流服务的信息化建设

在信息化与智能化高速发展的今天，校园物流作为校园服务的重要组成部分，其发展与质量直接关系到校园生活的便利程度以及教学科研活动的顺利进行。校园物流服务的信息化建设是一项系统工程，需要在强化硬件设施、优化软件服务、保障数据安全、推动绿色可持续发展等方面持续努力，通过全方位、多层次的创新和改革，构建起高效、智能、绿色、安全的校园物流新生态。

一、贯彻绿色物流理念

2022 年 10 月 31 日教育部关于印发《绿色低碳发展国民教育体系建设实施方案》的通知中明确提出“把绿色低碳发展纳入国民教育体系”①。中国教育后勤协会 2025 年 1 月发布的《低碳学校（高等学校）评价规范》②与《低碳学校（高等学校）建设指南》③两项团体标准，为校园绿色物流提供了建设依据。近些年，云计算、物联网、AI 技术在校园各个方面的应用，不仅推动了高校后勤管理的智能化，也促进了高校绿色低碳理念的发展和转型升级。

（一）服务理念低碳化

校园物流已经成为高校基础服务类项目，在末端驿站的建设理念、工作流程的设计理念、服务育人的思想理念上都需要做到低碳化。在校园驿站的建设中主动融入环保理念，例如使用高效节能材料、设立快递纸箱绿色循环专区（鼓励学生循环使用旧纸箱寄件）、校园物流与后勤育人相结合，既服务师生又提升学生的劳动技能、培养学生的绿色物流意识，这些做法从服务理念层面积极倡导低碳化。

（二）服务流程低碳化

在整个校园物流服务流程方面，也越来越体现出低碳化的趋势。如过去很多是校园站点需结合各快递网点的时间到各家快递点分散拉送包裹到站点，逐渐发展为站点与快递网点之间协商，由网点集中送货的模式。在校园物流服务点作业流程方面，除全面推广开放式自助取件模式，提高服务点的人效和时效外，正在将与校园智慧物流场景紧密结合的寄取、回箱、集包、装箱算法、新能源运力、绿色消费品的购买等场景产生的减碳值进行测算记录，推动校园物流全场景全链路绿色化。

（三）服务方案低碳化

据《人民日报》报道，高校物流服务行业的代表企业在解决方案维度上更重视绿色低碳理念。部分企业在绿色低碳的解决方案方面已经取得了很好的试验成

---

① 教育部. 教育部关于印发《绿色低碳发展国民教育体系建设实施方案》的通知. 2022-10-31. http://www.moe.gov.cn/srcsite/A03/moe_1892/moe_630/202211/t20221108_979321.html[2024-07-10].

② 中国教育后勤协会. 低碳学校（高等学校）评价规范：T/JYHQ 0019—2025. 北京：2025.

③ 中国教育后勤协会. 低碳学校（高等学校）建设指南：T/JYHQ 0018—2025. 北京：2025.

果[①]，具体表现如校园物流的快递纸箱回收、绿色环保袋的循环使用、校园物流绿色活动专区的设计等。近年来，部分学校与企业尝试通过线上产品与线下活动互动激励的方式推动低碳行动，师生通过绿色公益账户来记录减碳行为，让每一次行为转化成减碳值反馈，则高校绿色数字大屏实现整个学校减碳行为数据，结合线下绿色活动实践方式，来实现高校绿色物流的数字化和可视化。

在推进物流服务信息化的过程中，学校从解决方案到信息化系统建设维度，越来越重视绿色低碳理念。从物流包装的环保设计、新能源车辆的引入、绿色配送路线的规划，到废旧物资回收利用系统的建立，全方位落实绿色物流，助力校园实现可持续发展目标。

二、系统规划与顶层设计

首先，校园物流智慧系统规划应立足于构建智慧校园的大局，深度融合物联网、大数据、人工智能等新一代信息技术，构建全面覆盖的物流信息网络。通过智能物流平台，实现物流信息的实时传递与精准匹配，以信息化手段驱动物流服务的高效运转。

其次，在硬件层面，顶层设计应着眼于优化物流基础设施的布局。例如，科学选址和建设多功能的物流集散中心，配备智能快递柜、无人配送车等现代化物流设施，确保物流服务覆盖全校园，同时兼顾环保与节能原则，降低运营成本，减少碳排放。

最后，标准化与智能化是提升校园物流服务质量的重要手段。一方面，要建立完善的物流服务标准体系，规范物流服务流程，确保服务质量和师生权益；另一方面，大力推广智能化技术在物流领域的应用，如智能分拣系统、无人仓储等，提升物流服务效率，减轻人工劳动强度。

三、信息平台建设

（一）构建一体化信息平台

学校智慧后勤建设是加快实现后勤创新驱动转型发展的有效手段，也是深化实践“低碳校园”“智慧校园”的重要举措。后勤管理方式的智能化，是要在设备、流程、业务系统等方面进行深入创新，从根本上更新传统的管理方式，重塑智能化的工作流程。

校园物流强化以师生的服务体验为目标，融合技术创新与服务驱动，根据各学校的具体条件与需求，整合各类物流信息系统，建立统一的校园物流信息平台，

---

① 韩鑫. 快递包装“瘦身增绿”. 人民日报，2025-05-29，7.

实现全校范围内的物流数据共享和互通，消除信息壁垒。在管理端，采用智能化系统集成技术，通过采集各监测点的运行信息，实行集中监测、管理和分散控制，让智慧真正服务于校园管理。在用户端，开发校园物流生活一站式服务平台，打造集物流查寄取、学习生活、预约服务等于一体的校园智慧物流服务。

（二）安全防护体系构建

随着校园安全保障的重要性进一步得到重视，各级各类院校都在强调健全学校安全事故预防与处置机制，校园物流领域也不例外。为进一步加强校园物流安全检查和风险防控，建立健全物流信息化安全管理制度，配置智能化安全保障设备和技术，采用先进的加密技术、权限控制机制等手段，保障数据安全和用户隐私，如智能云监控、智能消防检测、智能安检等，全面保障校园物流相关的人员安全、包裹安全和环境安全。

四、智能化设备引入与应用

近些年，各行各业的信息化、智能化创新都层出不穷，在校园物流服务领域，智能化建设也得到一系列国家政策的支持。例如，教育部关于印发《高等学校人工智能创新行动计划》的通知中就提出："坚持服务需求。深化体制机制改革，强化高校与地方政府、企业、科研院所之间的合作，加快人工智能领域科技成果在重点行业与区域的转化应用，提升高校服务国家重大战略、服务区域创新发展、服务经济转型升级、服务保障民生的能力。"①

校园物流的服务方式更加智能化，如从人工扫描出库到无人自助高拍仪出库、智能快递柜服务、智能寄件机服务以及智能外卖柜服务等，都体现了服务智能化。在校园物流的客户服务方面，也有更多智能化的升级，如人工智能客服、智能App的应用等，全面实现校园物流服务各个环节的在线化和智能化。这些智能化升级有助于引导学生适应信息化环境，提高数字时代所需的信息化思维能力，养成信息化行为方式，了解信息化交流规则，发展信息化职业能力。

五、对校园物流服务的监管

在信息平台、智能终端逐渐占据校园主体地位的当下，加强校园物流服务的监管特别重要。如监管不力，将演变为系统性风险，且具有多发性、传递性、更大破坏性和不确定性特征，因此，必须对物流服务实行高质量、全覆盖、针对性

① 教育部关于印发《高等学校人工智能创新行动计划》的通知. 2018-04-03. http://www.moe.gov.cn/srcsite/A16/s7062/201804/t20180410_332722.html[2025-7-10].

强、重点突出的持续性有效监管，真正达到信息化、智能化的期望目的。

（一）服务点位监管

校园物流服务中心的点位规划设置应基于生活便利性，需考虑人员、教室、宿舍、商业服务区的分布情况，以及校园的车辆动线管理要求、校园水电和网络覆盖等情况。

（1）从取件便利性方面考虑，离学生宿舍区域集中的地方多点覆盖，基本原则是学生步行距离不超过1000米为佳。

（2）从安全性方面考虑，离校园外来车辆或大型车辆专用进出口较近的地方，减少快递车辆在校内的行驶路段和行驶时间。

（3）从消防安全方面考虑，在校园水电、网络覆盖便利的区域。

（二）场地面积监管

在确保用户取件体验的前提下，校园物流服务中心的坪效一般可以达到每百平方米处理2000单左右的包裹，且坪效还在保持不断提升的趋势。在做校园物流服务中心的场地面积配置评估时，一个很重要的参考依据就是校区的历史单量情况，尤其是近一年的历史单量情况。除此之外，还应将在校师生人数、男女生比例等纳入考评因素。

（三）场地条件监管

由于电商和网购是近几年快速发展起来的业态，因此在绝大多数学校初期建设的时候，并未给校园物流服务站点规划专用的场地。当前主要以空闲建筑场地、旧房改造、空地建房这三种常见的方式作为解决方案。根据实际运营的需要，需要对场地条件进行楼层要求、水电网要求、层高要求等的评估。一般情况下，楼层宜在一楼，工作人员和用户都更加便利的同时，也增加了安全性。水电网的设置应满足智能化设备的使用，楼层层高宜在3—5米，匹配包裹存储货架规格。

（四）布局方案监管

校园物流服务站点采用开放式布局，明确区分人员入口和包裹自助出库出口：师生可自由进入，按指引前往对应货架取件后，依次在多个自助出口完成扫描出库。这一设计虽显著提升了取件效率，但同时也对站内各功能区域的科学、合理布局提出了更高的要求。开放式站点服务区主要包括卸货区、前台、寄件区、包裹存放区、出库扫描区、客服区、办公区、绿动专区等功能区域，能否便利地实现各区域功能是重点监管内容。

（1）卸货区：进行到站包裹的卸车、交接、装笼车等操作。

（2）前台：进行客户咨询接待、其他接待处理等。

（3）寄件区：专用于到站寄件业务的处理，包括包裹验视、称重、打单、贴单、计费等操作。

（4）包裹存放区：主要用于存放到站包裹，提供消费者自助取件的区域。

（5）出库扫描区：消费者找到自己的包裹后，到出库扫描区完成自助扫描。

（6）客服区：专职客服人员工作的区域，专用于处理异常业务、异常包裹、客户的其他疑问等服务。

（7）办公区：作为校园物流工作人员的办公室，用于员工开会、交流、培训等。

（8）绿动专区：通过在驿站建设绿色回收台，对包材进行分类处理，循环利用，传递绿色理念，让年轻人加入绿色行动，促进校园环保事业发展。

第六节　实 践 案 例

四川大学创新校园物流服务新理念和新模式实践

四川大学是教育部直属的全国重点大学，是国家布局在中国西部的重点建设的高水平研究型综合大学，并于 2017 年入选国家“双一流”建设 A 类高校。四川大学有望江、华西和江安三个校区，占地面积共计 7050 亩，校内师生、员工及家属 10 余万人。据 2019 年统计，三校区快递日均单量约 13 500 件，高峰期日均单量达 56 000 件；原有的校内四种快递运营模式（摆摊分散经营、校园固定网点、代理网点和智能快递柜），在校园交通、校园环境、代收风险、服务态度等方面，都存在痛点和难点。随着学校快递呈现爆发式发展，“最后一公里”的问题越来越突出，集中表现为脏、散、乱、差，严重影响了校园安全稳定、校园环境及日常监管。

为了进一步净化校园环境，给师生创造优美舒适的工作及学习环境，营造与学校“双一流”大学建设相适应的校园氛围，四川大学联合浙江驿栈网络科技有限公司（简称菜鸟公司），通过校企合作的方式，建设了四川大学校园快递“一站式”综合快递服务中心。为师生提供全新的快递服务体验的同时，进一步规范了校园快递的运营，有效推动了校园环境的综合整治。这是四川大学在西南地区内率先与菜鸟以官方校企合作形式引进的智慧物流服务平台，也是西南地区首家菜鸟校企合作示范项目。

（一）统筹规划、厘清职责

菜鸟公司针对学校不同校区的特点，进行综合评估，统筹各方的资源优势，整体设计快递服务的解决方案，着力打造具有川大特色、风格的校园快递服务新场景。

学校根据师生的生活学习区域分布，综合统筹校内资源，经合理评估后，统一提供建设用地，作为校园快递服务点；学校相关职能部门对快递服务中心进行监管，以实现人员、车辆、管理的统一。

菜鸟公司负责快递服务中心的建设装修、技术设备、车辆及人员的投入，以及经营管理等相关事宜。

（二）科学布局、提升标准、优化管理

2019 年 10 月至 2020 年 3 月，学校根据三校区师生人数及宿舍分布情况，结合快递服务特点，先后建成了望江东园驿站、望江北园驿站、江安西园驿站、华西驿站 4 个快递服务站点。2023 年因快递单量骤升，又新增设了江安东园驿站，目前三校区 5 个驿站共占地约 1500 平方米。

快递服务中心功能区包括前台寄件咨询区、货架区、出库区、绿色回收拆包区、分拣区和活动区。站点采用自助取件模式，配置了人脸识别寄件机、智能终端无人出库机、云监控等智能设备。同时，站点通过科学合理内部动线布局，减少了师生取件高峰排队和等待，提高了作业效率和服务水平。

同时，为满足师生不同场景的多元化快递生活服务需求，菜鸟公司提供了“站+柜+人+车”的多元化解决方案，师生可选择到站自取，也可预约无人车或送货到楼服务，打造了川大标准化、规范化、人性化的快递服务。

（三）技术赋能，提高效率、保障服务体验

校企合作 6 年期间，学校后勤部门从项目规划、日常监管等视角，持续关注师生的需求，不断提出快递服务改进方案。菜鸟公司依托科技化、智能化、数字化手段，持续优化升级产品与服务，在保障质量与效率的同时，显著提升了师生满意度。

（1）到站自助取件。采用取件码自主找包裹取件，通过高拍仪扫描身份码出库。菜鸟驿站对站内数据进行实时查看，快递包裹全链路可追溯、可查询。通过云监控设备实现站点作业过程可视化管理，学校相关管理人员在手机端就可以实时查看站点作业动态情况，便于实时监管。

（2）菜鸟无人车配送。线上预约送货到楼服务，指定地点和时间，无人车配送时通过短信及电话通知到达时间，实现全程人机交付，为师生提供更便捷的服务。

（3）智慧无人驿站。2023 年川大快递服务中心率先升级，启用数智化的门禁系统及安全相关 IOT 产品，非运营时间内用户可通过扫码进入驿站，随时进行自助取件，进一步延长了师生的取件服务时间。为了帮助师生到站更快速地自助找到包裹，菜鸟公司还升级了川大站点线上“实景找包裹”（货架地图）功能，基于站内货架数字化与大数据技术的应用，实现从站内实景快递货架分布到线上数字化地图，结合用户待取包裹信息，使用户快速定位待取包裹位置，用户根据货架地图指引快速找到包裹，提高取件效率。

（4）打造绿色校园快递数字化平台。为进一步落实教育部关于校园碳中和科技创新行动计划工作要求，菜鸟与川大在“双碳”校园数字化建设上多次深入探讨，并于2023年在菜鸟校园驿站上推出集“师生碳账户+高校绿色物流数字化管理大屏+绿色活动实践”于一体的绿色减碳方案。该方案通过师生碳账户计算师生在菜鸟驿站寄取包裹背后的减碳值和日常纸箱回收、旧物回收等绿色减碳行为产生的减碳值，并上线了数字化管理大屏；同时，校企共建绿色减碳数字化管理、运营及师生实训实践的长效机制和体系。

（四）校园智慧快递建设成效

（1）校园环境得到全面改善。建设前75%的快递公司各自设点摆摊，严重影响校园环境和安全稳定。快递服务中心将原有 10 多家快递公司进行整合，实现了统一、规范、安全的快递服务模式，同学们告别了排长队、满地找包裹的囧境。

（2）快递服务能力和水平全面提升。高颜值“一站式”快递服务中心，为师生提供统一规范、智慧标准的快递服务，满足师生的多元化需求，成为高校后勤服务标杆。特点包括：服务统一规范，管理运营标准化；应用智能设备，实现智慧化取寄查。据2024年统计，快递服务中心全年累计处理包裹大约636万件①。“大促”“开学季”高峰期服务有保障，大数据提前预测包裹量及预计到达时间，做足预案准备。

（3）校方监管更智能高效。菜鸟公司依托在智慧物流领域的平台优势和技术优势，运用IOT智能设备，结合专业化的综合解决方案，使得师生取寄服务更安全高效。同时，借助云监控等信息化、数字化设备和技术，实现了站点作业可视

① 来自菜鸟校园驿站内部数据。

化管理，管理者通过手机或电脑即可实时查看动态，助力了校园物流数字化管理和智能监管。疫情期间，借助数字化系统，对寄取件及投诉等进行多维度监管，有效保障了师生的寄取服务。

（4）助推校园快递“双碳”校园数字化。2023年菜鸟驿站升级了绿色活动专区，同学们在回收区拆包裹后将纸箱等放入回收箱循环再利用，数据大屏实时显示纸箱回收、旧物回收的减碳值等数据。同时，学校与菜鸟联合举办了主题为“旧物再生·让爱循环”的绿色低碳宣传活动，以线上线下相结合的方式，宣传绿色低碳理念，倡导绿色环保回收，带动师生践行绿色环保行动。

（5）推动校园快递管理的理论及实践研究。依据国家邮政局及中国教育后勤协会相关快递建设及服务规范的理论及实践研究，进一步提升校园快递服务水平。2020年，四川大学后勤保障部申报的中国教育后勤协会课题“疫情防控背景下高校校园快递规范化管理研究”成功立项，已于2021年顺利结题，并发表研究成果《疫情防控常态化下高校快递管理的现状研究》。这为高校快递规范化管理提供了参考。

第七节 总结展望

一、校园物流发展的时代背景与用户需求演变

过去十年，电商和物流行业的迅猛发展带动了消费模式和服务形态的深刻变革。随着电商快递包裹、外卖订单等新兴服务的兴起，校园物流需求持续增长，推动其服务体系向更加高效、便捷的方向演进。当前，“00后”已成为校园主力人群，他们伴随互联网成长，消费习惯高度依赖线上平台，对校园物流服务也提出了更多元化和个性化的需求，主要体现在以下几个方面。

（1）即时性需求增强：“00后”更倾向于即时服务，促使校园物流从传统定点取件向即时配送转型。无人车、无人机等新技术的应用显著提升了配送效率。

（2）个性化服务提升：年轻一代重视个性化体验，校园物流开始提供如指定时间段送货上门、包裹状态实时追踪等定制化服务，满足多样化需求。

（3）绿色环保意识增强：环保理念深入人心，绿色物流逐渐成为趋势，使用可循环包装材料、减少一次性塑料制品已在校园中普及。

（4）数字化与智能化加速：“00后”对智能设备高度依赖，推动校园物流加快数字化转型，如通过手机App预约取件、刷脸取件等方式提升服务效率。

（5）社交属性融入：部分平台将社交元素引入物流服务，例如同学间分享取件信息或代领包裹，增强了互动性和趣味性。

目前，校园物流已延伸为送货到楼、上门取件以及校内外餐饮、商超跑腿等生活服务场景。菜鸟驿站依托多年积累的校园物流平台和技术资源，为高校提供统一规范的即时配送服务，实现“半小时达”的解决方案，目前已与部分院校合作。

二、新技术融合驱动下的校园物流新形态

随着后勤社会化改革的深入，校园物流服务作为校园公共基础服务的属性会越来越强。校园物流服务与师生的学习和生活联系紧密，尤其是近几年校园物流服务无论是需求量还是需求频次，都存在持续提升的趋势。有越来越多的校园已经将校园物流服务纳入学校基础服务项目的范畴，在新校区规划建设中，应将校园物流服务站点与校园的食堂和宿舍一样，作为基础服务需求进行评估和方案设计。未来，校园物流将进一步被视为校园公共服务的重要组成部分，获得更多的资源配置与政策支持。

三、技术进步催生校园物流行业新业态

随着校园物流领域日趋专业化的需求，师生的学习生活便利性要求不断提升，校园各项服务内容会结合师生的便利性需求、学习性需求和校园后勤育人的需求，日趋多元化。技术进步不仅会带来正向物流的全链路服务，还有逆向物流的服务；不仅服务于快递包裹，还延伸至教学、学习与生活的多个维度；不仅涵盖线下场景，还实现与线上平台的深度融合。随着国家对“三全育人”、后勤育人的积极倡导和政策支持，未来校园物流一定会出现越来越多的基于师生学习生活的服务模式。

四、教育融合：校园物流赋能人才培养与学科交叉

在后勤社会化改革大背景下，新型物流技术的引进为学生提供了前沿且贴近实际操作的教学环境。一方面，借助新技术，学校可组织学生参与物流创新项目，鼓励他们进行创业实践，将理论知识转化为实际应用能力，为学生提供机会接触并掌握先进的物流理念和技术手段；另一方面，校园物流新技术的发展促进了物流专业与其他学科如计算机科学、数据科学、管理科学等的深度融合，有利于培养复合型人才。例如，一些高校已将智慧物流系统纳入课程实践模块，让学生在真实场景中了解物流调度算法、数据分析、仓储管理等内容，提升其综合素质与实战能力。

五、绿色低碳发展：构建可持续校园物流生态

国家积极倡导把绿色低碳发展理念全面融入国民教育体系各个层次和各个领域，鼓励全民践行绿色低碳理念、共建绿色低碳社会、引领绿色低碳发展。教育部关于印发《绿色低碳发展国民教育体系建设实施方案》的通知就明确，“将绿色低碳发展融入校园建设”，“加快推进移动互联网、云计算、物联网、大数据等现代信息技术在校园教学、科研、基建、后勤、社会服务等方面的应用，实现高校后勤领域能源管理的智能化与动态化，助推学校绿色发展提质增效、转型升级”①。未来，绿色低碳理念会深入每一位师生的脑海，低碳设计、低碳运营、低碳理念也将深入校园物流的每一个环节，师生可以随时随地践行绿色低碳理念。

六、未来发展方向：无人化、共享化与O2O深度融合发展

（1）无人化技术普及：随着人工智能和自动驾驶技术的成熟，无人车、机器人等自动化设备将在校园广泛部署，进一步提升配送效率并降低人力成本。

（2）共享经济模式扩展：借鉴共享单车的成功经验，未来可能出现共享快递盒、共享储物柜等形式，鼓励资源重复利用，降低运营压力。

（3）线上线下融合加深：O2O模式将持续深化，线上平台与线下服务点紧密协同，打造一站式校园物流综合配送服务方案。

（4）数据驱动精准服务：通过对海量交易与行为数据的分析，可以更精准地理解学生群体偏好，从而推出更具针对性的产品与服务。

七、迈向智慧化、绿色化、人本化的校园物流新时代

综上所述，校园物流服务正处于向智慧化、绿色化、多元化方向快速演进的关键阶段。未来，随着技术不断进步与用户需求持续升级，校园物流将朝着集中配送、教学、服务、环保于一体的综合服务体系发展，成为高校现代化治理和高质量育人的重要支撑力量。

---

① 教育部. 教育部关于印发《绿色低碳发展国民教育体系建设实施方案》的通知. 2022-10-31. http://www.moe.gov.cn/srcsite/A03/moe_1892/moe_630/202211/t20221108_979321.html[2023-11-20].

第十一章 生态重塑

——多元的数字商贸服务

它琳琅满目、种类缤纷，它包罗万象、一应俱全，它是校园一间超市，它总在夜深时还亮着灯，从日常用品到学习文具，从新鲜果蔬到零食小吃，琳琅满目，种类繁多。它就像一个万能的宝库，无论你需要什么，总能在这里找到满意的答案。夜深人静时，当其他地方都已陷入沉睡，这间超市却依然灯火通明，为夜归的师生提供温暖的指引和便利的服务。

校园是个小社会，它的商贸业态和校外相比，是相同却又是不同的，它属于服务经营机构，服务第一，经营其次。在这里，你较少感受到浓厚的商业气息，更多的是一种亲切和温馨的氛围。

在信息化时代，校园商贸服务变得越来越多元，融合了多种商业服务业态，在服务方式上也引入了更先进智能的设备。这些创新举措，不仅使校园商贸更好地满足了师生的需求，也展示了其在信息化时代的独特魅力。

第一节 研究背景

一、商贸、校园商贸和商贸服务信息化的概念

一切和商业有关的活动都叫商贸，它是商业贸易的简称。商贸企业主要是指以商品（包括有形商品和无形商品）流通和以商品流通提供服务为经营内容的营利性企业，主要包括批发、零售、住宿、餐饮服务等企业。商贸企业在组织形式上具有多样性，按现代企业制度，有跨地区、跨所有制、跨行业、跨部门、多功能的商业批发零售及相关商业生产企业。

校园商贸发展是在我国政府对学校后勤提出社会化的发展意见的基础上发展而来的。校园商贸服务是指学校后勤服务体系中除传统意义上的学生食堂、学生公寓、物业管理、医疗服务、交通服务以外，为广大师生提供日常生活便利的各类商业服务活动。广义的校园商贸服务还包括与师生工作、学习、生活紧密相关的校外毗邻区域的各类商业服务活动。学校商业服务工作既立足校内市场，又紧密联系社会市场，在学校后勤服务体系中，是社会化程度较高的服务领域，具有服务和管理的双重角色，既承担着对全校师生的日常生活服务的工作，又作为学校职能部门行使对校内商贸企业宏观管理和监督的职能。

随着互联网时代的到来，学校后勤管理者认识到，过去的学校后勤信息化建设，更多地着眼于学校后勤内部各个传统环节的优化、改良与革新，其解决的问题往往是基于边界清晰的“校园”这一概念之上的，网络也更多地以一种工具的形式加入其中。而当整个学校的后勤服务模式、流程、形态都发生重大变化时，我们所面临的可能并非各种校园业务的大大小小的修补,而是如何从外部去审视、破解和重塑传统的校园商贸，使其与互联网有机地融为一体，从而实现校园商贸结构的“升华”。“商贸服务信息化”并不是一个口号，相反，它是对信息技术发展所进入的新阶段的一种称谓。简单来说，“商贸服务信息化”强调行为的数据化，数据的连接化、共享化、要素化，连接的广泛化。也就是说，商贸服务信息化并不是将互联网简单接入商贸实体及组织内部,而是要通过与互联网的连接，产生反馈、互动，最终出现大量“化学反应”式的商贸创新和融合。

商贸服务信息化，本质上是把线下商贸流程搬到线上：商户网上发布商品、用户在线下单并支付，再由商户配送，最后用户在线评价；同时用信息技术完成商品入库、结算、盘点等全流程管理。借助信息技术，校园商贸的市场被重新定义，校园零售市场不再是一个一个独立的校园，而是实现各个校园、各个地区的全覆盖。

二、校园商贸服务的特点

（一）体现服务的公益性

校园商贸服务的特点体现在服务的对象是学校及其师生，属于社会的公益事业，而服务对象中的学生都是受教育者，属于无收入的特殊群体。这就决定了校园商贸服务市场具有公益性，提供的产品和价格都要考虑到学生的实际需求和经济承受能力，保证学生的基本生活服务需求不受影响。因此，校园商贸服务市场在很多方面和一般社会市场有着较大的差别，它是一个微利市场，必须建立和完善校园商贸服务可靠平衡的供需机制、合理浮动的价格机制、公平有序的竞争机制和多位一体的监管机制，而不是一个完全自由的竞争性市场。

（二）体现服务的保障功能

校园商贸服务要立足校园兼具产业属性和社会化、市场化的特征，必须体现政府引导、学校主管、社会参与、专业服务的管理特色，遵循市场规律和教育规律，在满足学生基本生活需求方面发挥保障作用，特别是在发生诸如社会重大公共卫生事件时起平衡和兜底的作用。

（三）体现服务的教育属性

校园商贸服务业态多样、分布面广、差异性强，要根据学生特点，契合学校思想政治工作的发展规律，体现学校立德树人的内在要求，调整出适应学生参与的管理和服务岗位，增强服务意识和劳动观念，为学生成长锻炼开辟新的空间。要因势利导，借鉴红色文化资源和校史校情，营造育人的商业文化环境，整合校园商贸服务的供应链资源，扩展和延伸学生实习实践平台。要与学生工作部门紧密合作，建立校园商贸服务自管机构，自觉成为商贸服务与管理的监督员、宣传员、信息员，构建良好融洽的服务环境，为校园商贸服务工作的质量提升做出贡献。

第二节　商贸服务信息化的发展现状

从历史来看，国内学校主流都是自办后勤，“一校一户办后勤，校校后勤小社会”，体现的是封闭的、分散的、以自我服务为主的后勤服务体系和“福利型”服务模式，大而全，内外有别。随着社会主义市场经济的发展，原有的校园后勤服务保障机制已无法适应社会大环境，后勤保障的规模、质量、效率、人员等问题日益凸显。在校园商贸服务活动中，后勤自办的超市因为规模所限，配送成本高、商品品种不多，在与社会连锁超市、大型社会购物平台的竞争中处于劣势，在日益开放的社会经济竞争中占比逐年降低。

所以，在当今互联网技术广泛应用的背景下，学校后勤管理者应定位好后勤管理服务的角色，加强对校园商贸服务的监管职能，充分利用信息技术，为师生提供更好、更便捷、更实惠的校园商贸服务。

一、商贸服务信息化的主要模式

现今商贸服务信息化主要有两种状态：一是一批国内一线互联网公司开发的电商平台，以淘宝、京东、拼多多、美团等不同切入点深耕校园生活服务市场；二是国内部分学校后勤实体，着眼于学校后勤商贸信息化的需求，借助专业技术公司，自主研制开发的后勤商贸服务平台，在各自的校园内实现智能结算、网上订餐、网上送水，以及网上预约车辆、会场和宾馆等服务。

应该说，相比学校后勤商贸实体自身的信息化建设，第一股力量已经在自己的优势市场内跑马圈地，如火如荼地瓜分着校园商贸市场。他们采用 ONJ2O 模式实现了一个地区很多个校园市场，甚至是多个地区多个校园市场的商贸覆盖。通过在线支付购买或预订线下的商品和服务，然后再到线下去享受服务。同时还可以为学校单位用户的物资采购提供平台和物流，整合学校内部各二级单位或者跨部门采购，符合国家对集中采购的政策要求和程序要求；能够提供良好的配送和售后服务，拥有多个配送站，商品送达时间快。综上所述，社会企业借助互联网发展，瞄准了校园商贸的巨大市场潜力，已经快一步抢占了商贸服务信息化的先机。

相比社会企业运用互联网技术对校园商贸市场热火朝天的开发现状，学校后勤对商贸服务信息化的认识和行动都与社会企业有较大差距。学校后勤商贸实体在商贸服务信息化工作方面起步晚、发展还比较慢，到现在为止学校后勤商贸服务平台在校园后勤平台建设上也不是重点，还是以探索和实验为主，用得较多的是网上订餐、网上送水等服务，主要针对的都是本校师生，没有跨学校开发，难以形成规模化经济。

二、缺乏对商贸服务信息化的监管

我国学校学生人群大都是集中居住和管理，校方有监护责任，有保障稳定的职责。所以我国的学校后勤是有保障安全任务的后勤，同样在校园商贸活动中，也必须要构建有力的监管体系。目前学校后勤对社会商贸公司还缺乏有力的监督管理，表现在校园电子商务的商家在信誉方面没有保障、没有等级分别，提供的商品和服务质量、安全性更没有有效监督。这就导致了校园电子商务容易产生信任危机，师生不能放心地使用其所提供的产品和服务。

随着智能手机的广泛普及和网络技术的快速发展，大多数校园内的商贸实体店已经实现了智能化结算，如通过手机扫描商家二维码进行支付，或者商家使用扫码枪或扫码盒子读取用户付款码完成收款。同时，智能结算设备还在不断升级，最新的 NFC 支付设备，只需要用具有 NFC 功能的智能手机或智能手环轻轻“碰一碰”NFC 智能收款设备，即可快速完成支付。此外，自助结算设备、无人商店、自助售卖机等智能设备的应用也越来越广泛。后勤商贸实体急需引入和应用这些智能设备和新技术，提升校园的智能化水平，以更好地满足师生日益增长的服务需求，促进学校的持续发展和进步。

第三节　开展商贸服务信息化建设的意义

在数字化时代，为建设“智慧校园 科技后勤”的一流大学后勤标准，引入社会优质企业，以数字化赋能校园服务和后勤转型，推动校内各业态引入新业态、新技术、新模式，提升校园服务水平，在实现校园生态的服务与管理升级转型的同时推动协同育人工作。同时，新时代要求要以师生员工需求为导向，引入优质社会资源服务和经营，加强校园商贸服务体系建设，推进校园商贸服务质量标准化、服务规范化、技能专业化、管理精细化，强化校园商业监管和规范运作。加强校园商贸服务信息化建设有多方面的重要意义。

一、提升学校服务质量和用户体验

通过建立在线平台和移动应用程序，可以更好地与师生进行沟通和互动，提供个性化的服务和推荐。同时，信息化系统还可以实现对师生需求的快速响应和处理，提高师生满意度，增强用户黏性。例如，通过信息化系统可以提供在线购物、在线预订、在线支付等服务，方便师生随时随地进行交易和消费。

二、提升校园商贸服务效率

通过信息化建设，学校可以实现商贸服务的线上化和自动化，提高服务效率，减少人力资源的浪费。学生和教职工可以通过线上平台进行商品购买、订餐、缴费等操作，无须排队等待，节省时间。

三、促进校园商贸发展

信息化建设可以吸引更多的商家和服务提供商进入校园市场，通过线上平台提供商品和服务，拓宽了校园商贸的发展空间。适当增加市场竞争也将促使商家提升产品质量和服务水平。

四、丰富校园商贸服务内容

通过信息化建设，学校可以丰富校园商贸服务内容，提供更多种类的商品和服务选择，满足学生和教职工的不同需求，增加校园生活的多样性。

五、规范商贸管理与监管

信息化建设可以实现商贸管理与监管的规范化和透明化。学校管理部门可以通过信息化系统对商家和服务提供商的资质进行审核和监督，确保商贸活动的合法性和质量，也可以便于管理部门与商家和学生之间的沟通和反馈，提高问题处理的效率；同时，信息化系统可以提供实时的数据分析和报告，帮助学校做出更明智的决策，优化业务运营。

第四节　新时代背景下商贸服务信息化建设内容

新时代背景下，校园商贸区别于传统的商贸模式，师生的学习、生活等形式都更加趋向多元化。

一、建设目标

将信息技术与商贸管理相结合，打造集购物、学习、生活、实践于一体的校园生活新方式，实现科技后勤。

二、建设方法

学校校园商贸信息化建设主要包含以下三个维度：智慧运营、智慧应用、智慧管理。首先可支撑学校各商贸业态的快速引入、经营、考核、汰换；其次可支持不同模块、不同地区的快速可复制拓展，最终实现后勤对商贸形态、信息等层面的统一高效管理，包含基础流程梳理、产品功能搭建、管理数据运用等方面。

三、业态建设

（一）新零售门店

学生的生活大多仍然集中于校内，满足学生日常所需仍然不可或缺。线下新零售门店在满足日常所需商品之外，需要进行智能化科技化改革，配备科技化服务设备，打造更便利、自主、科技化的消费及管理模式，实现 24 小时全覆盖，例如门店内实现自助收银、自助售卖、无人服务等。

商贸新业态的发展不仅仅是对物理空间的重塑，它还体现在对智能设备的创新应用上。无人取餐柜、自助咖啡机、自助售卖机、无人商店、自助打印机等设备的引入，标志着传统商贸服务的现代化延伸。这些智能设备不仅弥补了传统商贸在多区域零售、全天候服务和多样化服务类型上的不足，还极大地丰富了师生的消费体验，提供了前所未有的便利性和灵活性。通过这些创新举措，商贸新业态正在为校园生活带来更加高效、便捷的服务，满足师生日益增长的多元化需求。

（二）线上购物商城

建设线上购物商城，给学生带去更多便利，学生可简单在手机或电脑上操作，实现日常所需物品的采买。线上商城除门店商品外，还可融合学校其他业态（例如餐厅、咖啡等），支持学生在线一键消费能力，下一份订单，就可以把吃的、喝的、日用品、学习用品全搞定。同时可打通线上线下消费，提供更多的便利及专项权益，学生可以选择在线上下单、到店取货，线上线下消费产生的积分可兑换专享消费优惠券等，打造新型 O2O 模式。

（三）配送服务建设

建设学校配送服务，为特殊需求学生提供帮助，同时也可为行动不便教职工家属提供送货到家服务。配送服务可以涵盖线上线下下单的全部商品，以及网络购物的快递等；配送范围包含宿舍、教学楼和部分教职工楼；根据学校管理时间要求，限制不同的配送模式及时间，也可进行配送预约。

（四）供应能力建设

通过线上线下的商业赋能，整合不同渠道的供应资源，联合采购、合并谈判、提高商品引入的效率及优势，实现对价格体系和商品体系的掌控力。建设完善的比价体系，为师生带来实际优惠便利。从供应链源头、仓储、配送到销售流程的全程记录，保障商品信息全链路溯源，以科技手段实现商品流转的追溯。

（五）新业态建设

随着社会的快速发展，当今的学生群体已经形成了新的消费习惯，他们追求数字化和智能化的生活方式，同时追求创新的商贸业态。综合业态是融合了教育、生活、休闲等多功能于一体的商业服务模式，旨在打造一个生态圈，将教育资源的配置与商业服务相结合，进一步拓宽校园服务的边界。建设咖啡厅、创新书店、艺术工作室、健身房、共享单车等多元化的业态，实现“咖啡店+书店”“共享单车+食堂”“舞蹈室+美甲店”等实体“业态混搭”，为师生提供更为丰富的休闲体验和文化交流以及更加个性化的服务。这种模式不仅能够提升校园生活的品质，还能激发学生们的创新思维和社交互动，进一步促进校园文化的繁荣发展，创建服务育人新模式。

（六）实习实训基地建设

根据国家需要以及区域经济和社会发展需要，针对现代企业和人才招聘需求，以解决区域主导产业提升、行业企业发展中的实际问题和人才培养为根本，使高水平学校成为应用型人才孵化器，为学生提供勤工助学岗位及实习机会，在校内举办校园专场招聘会，支持承接学生的社团活动，配合学生科研实践活动，为学校提供产学研一体化教育服务，打造“以商育人”，助力学科建设、共建实习实训基地等服务。

（七）创新创业实践空间构建

随着国家“大众创业、万众创新”的提出，众创空间已经成为大学生创新创业、就业实践的主要阵地。校园商贸建设中应该包含创新创业实践平台建设，并经常组织开展创新创业实践活动，举行创新创业品牌赛事等，使众创空间成为培养高素质综合型创新创业人才的应有之义。要为大学生提供创新创业实践空间、实习和勤工俭学岗位，为学校提供师资培训、学生企业访学和创新创业训练平台。

四、系统建设

校园商贸服务信息化建设以服务全流程为主线，围绕商户管理、支付模式、会员管理、数据管理、监督管理、商品进销存管理六大模块进行建设。

（一）商户管理

主要程序包括商户招投标申请—资质审核—招投标开展—结论通知—商户经营监控（合同、营收、结算、开票、打款）—续签—退出/清退。

商户管理模块可包含如下产品功能模块：①招商入驻申请［学校启动招标后，对投标方实行全流程信息化管理：在招标阶段，系统采集并核验商户资质、能力与评审依据；中标后，商户提交入驻申请，须再次填报经营基础信息（位置、开业时间、报价、财务结算模式等）；平台自动比对招标数据，确认一致方可进入合作协议签署环节］；②合同签约管理；③财务结算（对账、开票、付款、对冲等）；④退出清退申请；⑤档案管理（资质、证照、联系方式、经营范围等）。

（二）支付模式

平台允许商贸服务商在统一标准下自主选择支付方式，也可线上申请并对接新支付渠道。支付渠道须覆盖校园卡、微信、支付宝、云闪付、银行支付等常用手段，并配套扫码枪、NFC终端等智能设备，实现智能手机快速支付。

（三）会员管理

建设统一的学生消费会员档案，可实现学生证、一卡通与线上互联网渠道的信息打通，融合线上线下场景，提供更多的优惠方案，比如线上消费积分可线下兑换优惠资格等。

（四）数据管理

需要开发数据对接承载能力，即各商户服务软件系统信息的回流管理。

（1）商业服务数据：商户的服务形式、经营异常情况监督、利润情况分析等。

（2）设备应用数据：智能硬件设备的投放、利用率等。

（五）监督管理

（1）食品安全管理模块：对线下经营场景建设食品安全监督机制和抽检自检产品功能。

（2）网络构建：经营所需局域网或者外部网络迅速接入和使用，或者提供标准的网络搭建方案等。

（六）商品进销存管理

学校超市进销存系统通过集成采购、销售、库存和财务管理等核心功能，实现对商品从采购到销售的全流程跟踪，确保库存数据的准确性和实时性。它支持多仓库管理，能够处理复杂的库存流转，包括入库、出库、调拨和盘点等操作。此外，系统还能生成各类报表，为管理者提供商品销售数据分析和业务洞察，从而提高运营效率，降低成本，增强市场竞争力。

第五节　实践案例

天猫校园海南医科大学店智慧校园的信息化实践

天猫校园海南医科大学店整合阿里巴巴大生态，将新理念、新技术、新业态、新模式落地到校园，为师生提供多方位、多形态的服务，协助学校后勤服务升级；同时致力于打造集购物、学习、生活、实践为一体的校园生活新方式，实现校园商业的服务育人。

天猫校园海南医科大学一店于2020年5月入驻海南医科大学，属于标准的天猫校园综合店，其形态包括了生活必需、生活补充和生活服务（超市服务、共享吹风机、共享洗衣机、共享饮用水、校园外卖）。

超市经营总面积450平方米，设备投入12台，包含智能大屏、电视机、人工POS、自助POS等。

2023年率先成为天猫校园全场景生态服务学校。涵盖校园商贸、共享服务各板块。截至2024年校内共享设备投入200台，包含洗衣机、烘干机、饮水机、吹风机等；同时增加校园外卖设备投入40台，包含外卖车、接单手机、保温箱等。

在产学实践方面，为学校提供50多个就业岗位，包含运营管理人员、采购员、店长、店员、设备调试员、售后服务人员、外卖员等岗位。

在校园零售门店业务中，天猫校园零售系统帮助商家提升人货场服务的数字化能力，提供全链路、全渠道、降本增收的差异化服务；校园零售系统可实现从传统零售到新零售，满足各业态商家需求。在店铺类型上，天猫校园实行无仓中型连锁运营管理模式；覆盖经销、联营、批销等多种经营类型，可灵活引进各种类型商家，建设校园生态群，目前引进的联营商户有麦当劳、久久丫、私人烘焙坊、眼镜店、美妆店、水果店；在商品类型上，满足生鲜、标品、预制品等多种类型设置，满足不同商家经营管理，方便员工操作，同时提供给学校师生丰富多样的商品；系统还具备组织角色、仓储管理、进销存管理、营销活动、供应链管理、供应商平台、财务凭证等标准功能，为门店经营提供完善流畅的作业环境；门店拥有专属定制直营门店数据中台，与其他加盟门店进行数据隔离，有效保证数据安全。

在硬件设施上，天猫校园投入的人工POS具备多端管理、库存管理、极速建档等亮点功能，助力门店智慧运营、高效收银。系统支持线上线下多渠道支付方式，包括专享优惠费率设置、支付宝支付、微信支付、组合支付、离线收银、校园卡支付、实时到账等功能，满足师生多场景支付需求；多端管理体现在支持POS端、App端、PC端多端管理，店长可以随时查看门店生意，App端支持门店补货、验收、调拨、退货、盘点、批销、库存调整七大移动作业，员工日常工作更加便捷高效；在库存管理方面，我们支持效期/库存预警，帮助门店合理控制库存，及时下架临期过期品，为校园食品安全保驾护航；极速建档功能可自动识别95%以上的商品，商品识别录入更简单，收银、理货随时均可快速建档，极大地提升员工工作效率，解放人力，让员工有更多精力投入顾客服务体验中。此外，自助POS具备扫脸支付功能，降低商家人工成本，免排队，解决学生集中下课购物拥挤现象。

开通线上外卖平台，线上线下打通，支持店铺自配送和履约服务，在配送过程中，对配送成本形成的各种因素，按照事先拟定的标准严格加以监督，发现偏差就及时采取措施加以纠正，从而使配送过程中各项资源的消耗和费用开支被限制在标准范围之内。在服务的深度和广度上，对门店提出了更高的要求，更好地满足广大师生的需求。

在营销推广方面，引进大量品牌主广告投放，助力门店商业化增收，店内的互动大屏，以“娱乐+社交+电商”的方式，通过抖屏、校园福利社、通关盲盒等多种爆款应用，实现移动端和大屏端双屏互动，年轻消费者在趣味游戏中获得优惠福利。电视大屏可外接天猫魔盒，实现一键远程投屏。该功能无须人工上门更换素材，远程智能投屏更高效、便捷、灵活、可控，可一键投放视频、图片等多种素材类型。同时，在开学季、快乐星期五、A 发 B 核等活动中引进品牌投入高转化营销玩法和运营手段输出，解决线下门店拉新、提频、复购等多项经营难点，为门店提供商业化增收机会，快速变现。搭建私域流量池，门店开通企业微信群做社群运营，通过群内日常互动与顾客建立情感联系，增加顾客黏性和信任感，降低顾客流失。然后通过一系列福利活动促进转型交易，提供售后服务和维护，促进再次购买。

大数据助力经营分析，提升购物体验，门店 FBI 报表提供全链路数据跟踪，毛利、库存、畅销滞销、坪效、营销等全方位分析。自助 POS 通过远程监控、投屏和电子价签功能，可有效提升经营效率和商业化收入。门店移动端作业、运营可通过钉钉随时查看经营报表，任务消息触达提效，预警推送可及时调整经营策略。

为提升门店管理水平，学校建立了标准化规范化运营管理体系。门店配备标准的运营指导手册和完善的员工培训机制，同时实行线上门店巡检。在食品安全模块，店长需完成食品安全管理员认证考核。总部每日向店长派发自检任务，店长按要求完成检查并将数据回传总部留档，不合格项需当日整改完毕。区域运营每双周对门店进行人货场三个维度的检查评分，并设置流动红旗以激发团队荣誉感。巡检结果将纳入店长季度绩效考核。通过严格要求，提升门店管理水平，为学生提供优质服务，助力学校数字化建设进程。

鲁东大学共享出行的信息化实践

鲁东大学共享出行项目为学校师生提供以安全、便利为前提的校园出行智慧解决方案。在合作前期通过充分调研，了解到校园交通存在三大痛点：第一，环境秩序混乱，学生车辆乱停乱放，容易阻塞消防通道和交通要道，造成交通问题加剧；学生毕业后废弃车辆堆积，难处理，影响校园美观。第二，校内存在安全隐患，车速不可控，易发交通事故，个人车辆种类繁多，无证泛滥，个人车辆检修不及时。第三，校园后勤管理费时费力，学生车辆乱停乱放，学校物业和后勤管理难以全时段顾及全校，摆放调度车辆耗时。针对以上问题，鲁东大学引进共享出行业务，旨在解决校园交通痛点问题，建设更省心、更高效、更智慧的后勤管理体系。

共享出行项目于2023年3月31日入驻鲁东大学，第一批投放1000辆共享电动车，车辆日均订单量达9次，受师生热烈欢迎。该项目具备四大产品优势，即平台实力、技术驱动、产品体验、运营效率。车身硬件上，最新推出的车型相较于以往车型骑行更加安全、续航里程更加持久，续航里程超过 70 千米，有效降低充电和转运频次，提高骑行体验和运维效率。电动车限速 20 千米/时更加安全可靠，并且保留脚踏的设计，用户依然可以选择骑行，符合国家绿色出行的理念。智能头盔、重力传感检测多人骑行并发出警报，车身防撞块承受倒地冲击，保护车身塑件，全方位保障行驶安全。电池方面，统一规范的仓库管理减少了校内学生自有电动车安全风险，以往学生自有电动车违规充电、私拉私扯电线导致安全火灾事故频发。引入第三方共享电动车后，有效减少学生购买非国标或者二手劣质电动车，并且通过规范仓库，运维人员统一换电，有效降低区域内火灾隐患。

系统部分，定点停车技术可实现约束用户在指定范围内用车的效果，解决电动车乱停乱放的问题，且使用效率更高，可以有效减少投放，规避车辆过量投放带来的管理乱象。针对用户端打造的 App/小程序，方便用户扫码骑车，规范用车行为；商家端 App 随时随地处理车辆换电、挪车、维修、巡检及运营/运维状况统计等工作；PC 端专为运营者打造、展现运营实况及各项数据，助力车企改善运营状况。

在运营管理上，校园出行针对学校现存车辆进行筛查，清理僵尸车辆，回购自有车辆，解决非国标车、超标车、老龄车等带来的问题；其次，对校内国标电动车进行统一登记，由学校统一管理，未认证车辆禁止入校；最后，投入同等比例的共享电动车，统一管理，解决师生出行问题。

第六节 总结展望

在新时代背景下，校园商贸信息化将商贸活动与信息技术相结合，推进校园后勤服务质量标准化、服务规范化、技能专业化、管理精细化，强化校园商业监管和规范运行。将依托“技术服务教育，科技影响未来”的建设宗旨，以“学生第一，师生满意”为主要服务目标设计建设运营方案。在当前的校园商贸服务信息化建设过程中，未来必定具备几个主要的特点和趋势。

（1）以商育人：基于零售，不止于零售。通过智能科技、大数据、云计算、营销、创新、物流等多方资源融入校园，借助电商直播、特价团购、下单自提/

配送的新型运营模式，为师生提供更加有趣、互动的购物体验，打造全新的教育服务生态。

（2）时代融合：将新理念、新技术、新业态、新模式通过专业标准化运营管理体系和专业的运营团队，升级校园生活体验。增加购物、社交、实践、文化交流等综合业态，满足师生多方位一站式服务需求，打造良好的自助式购物环境和互动服务体验，助力“双一流”学校建设。

（3）学校融合：学校后勤工作是教育事业的重要组成部分，优秀的服务资源与后勤管理共同合作管理服务学校师生，为学校提供优质的后勤保障工作。根据不同学校师生的特点和需求做调整，提供最符合师生需求的商品和服务。

（4）师生融合：通过信息化的手段，提升校园商贸效率、降低成本，并优化用户体验。同时，提供多方位、多形式的社会实践和实习机会，促进产教融合，将师生的课题研究与成果应用于创业创新。

第十二章　以小见大

——微观视角下的中小学后勤

在微观的视角下，中小学的后勤工作就像一只麻雀，虽小却五脏俱全。与大学相比，中小学的规模和资源相对有限，但后勤服务的全面性和重要性却丝毫不减。后勤工作包括校园环境维护、餐饮服务、设施管理、安全管理、物资采购与管理、财务管理、交通组织、学生健康管理、家长沟通以及应急响应等多个方面，关系到学生的健康成长和学校的正常运行。

后勤信息化建设的推进，使得中小学后勤管理更加高效和透明。通过引入先进的信息技术，学校能够实现后勤服务流程的优化，比如通过在线采购系统简化物资采购流程，降低人力成本。同时，利用智能监控系统，学校可以实时监控校园安全，及时响应各种紧急情况。后勤部门通过建立电子档案，可以更好地跟踪和管理学生健康信息，确保学生在校期间的健康安全。此外，信息化还促进了家长与学校之间的沟通，家长可以通过网络平台及时获取学生在校的表现和相关通知，增强了家校互动。后勤信息化不仅提高了服务效率，也提升了学校整体的管理水平，为师生创造了一个更加安全、便捷的学习和工作环境。

第一节　中小学后勤概述

一、背景

中小学作为基础教学的载体，是为党育人、为国育才、培养担当民族复兴大任时代新人的主要阵地。万丈高楼平地起，中小学教育如同盖房子的地基，是教育强国战略的基础工程。

中小学后勤管理是学校管理工作的重要组成部分，兼具服务育人、管理育人、环境育人的重要功能，扮演着“大管家”的角色。它为学校各项活动的顺利开展提供坚实的物质基础，是学校正常运行的重要保障，也是师生顺利开展教学活动的重要前提。后勤管理对维护学校良好的教学秩序、保障师生在校的学习、生活和教育科研活动有序进行发挥着不可或缺的作用。同时，它在维护学校稳定大局、建设“平安校园”和“和谐校园”等方面也发挥着重要作用。

在当代社会快速发展的大环境下，中小学后勤管理工作也必须适应时代的发展，选择更加合适的后勤管理模式，以满足当前社会的需要。基础教育现代化离不开中小学后勤工作的现代化。着力建设育人和服务深度融合的中小学后勤，应突出服务学校办学需求和师生生活需求这一导向，抓住创新动力，紧跟互联网时代的发展趋势，助力社会服务产业转型升级，适应中小学校园生活消费方式和服务新变化，努力建设与高质量教育体系相适应的中小学高质量后勤保障体系，全面提升后勤育人水平。

二、内容

作为学校的一项重要保障工作，中小学后勤是运用一定的管理方法和手段，采取一系列特定的管理行为和措施，最大限度地发挥学校人、财、物的功能，以实现后勤工作目标的过程。中小学后勤管理工作职能涉及师生的衣、食、住、行，工作内容包括校园环境维护、餐饮服务、设施管理、安全管理、物资采购与管理、财务管理、交通组织、学生健康管理、家长沟通以及应急响应等多个方面。

三、特点

（一）服务性

众所周知，服务性是学校后勤工作的一个显著特点，但后勤管理工作较为辛苦，工作时间不确定，而且工作内容多样化。随着基础教育改革的日益推进，学校后勤管理工作全面、高效、快捷的服务尤为重要，它既能为教育教学提供保障，又能促进教育教学的深入发展。

（二）先行性

“后勤”之“后”字是个空间概念，而不是时间上的概念；学校的后勤管理工作并非单纯服务于学校的其他工作，反而得先行于学校工作的方方面面。首先，在学校先期筹建阶段，学校后勤部门要抓好设备供应以及师生员工所必需的生活给养等工作；其次，在学校不断发展扩大的过程中，要提前做好教学、科研和生活所需的各种物资准备工作；最后，后勤管理工作要贯穿于学校工作的始终，学校的任何工作和活动都必须有充分的物质条件作保证，而这些物资的提供都是先于学校其他活动完成的。

（三）相对独立性

虽然后勤部门工作的开展服从学校整体工作部署，但它又有相对的独立性。“相对”是指在整个学校系统内，后勤这个子系统与学校的其他各子系统之间既有一定的联系又有一定的独立性。在常规工作中，学校的后勤管理工作量较大，工作范围较广，一年之中都需要围绕学校的人、财、物等方面进行管理。在这个过程当中，后勤管理可以形成一套独立的体系，自行解决许多问题。

（四）社会适应性

学校后勤工作能否顺利开展是与整个社会密不可分的。一方面，学校的基本建设要依靠社会，所需的基建物资和生活用品等硬件设施都要依靠社会提供；如果没有社会作依托，学校的发展就不可能实现甚至不能继续生存下去。随着经济体制和教育体制改革的深入发展，学校后勤管理工作也必将逐步社会化。另一方面，中小学后勤管理工作的性质和宗旨也决定了它必须配合学校的教学、科研工作，面向社会和现代化建设发挥后勤管理人才和技术设备的优势，为社会和经济服务。

四、与高校后勤的区别

中小学的后勤相关部门不像高校那样划分得那么细致，往往由单个部门统一进行建设，可以说中小学后勤就是大后勤建设、一揽子工程。并且因中小学的后勤建设体量、经费与客观因素等实际情况存在较大的差别，中小学后勤建设不能照搬照抄高校后勤的建设内容，需按照中小学的客观实际情况对中小学的后勤进行相关建设。

第二节　中小学后勤信息化建设内容

中小学后勤信息化建设以保障学校的高效运行和服务师生为目的，对采集的海量数据进行挖掘，以实现智能分析、预测预警、智能决策、智能应对，可千校千面。建设后勤信息化的目的是利用信息技术无感知地采集学生日常在校学习生活的各项数据，并进行统计、分析、应用和发布。通过这些数据，学校可以实施个性化、个体化的教育，潜移默化地影响学生，使健康、严谨、创新的习惯伴随他们的一生。

一、制度建设

中小学后勤信息化基础建设的第一步是信息标准的制定。信息标准是信息在采集、处理、交换、用户访问、传输过程中的统一规范，是实现学校信息资源共享和使信息系统得到协同发展的基础。学校在制定信息标准时，以国家标准、教育部标准和行业标准为基础，充分考虑各标准之间的兼容性、一致性和可扩展性。在此基础上，建设和完善学校各项标准，制定信息分类编码规格说明书，最终形成一套符合学校自身实际的管理信息化标准。

二、基础建设

信息技术的飞速发展为后勤信息化建设提供了机遇和挑战，也不断暴露出很多新问题，如信息孤岛、业务流程不通畅、用户使用不方便、系统应用推广难等。随着应用系统的增多，经常需要牵扯到其他应用和流程的改造，以便进行数据的共享、交换和更新。因此，构建一个能够满足学校长期持续发展需求的基础架构已成为当务之急。通过这一稳定且可扩展的基础架构，为学校的信息化应用建设提供坚实的支撑和服务，既能满足学校现有的应用需求，又能适应未来的发展需求。

中小学后勤信息化建设架构在设计上运用先进的理念和思路，采用成熟的、主流的、符合未来发展趋势的技术，遵循现代系统工程和项目管理规范标准，科学合理地进行建设实施。业务平台建设参照数据整合、资源共享、协同工作、开放使用、互联互通等标准，基础建设由基于业务管理的统一信息门户平台、基于单点登录的统一身份认证平台、基于数据挖掘的统一数据中心平台和基于科学决策的大数据分析决策平台四大平台组成（图 12-1）。

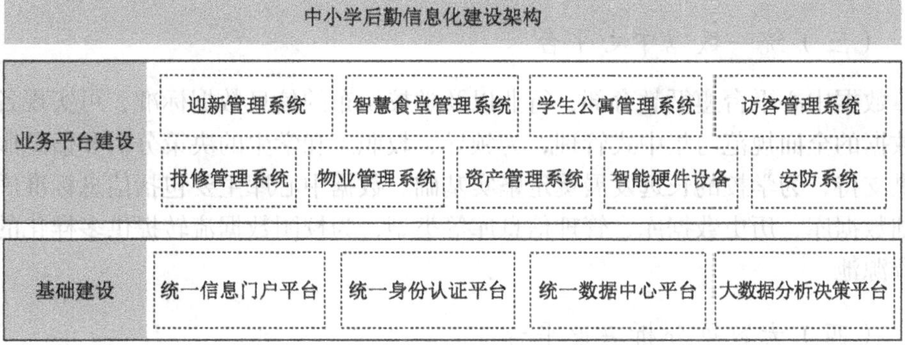

图 12-1　中小学后勤信息化建设架构

（一）统一信息门户平台

统一信息门户平台是数字化校园的信息集中展示的窗口，可以发布学校各类信息，为社会公众和校内师生提供对应的信息服务。平台以数据集中、信息整合、业务贯通和统一服务为核心理念，通过流程引擎和功能服务建设单部门或跨部门的流程服务，完成各种申请、申报、审批等业务工作。

平台将数字化校园的信息和应用进行集成，用户只需拥有一个账号，即可访问权限范围内的所有信息和应用。平台具备信息采编、审核、发布功能，支持在 PC 端和移动端进行同源异构发布。此外，平台对学校各项业务进行了全面梳理，按照服务性质和内容类别进行整合。它可以将用户需求的服务内容细分为最小的功能服务单元，例如，将服务内容按学生服务、教师服务、行政服务等类别分解为各个最小的功能服务单元。然后，根据实际需求，将这些单元灵活组合成不同的服务功能，以满足用户的多样化需求。

（二）统一身份认证平台

统一身份认证平台是学校各个应用系统的对外窗口，也是整个校园网络应用的门户。它为校园网络中的各个应用系统提供了一个统一的认证入口，将用户在不同应用系统中设置的多个口令统一管理，从而为实现统一用户管理和建立统一信息集成系统奠定了良好的基础。通过实现统一用户身份认证系统和权限控制体系，该平台能够对用户身份信息和系统控制信息进行有效管理，并提供统一的应用系统管理接口，以实现所有应用系统的高效管理和便捷访问。

统一身份认证平台通过建立统一身份管理机制，建设全校统一的用户身份库，实现用户信息的集中存储和管理，用户信息规范命名、统一存储，用户 ID 全局唯一，并提供标准接口，实现不同应用系统的用户身份的同步，支持海量的用户数据存储和管理功能。

（三）统一数据中心平台

数据中心平台遵循教育部、行业以及学校发布的信息数据标准，可实现各业务数据的全面规范与集中式管理，为领导、教职工和学生的决策分析和信息服务提供支持，为学校的长远发展奠定坚实基础。数据中心库主要包括信息标准库、基础数据库、历史数据库、管理信息库等类型，为校园数据流转提供多样化的数据资源池。

（四）大数据分析决策平台

大数据分析决策平台对接各种业务数据库、数据仓库和大数据平台，进行加工处理、分析挖掘与可视化展现，满足各种数据分析应用需求，如大数据分析、自助探索分析、地图可视化、移动管理驾驶舱、指挥大屏幕、报表平台等。覆盖数据管理、数据提取、数据分析、数据分享四大环节，帮助用户从数据角度描述业务现状、分析业务原因、预测业务趋势、驱动业务变革。通过系统数据集成，师生可以通过自助平台自主分析，完成数据查询，帮助学校快速了解学校校情，进行多维度数据分析、展现，及时做出决策、调整。通过采集填报系统，可对学校尚未建立系统的部分业务领域通过 Excel 进行数据的采集、提炼，并可对学校临时性的数据自动生成，最终通过后台表单设计采集样式，发布到一站式服务大厅，供师生填报，满足学校随机数据采集，完成后自动导入自助分析平台。

综上所述，建设了统一的基础源数据、统一的数据存储标准，师生可通过单点的登录方式访问学校各个业务系统，避免了使用多个账号密码、访问多个地址的烦琐过程，提高了服务效率。同时，当各部门之间需要数据共享或者学校需要进行数据统计和分析时，也不需要对这些源数据进行复杂处理，并且在此基础上形成了学校数据仓库，可实时分类进行数据统计分析，为学校决策提供支撑；各业务系统也可与一站式服务平台进行数据传输，实现了数据资源实时交互，大幅提升工作效率；学校实现了各部门业务系统数据资源的有效交流和共享，打破了信息孤岛现象。

三、业务平台建设

（一）迎新管理系统

迎新对于学校来说是一次多部门参与、群策群力的大型校内综合性工作。随着学校多校区的建设和招生规模的扩大，家长对学校服务的需求不断增加，这使得学校迎新的工作量和工作难度都显著增加。迎新管理系统是一款集迎新各项工作于一体的智能信息化管理平台，系统面向全校新生、各职能部门，通过整合招生管理、财务管理、宿舍管理等业务功能，形成一个集成、智能、共享的“一站式”服务平台，使新生入学报到变得更加简单、智能。

（二）智慧食堂管理系统

学生在校就餐的食品安全问题是全社会关注的热点，一些商家为了追求利润最大化，将低质量、低成本的食材，甚至将过期、发霉的食材销往学校，导致食品安全问题发生。学校在食堂管理上存在漏洞，部分管理者在食材采购、贮存等环节疏于管理，导致食品安全问题难以得到有效控制。监管部门面对庞大的学校和学生群体，难以做到全面覆盖和有效监管，给不法商家提供了可乘之机。智慧食堂管理系统由原材料管理模块、点餐管理模块、明厨亮灶模块、食品安全追溯模块组成，从食品原材料采购，包括原材料组成、供应商等信息录入，再通过点餐系统实现配餐，从而清楚地知道每餐的原材料组成是什么，学生就餐后就可以通过食品安全追溯系统实现正向追溯和逆向追溯。

（三）学生公寓管理系统

中学学生公寓是住宿学生在校的重要活动场所，也是后勤管理工作中的重点工作。学生公寓的管理与学生的人身安全以及财产安全息息相关，同时也是教学管理、生活秩序的基础。传统的公寓管理基本依靠人力，既产生了大量的人力成本，又容易出现管理漏洞，滋生安全隐患，已不能满足管理的需求。学生公寓管理系统整合楼宇信息、房间信息、床位信息和学生信息等基础信息，并将从原先的手动分配到现在的智能分宿，采用人脸门禁、考勤管理以及宿舍考评统计分析等手段进行住宿管理。

（四）访客管理系统

校门是保障校园安全的第一道屏障，目前学校的访客管理大多仍停留在“眼看、口问、手写”手工管理阶段，对学校来说，传统的手工登记方式存在效率低、上报难、体验差等问题。访客管理系统整合了实名认证、访客预约、预约审核和访客入校等系统功能为学校管理工作提供了重要的保障。通过应用该系统，学校更好地管理了来访人员，确保了师生安全，解决了访客登记慢、手续多、放行难等问题，实现了从“看脸”放行到“刷脸”出入的转变，优化了访客体验。同时，与公安机关进行数据对接，实现数据的互联互通，构建公安校园访客大数据分析平台，实现访客精细管控，风险及时预警，共筑校园安全防控体系。

（五）报修管理系统

随着学校后勤工作的创新与发展，后勤管理水平不断提高，师生对后勤服务也提出了更高要求，这使得后勤报修维修的工作量相应增加。然而，现阶段学校的后勤报修维修保障工作仍存在不足，缺乏统一科学的管理或管理力度不够，导致出现“有修难报、有报难修”的现象。师生报修后难以及时得到维修，这不仅给师生生活带来不便，还可能因维修人员未能及时受理而留下安全隐患，尤其是涉及水电防火等关键问题。报修管理系统具备多种实用功能，包括报修人报修、管理人员任务分派、维修工人维修结果提交、报修人反馈、报表输出、维修工人巡检以及领导监督等。通过这些功能，可以有效提高学校后勤管理水平，优化报修程序和维修服务，同时对维修人员、维修工作量及相关情况进行督促和分析，确保后勤服务的高效与安全。

（六）物业管理系统

大物业是中小学后勤服务的主要业务之一，承担着安防与能源管理等重要工作。安防监控是物业系统的关键功能之一。通过在物业内部及周边区域安装摄像头和其他监控设备，系统能够实现全方位的安防监控。管理人员可以随时随地通过系统实时查看监控画面，掌握物业的安全状况，并及时发现和处理异常情况。在能源管理方面，物业管理系统通过监测和分析能源使用情况，助力实现节能减排目标。系统能够实时监测水电暖的使用情况，并通过数据分析提供节能建议和优化方案。

（七）资产管理系统

资产管理系统面向学校资产信息化管理，对固定资产进行全生命周期管理，结合资产分类统计等报表真正实现账实相符，为学校固定资产管理工作提供了可靠的动态数据，提升了学校固定资产管理工作的工作效率和管理水平。

（八）安防系统

为了确保中小学的治安和安全环境，建立综合安全防范系统显得尤为重要。校园综合安防系统以一般人居环境安全防范系统为基础，同时结合学校建筑物多、人员密集且复杂、环境功能主体繁杂等特点，充分运用信息技术手段。根据国家教育部门和公安部门的相关规定，按照当前安全防范系统的基本功能要求，该系统包括信息采集、信息传输和信息处理三个主要部分。除了应具备闭路电视监控系统、周界防盗报警系统和消防报警系统外，还应涵盖对讲/可视系统、电子巡更系统、停车场管理系统、门禁系统和公共广播系统等内容。通过这些系统，对校园中的重点要害部门进行实时监控，并及时采取有力措施，实现人防、物防、技防相结合的安全防范体系，从而提升校园安全管理的整体效能。

（九）智能硬件设备

高效的教学办公环境不仅需要信息系统的支持，还需要良好的硬件环境基础与智能的硬件设备，在硬件和软件方面形成合力，充分发挥物联网、云计算、大数据等新兴信息技术的作用。在中小学建设智慧校园中，能源、安防、公寓方面的智能硬件设备属于刚需，如智慧教育照明、智能水电表、热水淋浴设备、校园供暖、智能空调、智能监控、智能人脸识别设备、智能闸机、智能门禁、智能门锁等。除上述常用的几大较为刚需的硬件设备之外，中小学还可根据实际情况建设如餐饮中的食品检测留样设备、餐厨垃圾处理设备、餐厨油水分离器、校园直饮净水器，物业中的智能清洁设备、校园空气净化器、新风系统，商超方面的自助洗衣机、自助吹风机等。

第三节 中小学后勤信息化建设策略

一、增强意识，理念先行

学校应首先转变传统的中小学后勤建设模式，与时俱进，紧跟信息时代步伐。资金是后勤信息化建设工作有序开展的重要保障。只有加强对学校后勤信息化建设的重视，加大资金投入，才能确保教学设备的更新换代以及建设维护工作的顺利进行，从而从本质上提升学校后勤的现代化水平。学校后勤管理者应确保后勤工作的有序开展，这不仅有利于学校的安全与稳定，还应通过增强后勤工作人员的责任心、提高他们的工作积极性，以及重视对后勤工作人员的信息技术应用培训，来提升他们的信息素养。这些举措将为建设后勤信息化和智慧校园奠定坚实基础。

二、加强基础设施建设

互联网的使用与发展不仅应关注学校的教学，还应服务于学校的信息化建设，为后勤信息化建设奠定基础。例如，实现校园无线和有线网络的全覆盖，建设学校教育资源公共服务平台和教育管理公共服务平台等。这些措施需要与日常管理方法高效融合，以实现智能化、便捷化和高效化的目标。

三、整合学校现有后勤软件

建设后勤信息化是打造智慧校园的关键环节。要建设理想的智慧校园，就需要持续更新现有的信息化管理系统，开发一个综合性的后勤服务管理平台。该平台应尽可能涵盖后勤工作的各个方面，避免出现一个业务对应一个系统的分散局面，实现数据的统一管理和使用的便捷性。师生只需登录一站式服务平台，就能使用所有相关应用。

四、完善后勤规章制度

建立完善有效的后勤规章制度，是实现学校后勤发展有方、育人有效、保障有力、运行有序、服务有质、文化有魂等“六有”目标的重要保障。实施路径主要为：贯彻落实上级部门政策精神，把握学校后勤正确方向；坚持立德树人，践行学校后勤育人使命；融入学校发展，发挥学校后勤保障作用；优化管理体系，提升运行效率；提升服务质量，增强学校后勤服务体验；繁荣后勤文化，推动学校后勤事业发展。

第四节　实践案例

山西省实验中学食堂信息化建设实践①

山西省实验中学是山西唯一一所直属省教育厅管理的重点中学，学校是山西省示范高中、山西省直单位和谐文明标兵、中国科协青少年科技创新人才培养项目实验学校、全国中华优秀传统文化传承学校、全国教育后勤信息化建设先进单位、新课程新教材实施国家级示范校、山西省中小学数字校园示范校。

山西省实验中学在智慧后勤建设方面一直先行先试，积极贯彻落实上级部门政策，开展了后勤信息化建设，积累了一些经验。山西省实验中学自主研发了智慧食堂管理系统，其基本系统结构及简介如下。

（一）原材料管理系统

学校食堂在迎合日益增长的学生人数和需求时，面临着许多管理挑战。为了降低成本、提高效率，并实现资源和环境的可持续利用，学校智慧食堂管理系统应运而生。该系统通过优化原材料和库存管理，实现了成本控制和预算管理，并在保护环境方面发挥了积极作用。

学校食堂的原材料管理是保证餐食品质的重要环节。通过系统的数字化管理，食堂可以实时监控原材料的进货、入库和出库情况。系统可以自动统计原材料的消耗量，从而合理安排补货计划，避免因原材料不足而造成菜品不能正常供应的情况。此外，原材料管理系统还可以对供应商进行评估和筛选，确保获取到质量高且价格合理的原材料，从而降低成本。

学校食堂的库存管理对控制成本和减少浪费至关重要。智慧食堂管理系统通过实时监测库存量和供应数据，实现了库存的精确控制。系统可以自动更新库存信息，提醒食堂工作人员关注过期和过多的物品，并及时调整采购计划。此外，

① 由于中小学后勤的特殊性，各校建设体量、组织机构、信息化程度存在很大差异，这里我们选取较为共性、基础的食堂信息化建设案例进行分享。

系统还可以通过建立自动化补给系统，使食堂工作人员购买和预订所需物品更加方便，减少因为库存不足而影响餐食供应的情况。

成本控制与预算管理也是智慧食堂管理系统所关注的重点。系统实时的详细成本分析报表数据，可以帮助管理人员掌握每个环节的成本费用，及时采取控制措施，并进行相应的调整。此外，系统还可以帮助制定预算计划，将总成本合理分配到各个环节，从而实现整体成本的控制和降低。

学校智慧食堂管理系统可以根据售卖窗口实际供应情况反馈，精确预测每日食物需求，避免制作过多的食物而引发浪费，对节约资源和保护环境具有重要意义。此外，系统还可以通过数据分析和用户反馈，针对不同菜品的受欢迎程度，优化菜单设计，减少食物残留和浪费的同时满足多样化的需求。

（二）智慧点餐系统

在传统的学校食堂管理中，人工点餐、配餐和结算一直是较为烦琐的环节。然而，随着山西省实验中学智慧食堂管理系统的引入，这一问题迎刃而解，为学生提供了更加高效、便捷、安全的用餐体验。

1. 高效便捷的点餐系统

学校智慧食堂管理系统中的点餐系统拥有触摸屏技术，学生只需简单地用一根手指就可以直接在屏幕上选择所需菜品，极大地节省了点餐取餐时间。

2. 个性化的学生点餐

学校智慧食堂管理系统充分考虑到学生的个性化需求，提供了个性化定制化的点餐服务。通过学生使用系统时的操作数据分析，能够根据学生的饮食习惯、过敏原等信息为其推荐适合的菜品，让学生在饮食选择上更加省时高效。同时，学校也可以通过菜品维护模块，实时了解学生对各类菜品的反馈评价，从而调整菜品种类和口味，提供更符合学生需求的餐饮服务。

（三）配餐系统

学校食堂的每周菜单配置是根据学生的营养需求和口味偏好设计的，旨在为学生提供健康美味的餐饮服务。山西省实验中学进行每周菜单配置时采取以下一些策略：首先是营养平衡，每餐菜品应包含蛋白质、碳水化合物、脂肪和各种维生素与矿物质，涵盖不同种类的蔬菜、水果、肉类和谷物，以满足学生对不同口味的需求。其次是根据季节变化和市场供应情况调整菜单。以确保食材的新鲜度、多样性和可获得性。最后是可持续性，学校考虑使用本地有机食材，减少浪费并提高食品的营养价值。学校智慧食堂管理系统中的每周菜单配置通过考虑营养平衡、多样性、可持续性和学生的反馈，学校可以设计出满足学生需求与口味的菜单，促进健康饮食习惯的养成。这将对学生的身体健康和学习成绩都产生积极的影响。

（四）安全便捷的智能结算

学校智慧食堂管理系统中的智能结算模块为学生提供了安全便捷的支付方式。传统的结算方式通常需要学生携带现金或银行卡，烦琐且不安全。而智能结算模块则提供了一卡通结算、人脸识别结算等支付方式。学生只需通过刷卡或脸部识别即可完成支付。

（五）食品安全追溯

食品安全追溯是智慧食堂的核心内容之一。食品安全是社会关注的重点问题，追溯技术的应用则能够帮助学校和家长更好地了解菜品的生产、加工和供应全过程，从而提升学校智慧食堂的品质和安全。

在食品安全追溯中，正向追溯和逆向追溯是非常重要的概念。正向追溯是指追溯一个食品的生产、加工和供应的全过程，可以通过信息化手段获取到食品的相关信息，如原材料来源、生产流程、包装日期等。这种追溯方式能够提供对食品质量和安全的保证，并帮助家长了解学校菜品的真实情况。逆向追溯则是指对某一批次食品进行追溯，找出其流向情况。当发生食品安全问题时，逆向追溯可以帮助学校快速查找到问题食品的源头和流通情况，采取相应的应对措施。这种追溯方式能够提高食品的安全性和可追溯性，对避免和控制食品安全事件具有重要意义。餐品追溯是学校智慧食堂建设中的重点内容。通过餐品追溯，可以实现对食品的全程监控和管理。学生家长可以通过“E-成长”App，获取餐品的原材料来源、食品加工流程、食品质量指标等信息。同时，学校管理者也可以通过追溯系统对餐品的供应情况进行监测和统计，从而优化食堂菜单。餐品追溯的应用可以提升食品安全管理水平，增强学生家长的信任感，营造安全健康的用餐环境。

中小学饮食安全问题是社会关注、家长关心的重要问题，家长们想知道学生在学校用什么餐？是否健康？是否安全？山西省实验中学想家长之所想，食堂信息化管理系统通过原材料管理、配餐模块、学生点餐、智能结算和食品安全追溯等功能的运用，为学生提供了高效便捷的用餐体验。系统的引入不仅提高了学校食堂管理的效率和准确性，还满足了学生个性化的餐饮需求，使学生在用餐过程中更加安全、智能化。学校智慧食堂点餐系统的推广和应用，进一步提升了学生就餐服务质量，提高了学生的生活品质。

第五节 总结展望

中小学后勤作为智慧校园的重要组成部分，其发展必须充分利用信息技术手段，与学校现有的先进后勤管理方法相结合，并优化现有后勤资源。通过这些措施，着力构建绿色、高效、可持续的数字化、网络化、智能化后勤管理服务体系。这将进一步提升管理的精细化与服务的专业化水平，提高后勤工作效率，为学校的发展提供更有力的保障，同时增强学生的幸福感和获得感。

一、安全方面提升

安全是一切活动的基础，尤其对于中小学这种人数较为集中、人员年龄普遍偏小的活动场所，后勤建设要充分发挥智能化监管、隐患排查和食品安全管理等方面的措施，提升学校后勤安全管理水平，真正做到让家长放心，让学生舒心。

二、服务方面提升

学校后勤想要提高服务质量与行业竞争力就要着眼于关注学生的差异化需求和成长，树立全心全意为师生服务的理念，提供全面、个性化的后勤服务，以满足学生的发展需求和家长的教育期望。

三、育人方面提升

学校是开展系统育人工作的场所，培养德、智、体全面发展且能适应未来社会发展的学生，是全体教职员工的共同职责。后勤部门作为学校的重要组成部分，不应置身事外，而应责无旁贷地积极参与其中，充分发挥其育人功能，成为全员、全过程、全方位育人工作中不可或缺的重要力量。

第十三章　乘风破浪

——新媒体时代的运营宣传

在每一个校园都有一群默默耕耘的后勤从业者，他们的身影或许不显眼，但他们的工作却是整个校园运行的重要支撑。

清晨，当师生们还沉浸在梦乡中，后勤人已经开始了一天的忙碌。他们烧饭煲汤、清扫尘土、布置教室、检修水电、修缮设施，为的是校园生活的有序运行、环境的清洁卫生，以确保师生的学习生活不受影响。谁说污泥满身的不算英雄？后勤人正是以这种朴实无闻的姿态，成为校园生活中不可或缺的角色。

在信息爆炸的时代，新媒体的作用愈发凸显，它不仅在展示学校形象、发布新闻信息、服务师生等方面发挥着积极作用，也促进了文化的传播和发展，更是思想政治教育的重要载体和渠道。后勤通过新媒体的运营宣传，也能够充分展示后勤人员工作风貌，传播理念和文化，推动服务育人，师生更了解后勤、更理解后勤、更珍视后勤。

第一节　背　　景

随着传播技术、传播载体和传播场域的深刻变革，新媒体在思想引领、舆论引导、文化传播和精神塑造等方面发挥了重要作用，习近平总书记指出，“全媒体不断发展，出现了全程媒体、全息媒体、全员媒体、全效媒体，信息无处不在、无所不及、无人不用，导致舆论生态、媒体格局、传播方式发生深刻变化，新闻舆论工作面临新的挑战”[①]。

① 习近平主持中共中央政治局第十二次集体学习并发表重要讲话. 2019-01-25. https://www.gov.cn/xinwen/2019-01/25/content_5361197.htm[2025-06-25].

全媒体的时代已经来临，受此影响，各学校尤其是高校单位在微信、微博、网站等新媒体平台上开设了官方对外宣传平台，发挥了重要的信息传递作用。后勤部门也不例外，在新媒体技术的支持下，后勤部门“各显神通”，展示着属于后勤人的风采。远有哈尔滨工程大学以一首高校食堂版《沙漠骆驼》“火”上《人民日报》（微博），近有中国海洋大学后勤部门推送的《【美味海大】淄博烧烤&早鸟咖啡&环境升级，宠你没道理！》被央视网微博官号报道，有创造力、贴近师生的新媒体运营能够拉近与师生的距离，充分发挥后勤育人作用；“不走心、不走情”的新媒体则会加剧师生对后勤工作的不了解甚至不满。此外，随着移动互联技术的发展，部分新媒体平台还兼具服务功能，对满足师生服务需求有着重要影响，因此，学校后勤部门必须对新媒体的运营工作加以重视，从而最大限度发挥其在舆论宣传、形象展示、服务师生等方面的作用。

一、新媒体的概念

（一）新媒体的定义

“新媒体”是一个通俗的说法，严谨的表述是“数字化互动式新媒体”。从技术上看，新媒体是数字化的；从传播特征看，新媒体具有高度的互动性。“数字化”“互动性”是新媒体的根本特征。学界认为，传统的媒体模式是指纸质及模拟电视广播等方式，但并非在这之后出现的媒体形式都是新媒体，通常认为新媒体是新的技术支撑体系下出现的媒体形态，相对于报纸、广播、电视、互联网四大传统意义上的媒体，新媒体被形象地称为“第五媒体”。

随着移动互联等技术的发展，人们获取信息的速率明显提升，手段日渐丰富，在地铁上、车厢内的电视上我们可以获取最新的新闻内容；通过手机，我们可以查看我们的朋友在做什么；我们可以上微博查看我们关心的内容；在有无线网络的情况下，我们可以看昨天更新的电视剧或是我们想看的电影；如果想阅读，电子书就能很好地满足我们随处阅读的需求，给我们的生活带来许多便利。于是，人们把通过计算机网络、无线通信网、卫星等渠道，以及电脑、手机、数字电视机等终端向用户提供信息和服务的传播形态定义为新媒体。

（二）新媒体的特点

与传统媒体相比，以网络媒介为表征的新媒体的显著特征表现在三个方面。

1. 交互的多元化

在媒介的帮助下，我们依靠链接在互联网上的各种终端，运用文字、图像、视频，将生活中的片段、自己的感受与情绪，或深或浅、或静态或动态地传递到公共网络平台上，并等待回应、互动，构建出纷繁立体、深入鲜活的关乎生命存在状态的记录与表现方式，体现了信息的传播者和受众之间的双向交流，即受众对信息的反馈。

2. 传播的迅捷化

技术的普及让新媒体的传播能力无比强大，可以依赖的平台也在增加，使人们参与新媒体交流的时间、地点不受限制，且参与范围之广泛史无前例。由此，新媒体的传播者和受众不受时间限制，可以很轻松地实现 24 小时在线，使信息的传递效率极大提高，为受众在第一时间获取最新信息提供了便捷。

3. 公众参与的个性化

信息传播的便捷与简易，使个人在新媒体内容生产中的作用得以扩大和加强，在更客观反映事件原貌的同时，也进一步强化了个人表达自己意见和看法的权利，个体的声音从来没有像现在这样得到广泛传播并获得呼应。同一个事件的不同视角的解读，给大众带来各种各样鲜活的资讯，极大满足了个性化阅读的需求。

（三）新媒体的影响

对于社会而言，新媒体的蓬勃发展让信息的传播更加迅速及时，且可以精准到达每个人的身边。这无疑让整个社会的信息流通更加便捷，从而大大降低了远程沟通、交流协作的成本，侧面促进了生产力的发展，有利于人与人之间的和谐共处。

对于个人而言，我们通过新媒体，将原本的碎片时间整合后，可以看一部电影、阅读一篇文章，长期的积累甚至可以让我们看完一本书的内容，如果没有新媒体，这些时间很有可能是被浪费掉的。虽说在碎片化时间内人们的阅读多是零散的，但那毕竟也是一种阅读，相较于浪费时间，点滴的阅读也是有益的。

新媒体的应用也正在改变我们传统的生活方式，通过一个终端，轻点高清液晶屏，便可满足生活中的大部分需求，如购物、预约、学习、娱乐等，这些功能都很好促进了社会的发展，给我们的生活也带来了诸多益处。

二、新媒体的发展

（一）国外新媒体的发展

新媒体传播主要依赖一个国家的新基建设施，包括网络技术、电脑、手机等终端的普及，因此新媒体的发展和网络通信技术的发展高度绑定。由于技术上的先发优势，国外新媒体的出现和发展要比国内更早。

19 世纪下半叶，电报、电话、留声机、电影等重要的媒体传播技术在国外纷纷涌现，从那时起，媒体已开始尝试脱离纸质媒介，以电波信号的形式存在，这也是新媒体的起点。20 世纪 60 年代末，美国国防部高级计划研究署在全美主要研究机构之间建立通信网络系统，这个网络就是万维网[①]的前身阿帕网。它的初衷是远距离进行资源共享，但是人们很快发现这些局域网能够使多个用户间进行互动，如收发电子邮件、进行群体协作与群体决策、召开电信会议、玩多用户在线游戏等。随后计算机网络技术有了飞速发展，并逐步开始商业化。到 20 世纪 90 年代后半期，随着网络浏览器的发明、改进，以及个人电脑和小型终端如手机的逐渐普及，彼时天马行空的新媒体技术逐渐发展为日常技术，被普通大众接受。

以美国为例，截至 2013 年底，其宽带渗透率已达到 100%，如此高的渗透率使美国新媒体的影响力达到空前的高度，也催生了一大批新媒体企业，使美国成为引领新媒体发展的重要角色，影视类、社交类、游戏类等基于不同场景的互联网视听媒体（流媒体）平台不断涌现。

由于技术的领先，早期新媒体发展方向都是由美国引领。从万维网到推特[②]、脸书[③]等个人自媒体的兴起，从 WhatsApp 等即时通信软件到油管[④]、奈飞[⑤]等网络流媒体平台，都成为影响全球范围的新媒体代表。

（二）国内新媒体的发展

我国国内因为互联网技术引入较晚，新媒体的发展起步较晚，但得益于国家基础建设的飞速发展、网民人数的迅速提升、手机的大面积普及，逐渐摸索出一条适合我国的新媒体发展道路，并在世界范围内诞生了诸多极具影响力的平台。

国内新媒体的起步，可以追溯到 1993 年，《杭州日报》首次尝试登录互联网媒体，通过该市的联机服务网络进行传输，拉开了中国报纸电子化的序幕。到 2000 年前后，众多官方主流媒体开始纷纷进行网络化，人民网、新华网等一系列网站在这个时期出现，为广大受众提供了一条全新的途径去了解新闻。2000 年以后，另一个新媒体势力也逐渐发展起来，以新浪、搜狐为首的商业网站大量涌现，同

---

① 万维网（World Wide Web，WWW）是英国计算机科学家蒂姆·伯纳斯·李（Tim Berners Lee）于 1989 年在欧洲核子研究中心工作时发明的。他当时构想和开发万维网的初衷是为全世界的科学家提供一个自动化的信息共享平台。

② 推特（Twitter）是一家美国社交网络及微博客服务网站，致力于服务公众对话。

③ 脸书（Facebook）是一个美国的社交网络服务网站。

④ 油管（YouTube）是一个美国的视频网站，可以让用户下载、观看及分享影片或短片。

⑤ 奈飞（Netflix），即美国奈飞公司，简称网飞，是一家会员订阅制的流媒体播放平台。

一时间地方媒体也开始尝试探索网络发展模式，我们熟知的东方网、大河网等都是在这个时期出现的。

随着官方媒体的发展，个人自媒体也开始出现，借鉴国外先进的新媒体经验，这个时期国内出现了诸如博客、微博等类型的平台，同时也诞生了QQ等一批即时通信软件，并在当时产生了很大的影响，中国第一代互联网新媒体的雏形已然形成，即以官方媒体的网站为信息获取主要来源，个人自媒体在学习、娱乐等领域逐渐展露优势、蓬勃发展。

2010年前后，智能移动终端逐渐在国内普及开来，手机端各类应用的出现再次将人们的碎片化时间利用起来，也使得国内新媒体的发展达到前所未有的高度。这个时期有一个显著特征，那就是自媒体开始逐渐出现，并占据越来越重要的位置，成为新媒体宣传的一大势力，影响力逐渐变大。

同时随着中国科技水平的迅猛发展，国内一些新兴的科技公司在世界范围内的影响力也逐渐提升，推出了许多影响世界的新媒体平台，从外国的媒体垄断中成功突围。特别是现在的短视频平台、生活分享平台等，诸如抖音、小红书等成功出海的例子，向世界展现了中国的新媒体力量。

1. 国内新媒体现状

从20世纪90年代开始，中国新媒体经历了几十年的蓬勃发展，已经逐渐追上世界的脚步，全面进入新媒体时代。国内新媒体主要具有以下几个特点。

1）高度依赖手机

中国互联网络信息中心（China Internet Network Information Center，CNNIC）发布的第56次《中国互联网络发展状况统计报告》中显示，截至2025年6月，我国网民规模达11.23亿人，互联网普及率达79.7%。①

从数据中不难看出，现在中国的网络生活已经高度依赖手机，主要使用手机上网的网民占比接近100%，国内自媒体的发展与移动智能终端技术的发展密不可分，国内新媒体平台纷纷瞄准移动端用户需求，早早在手机端进行重点布局，如新浪微博、百度贴吧、知乎等平台，均推出了手机端App，且运营重心也都向手机端转移。此外，一众新媒体平台诞生自手机，也在手机端发扬光大，如依托微信的微信公众号、抖音、小红书等。值得一提的是，国内新媒体能够在海外获得成功的关键就是这类以手机端为重点或起点的平台。

2）传播媒介逐渐融合

最开始的新媒体是以文字形式为主要传播媒介，如最早的博客、贴吧等，这

① 第56次《中国互联网络发展状况统计报告》发布. 2025-07-21. https://content-static.cctvnews.cctv.com/snow-book/index.html?item_id=9667947232036152042&toc_style_id=feeds_default&fromModule=lemma_middle-info[2025-07-21].

些媒体的内容主要通过文字传达，对网速要求不高。随着国内手机网络速度的提升，出现了一批图文结合的新媒体平台，如微信公众号、微博等，这类媒体提供了很方便的图文编辑功能，更加方便图片内容的创作。现在 5G 网络逐渐普及，更快的网速让视频成为新的传播媒介，随即诞生了一批视频平台，如抖音、快手、哔哩哔哩等，这类平台还分为以短视频为主和以长视频为主两种不同类型。

现在的趋势是各个新媒体平台的内容展示不再拘泥于某种形式，而是越来越多元化，一个平台支持文字、图片、视频等多种形式的融合成为普遍现象。各个公司之间相互学习，大多倾向于打造一个综合性的新媒体平台。

3）自媒体管理越来越正规

新媒体发展驶入快车道的很大一个原因是自媒体的诞生，自媒体因其门槛低、自主性强，使得许多有创意、有想法的人投身自媒体行业，他们的涌入为新媒体带来大量的优质内容，使新媒体的发展充满了生机。但自媒体的繁荣是一把双刃剑，优质内容的背面也存在一些无良媒体唯流量至上的恶意报道，“标题党”“谣言”“伪科学”等标签也始终伴随着新媒体的发展。国家也不断提高对自媒体正规化管理的重视，中央网信办于 2023 年 7 月公布的《关于加强“自媒体”管理的通知》中有 13 条管理规定，从准入、运营等多方面对自媒体进行了要求。

2. 校园新媒体发展

1）校园新媒体现状

在社会自媒体空前发达的大背景下，学校作为中国年轻人才的集聚地，对新技术的接纳速度无疑是非常迅速的，新媒体在校园的发展也如火如荼。目前校园新媒体的主要形式有官方网站、微信公众号、新浪微博、抖音和腾讯 QQ 等。通过这些新媒体平台，学校可以实现宣传、交流和服务等多种功能，在网络空间上开辟新的信息服务阵地。

据统计，目前全国各类学校的微信公众号数量已经超过 10 万个，部分知名度较高的学校在新媒体平台上的粉丝数量更是达到 100 万以上水平，这也说明校园新媒体建设已经成为信息化建设不可或缺的一部分。一方面，通过这些校园新媒体，学校可以更为广泛地开展宣传，如在学校公众号上发布校园新闻、活动的相关信息，在招生季通过抖音进行招生政策解读，让更多人了解学校。另一方面，通过这些新媒体平台，学校还能加强和师生的沟通，及时了解师生诉求，以提供更好的服务，如学校通过微博的超话、留言等功能，第一时间了解学生的需求，为学校发现问题、解决问题提供线索，加强互动。

2）新媒体对学校管理工作的影响

新媒体的出现和发展深刻影响和改变着学生的学习、生活、行为、思维方式甚至价值观念，新媒体时代的特有文化也向着校园全面进发，同时，新媒体的出现也为学校教育及管理工作提供了全新的载体。但必须看到的是，新媒体是一把双刃剑，学校管理者要充分认识到新媒体的两面性，做好相关工作。一方面，新媒体对学校管理工作有以下积极影响。

一是新媒体传播的便捷性为管理提供了新的载体和平台。相较以往任何一种工具，新媒体在信息传播领域都有根本性的跨越，学校管理者可以借助新媒体挖掘大量的、丰富的信息进行继承和创新，同时，可以利用主题网站、微信公众号、微博、短视频平台等新媒体形式，通过精心策划和布局，打造多维度、多层次、便捷、高效的信息传播平台，让正确的思想、文化在学生中得到快速传播。

二是新媒体的多样性为管理提供了多样的、便利的平台。新媒体使得学生能够借助各媒体平台快速地了解学校的相关动态及各类服务事项；此外，管理者能够通过学生发表的文字、图片等内容，更直接、更深入地了解学生的思想动态和心理状态，并通过新媒体平台与学生交流互动。

三是新媒体的互动性为管理工作提供了方向参考。学生是新媒体平台上主要的信息提供者之一，学生发表内容，学校实时互动，可以有效获取学生对学校管理的建议和相关诉求，管理者可以针对学生提出的内容准确地进行改进和引导，避免盲目施策。

另一方面，除了积极影响，我们必须看到，新媒体因其自由性和信息传播的多样性也给学生管理工作带来了困难与挑战。

一是新媒体信息发布的自由性和随意性为管理工作增添了难度。新媒体技术在校园里广泛运用，校园信息在某种程度上处于一种“时间、空间、资讯无屏障”的状态，信息的发布和使用比以往更加自由，更具有不确定性和难以控制性，各种信息都能迅速地进行传播，一些低级、媚俗的信息容易传达至学生，对学生的思想观念和价值认知造成侵害。

二是新媒体传播的便捷度和迅捷度容易造成社会及学生对于学校的误解。以后勤为例，对于一些具有争议性的决策或信息不对称引发的校园舆论等，如不及时进行沟通，部分学生通过网络发布的煽动性话语往往会使得学校名誉受损，甚至加深学生与管理部门之间的矛盾和隔阂。

三是新媒体的虚拟性容易引发学生生活空间的虚拟化。网络空间具有明显的虚拟性，大多数学生在新媒体空间里都以匿名或化名的方式进行交流，言行得不到规范，真实性难以保证，部分学生沉溺于虚拟空间，容易引发紧张孤僻、厌倦生活、逃避现实、丧失自我等问题，甚至会出现信任危机和人格障碍，不利于学校育人工作的开展。

四是新媒体工作增加了学校的管理成本。优秀的新媒体运营者既要有新意、有创意，还要能借助各类摄影或流媒体技术，校园管理者中人才众多，如果想要运营好自己的新媒体，就需要大量人力和物力的投入，无疑会增加学校的管理成本。

尽管存在着机遇和挑战，但可以看到，国内校园新媒体的发展还是整体呈向上趋势，“正能量”仍然是校园新媒体文化的主基调，同时校园新媒体的服务性质也使得师生生活更加便利，例如新媒体拉近了师生和政策的距离，师生通过新媒体可以第一时间了解学校最新的政策、要求，随时查询相关内容，方便师生办理业务，提升学校行政工作效率，从而提高学校治校水平。

党的二十大报告提出，“建设具有强大凝聚力和引领力的社会主义意识形态”[①]。学生是国家和民族的未来，学校就是国家意识形态工作的前沿阵地，在新媒体时代，新媒体就是学校意识形态工作的重点。这就要求相关工作人员加强自身学习，提高政治站位，全力维护意识形态领域的安全稳定。学校在新媒体相关工作中要加强内容管理，严把内容关、质量关，同时养成良好的工作习惯，严格执行“三审三校”制度，做好审批流程的归档保管。

综上所述，目前校园新媒体整体上还是向好的，呈现出良好的发展态势，它的出现既促进了学校信息化建设，又加强了学校与师生、家长的信息交流。学校需要做的是加强人才培养和管理，加大相关投入，不断提升学校新媒体运营水平，推进学校信息化高质量发展。

第二节　学校后勤新媒体现状

一、后勤新媒体发展

随着校园新媒体的蓬勃发展，后勤也逐渐意识到新媒体的重要性，这是弥补后勤宣传、沟通短板的一次重要机遇，越来越多的学校后勤开通自己的新媒体账号，拉近与师生、家长的距离，让后勤不再“神秘”。

（一）后勤新媒体总览

根据上文对新媒体的了解，目前主流新媒体平台包括微博、微信公众号、哔哩哔哩、抖音、QQ 等，尽管各媒体表现形式趋于融合，但各个平台的宣传形式各有侧重，前两种主要是文字内容，中间两个侧重视频宣传，QQ 主要用于信息交流。此外，随着后勤服务门户的建立，搭载在网站、App、微信小程序等端口的服务平台兼具了一定的新媒体功能，例如服务信息的传递更新、后勤服务的介绍等。研究者通过对部分学校后勤进行调研，发现学校后勤新媒体的主要搭载平台为微信公众号，主要是因为微信在日常生活中使用频率高，便于推广相关新闻，

---

① 着力建设具有强大凝聚力和引领力的社会主义意识形态. 2023-10-20. http://dangjian.people.com.cn/n1/2023/1020/c117092-40099478.html[2025-06-17].

且微信公众号平台内容编辑简单，展示内容丰富，更符合目前后勤宣传的需求。由于后勤工作不具备大量的碎片化信息基础，而且学校在其他平台的官号的相关话题涵盖了后勤服务，因此访问的主要流量都集中在学校官方新媒体上。

（二）后勤微信公众号现状

2022 年 6 月至 2023 年 6 月，通过对学校后勤微信公众号相关数据的调查可知，国内比较常用的微信公众号数据统计网站为清博指数，根据其收录的 100 所学校后勤榜单公众号运营情况可以得知，在这 100 个公众号中，平均一个月发布内容超 10 条的公众号有 30 个，发布 5—10 条的公众号有 19 个，发布内容不足 5 条的有 51 个，其中有 27 所学校公众号的月发布内容数为 0 条。

从以上这组数据可以看出，后勤微信公众号开通情况较为普遍，但持续运营的学校占比只有 49%，其中运营效果较好的学校占 30%，仍有将近 30%的学校存在申而不用的现象。在这 49 个公众号中，研究者还随机抽选了 10 个公众号进行统计，发现后勤板块主要更新的内容为后勤新闻、通知和服务提示，对于后勤文化建设和服务育人方面的作用都较为薄弱。其中有 8 所学校的公众号开发了服务功能，主要为网上报修和服务预约。公众号提供了较为便捷的数据接口，能实现很多交互功能，从简单的关键词回复解决咨询问题到较复杂的公众号对接网站数据库，能够很好地为师生提供掌上服务。大部分学校后勤使用了这个功能，相信这也是公众号使用频率高的一大原因。

（三）其他新媒体平台

通过对其他新媒体平台进行调研，发现除微信公众号外，微博是各学校后勤使用频率最高的平台，但研究者随机抽选了 10 个经过认证的学校微博账号，发现其中只有 4 个在 2023 年更新了内容，能保证每周更新的只有 1 个。研究者又在抖音平台上进行搜索，发现学校后勤官方开通的账号极少，大部分账号为员工自行开通，不具备官方属性，作为样本的意义不大。

可以看出，除了微信公众号之外，其他新媒体平台使用较少，主要有两方面原因：一是学校官方账号对后勤内容进行了较好覆盖，不需要专门开通后勤账号；二是运营成本太高，需要大量人力和物力的投入，否则申而不用，形成“僵尸号”，甚至产生负面效应。

二、后勤新媒体在校园中的作用

在学校中，后勤新媒体主要有三个功能：信息传播、服务提供和沟通交流。首先，它可以及时准确地发布后勤各类通知公告、服务提示等信息，让师生员工第一时间了解到最新动态；其次，后勤新媒体还可以为师生员工提供便捷高效的服务，比如在线报修、服务监督、失物招领等；最后，新媒体平台的使用也在后勤管理方面起到了积极作用，通过社交平台实现与用户之间的双向沟通和反馈，能够更好地让服务主体参与到服务过程中来，让后勤及时了解服务中的问题和建议，从而提高服务质量和效率。

从整个学校媒体的定位来说，后勤新媒体既是一个重要的师生沟通渠道，也是提供服务和获取服务的有效工具。它凭借各种优势满足了用户的多样化需求，提高了信息传播的效率和准确性。同时，后勤新媒体也为学校提供了更多的发展机遇和挑战，学校应该充分利用后勤新媒体的优势，加强对其的管理和运营，不断创新服务模式，提升用户体验。

总而言之，后勤新媒体在学校媒体中扮演着重要角色，并具有丰富多样的功能。它通过及时传播信息、提供便捷服务以及加强沟通交流等方式，满足了师生员工对信息获取和服务的需求。学校如果充分利用其优势，并加强管理和运营，后勤新媒体可以更好地为广大师生服务。

三、面临的机会和挑战

现在学校的学生主要是“00 后”“10 后”，他们生长在一个文化、价值多元的时代，好奇心强、接受新生事物的能力强，从小接触互联网，爱好往往较为广泛，大部分对传统美德和主流价值观高度认同，认为自己需要具备善良宽容、自信自强、诚实守信等品德。同时他们也更乐于表达自己的感受，提出自己的问题，对生活品质要求更高，希望在学校里也能享受到如家般的贴心服务。

在这样的新时代背景下，师生对学校的后勤服务要求也越来越高，单纯的保障已经不能满足师生日益增长的物质文化需求。面对全新的后勤服务生态，如何把握新媒体发展的机遇，正确应对新媒体时代的挑战，是现在后勤的一个重要课题，是“汗水后勤”向“智慧后勤”转变过程中不可或缺的部分。

新媒体宣传手段本身多元、受众广泛，它们能够很好地满足学生对后勤服务的好奇心。后勤部门通过精心制作的内容，可以让学生了解后勤、理解后勤从而支持后勤。同时新媒体平台还是一个很好的沟通渠道，它让后勤与服务对象更近，帮助后勤及时了解诉求，解决问题，一方面这种机制能够提升服务质量和效率，另一方面它能把问题消弭在初期，进而杜绝舆情出现。

想做到这些，对后勤来说也是一个全新的挑战，这就要求后勤人更加专业化，要主动了解新媒体的编辑技巧，把握最新的宣传风向，紧跟年轻人的潮流，根据社会现象，在宣传工作中抓住社会热点、师生爱好，比如与有音乐特长和改编特长的后勤员工合作，通过拍摄校园风景小视频、讲述后勤人和事、翻唱等形式进行宣传。这就要求构建一支年轻化、专业化的宣传队伍，他们要对后勤工作有自己的想法和思考，要了解年轻人的沟通方式，要拥有拍摄、剪辑等设备。

第三节　学校后勤开展新媒体建设的作用

一、提升宣传效率

以往通过传统媒介宣传、介绍后勤工作时，如何将信息准确及时地传递至服务对象手中，一直是后勤宣传工作的一大难题。宣传不到位常常导致后勤和服务对象之间互相不了解，这使得一些好的做法、创新的做法并未在师生之中及行业内得到宣传推广。新媒体的即时、分众、精确、交互等优势使得学校后勤可以利用微信、微博、抖音等新媒体平台，准确及时地传达各类服务信息给服务对象。同时，通过新媒体平台，学校后勤部门还能够及时回复和解答服务对象的问题，更好地满足服务对象的需求，提高信息传播的效率和质量。这种方式不仅节省时间，还可以避免信息的误传和漏传。

二、引导校园舆论

随着新媒体的发展，校园媒体已经变得多元化，不再由官办媒体垄断，而是每个人都可以成为信息的传递者和发布者。这使得师生的信息获取渠道更加广泛，事件信息的传播速度也越来越快。学校后勤可以积极利用新媒体平台，营造良好的舆论氛围，合理引导舆论情绪，防止谣言和虚假信息的传播，避免恶意炒作和扩大影响；同时，还可以通过新媒体平台开展与服务对象的沟通交流，使用微信、微博等渠道，与服务对象进行互动，及时回应服务对象关切的问题，做到后勤工作公开透明，增强公众对后勤的信任感。

三、营造校园文化氛围

和谐的校园文化对于任何一所学校都是必不可少的。学校后勤可以借助新媒体的传播优势去建设和营造和谐的校园文化，采取多种形式宣传主流价值观，向学生们传递正能量信息，促进其健康发展，达到后勤服务育人的良好效果。以河南理工大学开展的“光盘行动”为例，经过前期认真筹划、悉心准备，后勤部门在官方微信公众号、微博上进行线上宣传，各学院、学生社团通过微信、微博、QQ 进行转发，有效提高了活动的热度与参与度。同时，后勤部门邀请学生在线填写答卷、晒出光盘打卡照片，然后在个人微信朋友圈转发活动内容进行抽奖，赢取奖品，这些活动得到了广大师生的积极参与，大幅提升了活动的参与度与影响力，也让“光盘行动”的理念传播得更为深远。

四、拓宽与师生双向沟通的渠道

过去的后勤宣传模式往往是单向传播，就是说传播者只能单一、单向地将信息传递给服务对象，服务对象只能被动接受，反馈及沟通渠道并不畅通，从而导致后勤部门无法精准获取师生的建议及看法，无法对自身的工作成效及下一步的改进方向做出有效判断。但随着新媒体的发展，学校后勤宣传工作得到了极大的改善，不仅可以更加有效地向服务对象发布工作动态，还可以利用各类新媒体平台创建后勤官方账号，如微信公众号、微博、抖音等，引导师生关注，加强与服务对象之间的沟通，建立有效的意见、建议收集、反馈体系，从而更加全面地了解和掌握服务对象关注的焦点及需求。

五、拉近与师生的关系

学校是培养人才的重要场所，随着时代的发展，广大教师和学生对于后勤服务的期望不断提高，然而，由于后勤工作具有特殊性，活多面广，信息存在不对称现象，因此仍有部分人对后勤工作缺乏充分了解，对服务内容不满意，进而造成对后勤的印象不佳，影响了后勤工作的口碑。后勤部门为了加强与师生之间的交流和沟通，提高后勤服务质量，可以借助新媒体平台发布工作动态、服务资讯，吸引师生们的关注，使后勤工作更容易得到他们的理解和支持，从而提升后勤服务的质量。

六、丰富宣传内容和形式

与传统的后勤宣传模式不同，多媒体技术已经大大拓展了宣传内容的范围，从以往的新闻报道和文字描述转向了微信公众号、微博、抖音等多种平台，以图片、文字、视频、声音等多种形式丰富了宣传内容，增加了宣传的趣味性，打破了以往枯燥单一的“我读你听”的新闻式宣传模式，让师生更加深入地了解后勤工作，认可后勤服务，增强了宣传的感染力，从而更容易达到服务育人的目的。

七、提升服务质量

服务质量是后勤的生命线，后勤可以通过新媒体平台拓宽服务的深度，延伸服务的广度，增强服务的厚度，进而提升服务质量，获得师生的满意。例如，可以在微信公众号平台上发布后勤服务质量的调查问卷或设置“后勤服务监督”板块，鼓励学生发表对后勤服务的看法和建议，以便及时改进服务；开设后勤服务的网上预约、水电费查询等功能，为学生提供更便捷的服务体验；开设“报修”等功能，让学生能够及时报修损坏的设施或设备，提高后勤服务的响应速度和质量等。后勤部门通过新媒体可以建立有效的沟通渠道，提高服务质量，增强互动性，更好地满足师生的需求和期望，促进后勤服务质量的有效提高。

八、塑造后勤文化，践行服务育人职能

后勤不仅承担学校的基础服务保障功能，也是学校育人工作的重要阵地；后勤既是服务者也是教育者，承担着服务育人的重要职能。随着新媒体的发展，以往处于幕后的一些“神秘”的后勤部门可以通过各类媒体平台，展现后勤人的勤劳、贴心、创新、活力等特点，进而形成独具特色的后勤文化。后勤还可以将服务育人的传播内容以短视频、调查问卷等学生喜闻乐见、容易接受的形式进行宣传、推广，并根据学生观看、参与后提出的意见反馈，不断改进育人工作模式，强化服务育人职能。

第四节　学校后勤新媒体建设面临的难点

一、专业技术人员缺乏

随着新媒体技术的发展，掌握它、熟练使用它成为从事宣传工作不可或缺的重要条件。然而，后勤的大多数员工文化水平、专业技能水平有限，缺乏一定的文字表达、语言编辑以及专业的信息处理能力，此外，后勤工资待遇在学校内普遍较低，无法吸引相关专业技术人员来后勤工作，这些因素都是阻碍新媒体在学校后勤中应用的难点。一个未受过专业培训的后勤宣传工作者如何在日常工作中去发现、挖掘新闻素材与宣传点，以及发现了宣传点之后如何利用新媒体手段形成有效的宣传内容，去吸引服务对象关注，这些都是新媒体宣传工作的重点，需要组建专业的人才队伍。

二、主动宣传意识薄弱

后勤工作通常被视为一项烦劳复杂的“体力活”，长期以来后勤员工在工作岗位上埋头苦干，认为干好自己手头的活就行，必然能够得到服务对象的认可，缺乏主动宣传的意识。但酒香也怕巷子深，面对微博、微信等新兴媒体的飞速发

展，后勤要加强新媒体建设，提升宣传工作的针对性、有效性，不仅要扎实做好业务，更要吆喝好、宣传好。

三、管理制度缺失

由于新媒体的开设门槛较低，学校后勤领域缺乏统一的管理规范以及制度文件，除了后勤官方发布的信息外，一些后勤下属单位甚至是个别员工也开通了自媒体，会不时地通过微信、微博、抖音等发布各类与后勤工作相关的信息。这些非官方发布的信息，如果不加以引导，容易导致信息传递不准确，甚至还会传递虚假信息，进而让师生产生误解，对后勤形象造成损害的同时，对后勤工作的长远发展也是不利的。

四、工作思维保守

在新媒体快速发展的时代，每个人都能发布信息，也有更多途径获取信息。在校园里，相较于传统媒体如电视和报纸，新媒体使老师和学生比以往更容易获得各类校园信息。因此，师生们更容易接受和认同通过新媒体途径传播的信息，并热衷用新媒体传播具有个人观点的信息。在新媒体快速发展的背景下，新媒体应用和发展成为一项全新的事物，如果学校后勤不主动了解和应用新媒体，就会与时代脱节，与师生期望越来越远。因此，后勤新媒体的宣传不能固守传统媒体宣传思路，必须主动适应并及时学习新媒体宣传思维，主动适应新媒体环境和技术的发展。

五、新媒体应用经验不足

如何用好、用熟新媒体技术做好宣传，及时跟进新技术的创新发展，不断改进服务师生的模式，以及对于校园后勤负面信息的传播，如何利用新媒体有效地解释和辟谣，使师生能够真正了解真实情况，避免负面舆论的发生，这些对于学校后勤来说都是技术上很大的挑战。

第五节　学校后勤新媒体建设路径

新媒体具有较强的即时性和交互性，可以更好地共享信息、搜集资讯、生成个性化图文和视频，深受社会公众尤其是年轻人的欢迎，也是当下获取资讯、探讨热点、认知社会的主要渠道。在新媒体技术不断更新的时代，接受与参与信息传播的方式都发生了迭变，学校后勤工作只有与时俱进，才能满足新媒体时代师生日益增长的服务需求。

一、新媒体建设原则

（一）坚持党管媒体，把握正确舆论导向

开展新媒体建设工作，要坚持党管媒体原则，把握正确的政治方向和舆论导向。新媒体平台建设是后勤宣传体系转型的需要，要坚持后勤党委的领导，后勤各部门要及时转变思想，运用新媒体拓展宣传工作传播的广度和深度。

（二）强化制度建设，推动主体责任落实

后勤开展新媒体建设，要严格遵守法律法规，结合学校的规章制度，制定后勤新媒体的管理办法，确保责任的落实。后勤各类新媒体平台要实行分级管理，如后勤的网站、微信公众号等归属一级，由专门的部门负责运营，党委书记负责监管，后勤各部门的新媒体平台由各部门负责人监管。

（三）严格“三审三校”，规范信息编审签发

后勤新媒体平台是校园舆论的重要阵地，肩负着意识形态、思想政治等方面教育责任，在发布各类信息时，要严格执行“三审三校”制度。在学校的重要活动或者紧急事件中，学校后勤要遵循学校的整体部署，与学校同频共振，发声一致。此外，学校后勤部门要建立督导机制，采取定期或者抽查的方式，全面审核平台发布的内容，针对不合规、信息滞后的资讯，要及时进行整改。

（四）提升核心价值，塑造良好后勤形象

后勤新媒体宣传工作对展示后勤文化、拉近与师生的距离具有重要意义。通过图、文、短视频相结合的新形式进行宣传，有利于提升后勤凝聚力，增强后勤的校园影响力。同时，通过新媒体宣传，可以提升师生对后勤服务的认可，增进师生对后勤人的理解、尊重和感激，进而能主动积极参与后勤建设，推动后勤服务的改革和升级。

二、新媒体类型和建设内容

在现阶段，学校后勤新媒体的主要应用集中在网站、微信公众号、微博、短视频平台等方面，下文对这几类具有代表性的新媒体做简要的介绍。

（一）网站

网站是一种沟通工具，人们可以通过网站来发布自己想要公开的资讯，或者

提供相关的服务。网站作为新媒体的主要类型之一，也是公众与官方沟通的桥梁，它在新媒体中具有舆论导向的作用。

学校后勤网站目前分为两种类型：一类是集后勤官网与后勤服务平台为一体的集成式后勤网站，另一类是后勤官网和后勤服务平台各自独立运行的网站。学校后勤开设官网是要线上宣传后勤工作、后勤文化，从而让师生走近后勤、理解后勤、支持后勤。建设后勤网站为师生提供了沟通桥梁和解决问题的快速通道，在提升师生的校园幸福感、后勤服务满意度的同时，还可以降低后勤的管理成本和运行服务成本。

（二）微信公众号

微信公众号主要指基于微信平台创建的公众账号。公众号可以分为两种类型：订阅号和服务号。订阅号主要用于向用户提供信息推送，如新闻、资讯等内容；服务号则更加注重与用户的互动，可以提供更丰富的功能和服务，如在线购物、预约服务、客服对话等。

当今时代，师生们对后勤服务的需求更加多样化、个性化，学校后勤建设微信公众号要精准定位、明确发展方向，无论是选择服务号还是订阅号，都要注重与师生建立信任关系，开展实时交流，传播后勤文化，讲好后勤故事。公众号发布的推文质量要高，标题要新颖有特点，发送的信息要真实、可信，推送频率及时间也要掌握好。制作推文要站在师生的角度，推送对师生有价值的文章，要运用感性思维，在文案设计、文本排版、图片搭配等方面充分突出公众号的特点。服务号除做好宣传工作外，还要重点考虑二次开发，拓展后勤的掌上服务。师生是校园的主体，后勤要关注师生的需求，做好公众号的二次开发，如开发微信小程序，为新生提供校园导航、为老师提供校园电话查询服务等，又或是将智慧后勤网站的服务延伸到微信端，建立统一的数据库，师生根据需要选择电脑或者手机享受后勤服务。

（三）微博

微博是基于用户关系的社交媒体平台，用户可以通过电脑、手机等多种移动终端接入，以文字、图片、视频等多媒体形式，实现信息的即时分享、传播互动。其灵活随意的互动方式深受学生的喜欢，学校后勤部门也开始开通微博，并积极通过微博来扩大自身的影响力。

学校后勤服务的对象是一群思维活跃、追求个性的大学生，因此微博发布的信息要遵循大学生的网络语言文化体系，善于运用学生熟悉的语言和生动的符号吸引学生的关注，从而实现一对多的网上交流。学校后勤运营微博还要善于发现师生关注的校园热点，通过设置话题引来师生参与交流、讨论，后勤与师生的交流在网上变得更亲切和自然，师生更理解后勤工作，后勤也能从师生的关注中不断促进自身服务水平的提升。开展服务监督是做好学校后勤保障工作的关键，学校后勤可通过微博开设监督板块，接受来自师生的不限时间、不限空间的监督，后勤重大工作如采购招标等，可采用微博直播的方式，接受来自各方的监督，既提升了后勤在师生心目中的信任度，又提升了重要工作推进的透明度。

（四）短视频平台

1. B 站

B 站是哔哩哔哩弹幕视频网站的简称，早期是一个动画、漫画内容创作与分享的视频网站。B 站的特色是包含多元文化，并围绕兴趣圈层构建社交关系，是早期分类最细致的视频平台，科技数码、穿搭美妆、美食探店等年轻人喜欢的内容在这里都有许多爱好者；B 站的另一个特色就是弹幕系统，观众在观看视频的过程中可以通过发送弹幕交流讨论。

B 站是现在年轻人的聚集地，里面的视频作品质量高、圈层文化明显，因此用户黏性非常高。区别于短视频平台，B 站的视频以中长视频为主，对素材搜集、文案创作都有较高的要求，创作时间也会很长。目前 B 站上没有官方认证的学校后勤账号，后勤内容传播也不太多，对学校后勤既是机遇也是挑战。学校后勤目前从事新媒体工作的人员一般是兼职居多，从视频时亘和质量上考虑，后勤要运营 B 站账号，可以采取与第三方合作的方式，即后勤提供素材和想法，第三方通过对后勤工作的观察和思考，利用专业技术特长，制作中长视频。

2. 抖音

抖音是一个面向全年龄段的短视频社区平台，用户可以选择歌曲并拍摄音乐作品，最终形成自己的作品。抖音会根据用户的兴趣和观看历史推荐相关内容，这一特点使得抖音用户增长速度极快，目前是月活跃用户数最多的短视频平台。

抖音平台目前主要还是宣传窗口，用较短的时间直接揭示主旨，迅速抓住用户眼球，因此用户可以利用碎片化时间接收信息，非常符合年轻人的阅读习惯。学校后勤在运营抖音号的时候，应该摒弃传统媒体内容冗长的习惯，善于抓住师生最关心的问题，用一针见血的方式展示想要表达的内容，才能起到较好的效果。同时在建设过程中，学校后勤要积极学习，一方面要了解最新的潮流，能“蹭”到热点，把日常工作和热点关联起来，才能获得较好的曝光量；另一方面要习惯抖音的剪辑方式，应用视频特效、转场、贴纸等要素，能够增强视频的趣味性，强化师生观看意愿。这就要求新媒体宣传人员不仅要熟悉后勤工作的方方面面，可以举一反三把后勤工作用全新的视角展示出来，还要思维敏捷，会把握热点，能及时进行联想。

第六节 实践案例

河南理工大学后勤微信公众号建设实践

河南理工大学后勤保障部于2016年开通“河南理工大学微后勤”（微信号：ligongdahouqin）官方微信公众号（以下简称“微后勤”），旨在利用现代媒体构建立体式后勤服务交流平台，全景式展现后勤工作，让师生足不出户尽享后勤指尖服务。现将该校在利用微信公众号提升后勤服务质量、提高后勤宣传力、探索后勤育人新途径方面的经验和做法总结如下。

（一）精准定位，将服务保障作为一切工作的核心

河南理工大学自开通微信公众号以来，坚持“以人为本、服务至上”的宗旨，把师生是否满意作为重要标准，师生关注什么，“微后勤”就去做什么，通过开展微信公众号建设提升后勤宣传力，促进后勤服务方式的优化和升级，为师生提供高效便捷的后勤服务体验，为学校发展提供可靠的后勤保障。

（二）建立新媒体专业队伍，完善新媒体管理机制

学校组建了新媒体专业队伍，在后勤党委的统一指挥下，调动后勤各部门的力量，共同参与“微后勤”的建设、传播和运营工作。在全面调查和深入研究的基础上，学校后勤部门出台了《后勤新媒体平台管理办法》《数字后勤服务大厅管理办法》等文件，为推动后勤公众号建设提供了制度体系保障，形成了促进后勤新媒体创新发展的长效机制。

（三）善用科技、主动担当，利用公众号拓展服务维度

（1）在“微后勤”上线掌上服务大厅。查询板块提供了班车、洗浴、水电、校历、电话等便捷服务功能，让师生能够一站式查阅校内生活服务的方方面面。服务板块包括日常报修、校园导航、后勤零距离等功能，其中日常报修是电脑端服务平台的延伸，后台数据实时共通共享，提高了平台覆盖面和使用率；校园导航是迎新期间新生和家长点击率最高的小程序，“没有校园导航找不到的地方”成为近几年新生和家长的共识；后勤零距离将后勤服务实体部门从线下搬上手机，学生可以随意联系到想联系的后勤工作人员进行业务咨询、工作建议、服务投诉等，实现沟通零距离，增强了后勤服务的实效，切实提高了师生的幸福感。

（2）开展“微后勤”迎新。每年的迎新季，在“微后勤”设立迎新平台，全

面宣传新生网上自主选房工作；利用校内导航，新生未入校便可查阅到所住宿舍楼和校内各楼宇的具体位置和文字介绍信息。2018 年起，河南理工大学在“微后勤”推出“新生自主选房”系统，该系统的上线有效缓解了新生入校人工分房给各学院、后勤等相关部门带来的工作压力，助力了智慧校园建设，提高了河南理工大学智慧迎新水平。

（四）创新思路，从“心”出发，讲好后勤故事

“微后勤”不仅是后勤的新闻窗口，更是后勤职工和师生的情感交流纽带，通过“精耕细作”延伸报道广度、加大报道深度，重点讲好“后勤好服务”，传播“校园好声音”，成为展现后勤形象的新窗口。

（1)精准定位，抓住宣传重点。后勤工作不是学校的核心二作，师生在享受后勤服务的同时对后勤工作并不了解，传统平台的宣传并没有办法展示太多幕后的故事，师生也没有一个有效的途径去了解后勤工作。“微后勤”的推送内容，因其活泼的形式、灵活的方式，可以很好地成为后勤传统宣传途径的补充，通过推送诸如“后勤24小时”“走进后勤”“维修工的一天”等内容，较好地展示了后勤幕后工作，满足师生对后勤工作的好奇心，提高师生对后勤工作的关注度。

（2）加强原创，坚持内容为王。“微后勤”在运营过程中一直注重原创内容制作，秉承“质量为重，内容为王”的原则，致力于推送校园生活的方方面面，发布河南理工大学后勤权威信息，展现后勤职工风貌，传播后勤服务文化。除了提供后勤的行政新闻、部门动态、通知公告等“硬新闻”，“微后勤”还开设有“后勤保障”“后勤风采”等系列推送，在毕业季、迎新季等特殊时间点制作相关专题推送，内容覆盖校园文化传承、校园生活服务、职工精神风貌等方面。

（3）形式新颖，提升阅读乐趣。除了内容上选题广泛，做大家爱看的内容外，“微后勤”还时刻把握新时代师生的阅读习惯，改变传统媒体刻板的形象，尽可能轻松、活泼、生动，并配以鲜活的图片、有趣的排版，让师生更易于接受推送内容，提高阅读兴趣。“微后勤”在形式上创新不断，利用当下大家喜闻乐见的方式来诠释后勤的工作，在图片的基础上，通过视频这一更直观的形式，让后勤人的精神风貌更立体地展示出来。

（五）主动担当，探索公众号在劳动育人方面的应用

“后勤无空地，处处皆育人。”2020 年 3 月 20 日，中共中央、国务院印发了《关于全面加强新时代大中小学劳动教育的意见》（以下简称《意见》）。长期以来，河南理工大学后勤部门一直将后勤工作主动嵌入学校人才培养的大格局中，参照《意见》中“以体力劳动为主，注重手脑并用、安全适度，强化实践体验，让学生亲历劳动过程，提升育人时效性”的要求，积极探索公众号在劳动育

人方面的应用，通过上线“微课堂”、开设助学岗、建立实训基地等形式，充分发挥后勤独有的实践平台和资源优势，将学生的成才和成人联系起来，以劳树德、以劳增智、以劳强体、以劳育美，有效提升学校立德树人工作的灵活性、精准性和实效性。《河南日报》《光明日报》、中国教育新闻网等主流媒体纷纷点赞了河南理工大学探索“劳动+育人”模式的相关做法和经验（图 13-1、图 13-2）。

河南日报 要闻 | 03

学思想 强党性 重实践 建新功

“银发”宣讲小纵队讲了些啥

我省最长湖底隧道通车

郑州航空港区客运北站启运

把劳动课开在广阔的田野上

校地牵手，将引发怎样的“蝴蝶效应”

播下热爱劳动的种子

后勤“师傅”化身老师来上课

图 13-1 《河南日报》相关报道

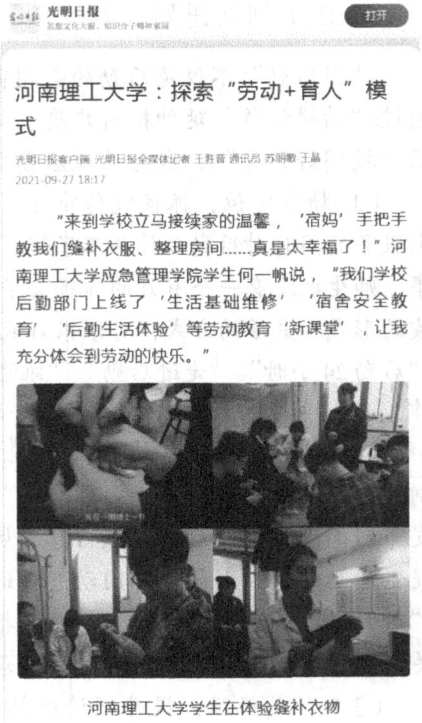

光明日报

打开

河南理工大学：探索“劳动+育人”模式

光明日报客户端 光明日报全媒体记者 王胜昔 通讯员 苏丽敏 王晶

2021-09-27 18:17

“来到学校立马接续家的温馨，‘宿妈’手把手教我们缝补衣服、整理房间……真是太幸福了！”河南理工大学应急管理学院学生何一帆说，“我们学校后勤部门上线了‘生活基础维修’‘宿舍安全教育’‘后勤生活体验’等劳动教育‘新课堂’，让我充分体会到劳动的快乐。”

河南理工大学学生在体验缝补衣物

图 13-2 《光明日报》相关报道

（1）推出微课堂，帮助学生厚植崇高的劳动观。整合后勤育人资源，2019 年在“微后勤”上线安全课堂、维修课堂、厨艺课堂、宿妈课堂、绿化课堂等一系列有别于专业学习的教学“微”课程，培养学生的动手能力，学生通过学习，各学科知识得到拓展与整合，并活化为解决问题的工具，真正实现学以致用、活学活用，学生的劳动素养、科学精神和思维品质也得到了提高。“微后勤”上线的课程深受师生的欢迎，制作的视频和推文广为流传，视频播放量近 4 万次，其中“绿化课堂”被河南省教育厅、“大学之大”等官方微信公众号转载。

（2）引入社会企业，打造大学生成长成才新平台。学校外卖存在食品安全、配送安全等诸多风险，严重影响校园的和谐，为了解决这一问题，河南理工大学后勤联合社会企业，在“微后勤”推出食堂线上订餐服务，组建学生团队开展校内送餐。学生在学习之余参加送餐工作，锻炼了个人能力，培养了吃苦耐劳的精神，为今后走入社会、实现人生价值奠定基础，自 2018 年起，学生兼职送餐参与人次达到近 50 万人次。校内送餐服务得到社会各界关注，《中国青年报》《南方都市报》《河南日报》等媒体均对此进行了报道，并肯定了河南理工大学后勤在校企合作方面积极的探索和取得的成就，《人民日报》、新华社、《中国青年报》公众号转载了相关报道。

（六）建设成效

春风化雨，润物无声；绵绵用力，久久为功。河南理工大学“微后勤”目前拥有粉丝 7 万人，连续多年获得校内最具影响力官方微信等荣誉称号，已经成为学校师生了解后勤、走进后勤的重要窗口，深受河南理工大学师生的喜爱。申报课题《微信公众号助力后勤保障工作，提升育人水平》获得 2018 年河南省教育信息化优秀成果奖创新应用类二等奖；申报课题《运用“微”力量，打造新时代学校后勤名片》获得 2021 年教育后勤信息化建设优秀案例的荣誉。

第七节　总 结 展 望

在网络生态不断变革的当下，我国新媒体发展已从“野蛮生长”转变为规范化、标准化运营，内容更加垂直细分。在技术的驱动下，内容的观感、传播力和影响力也在持续提升。新媒体的蓬勃发展为学校后勤的改革和发展带来了新的机遇，学校后勤开展新媒体建设是顺应时代的选择，利用新媒体营造后勤与师生的良好校园生态，对学校后勤服务渠道的拓展、服务质量和服务水平的提升具有重要的意义。

随着科技的进步，未来新媒体的技术手段肯定会层出不穷，甚至超出我们的想象，新媒体建设为学校后勤发展带来机遇的同时，还会遇到各类问题，也会进入一些盲区和误区。但无论怎么变化，都要坚持正确的政治导向，坚持“新媒体技术或平台是抓手或工具”这一核心，牢牢把握内容方向，运用科技力量，创新传播的方式和服务模式，提升工作实效，把新媒体平台建设成为后勤宣传和服务工作的重要阵地，为学校及后勤工作大局服务。

未来学校后勤新媒体建设应进一步从顶层设计到基层执行层面加强价值引领，创新工作方法、调整媒体框架，使内容生产与前沿技术相结合，增强监管约束力，使数字技术真正赋权网络空间舆论治理。新媒体的运营应加强“宣传+技术”复合人才的培养，吸纳具备跨学科能力的后勤人才，提升后勤新媒体工作的综合实力；在媒体传播的过程中，还应持续根植于中华文化，加强本土化转向，顺应中国式现代化进程，助力建设具有中国特色的新时代话语体系。

第十四章　提升效能

——助力人力资源管理现代化

人才乃强国之本，人力资源是第一资源。推进中国式现代化，人才是战略性支撑。新时代、新征程，百舸争流、千帆竞发、万马奔腾，呈现人才辈出、人尽其才、才尽其用的良好局面。

“九州生气恃风雷，万马齐喑究可哀。我劝天公重抖擞，不拘一格降人才。”后勤属于劳动密集型产业，只有打造引、育、留、用、淘的人才闭环生态，合理配置人力资源，才能充分发挥人才效益的关键作用。

“近者悦，远者来。”以教育现代化全面推进教育强国建设，如今比历史上任何时期都更加渴求人才，信息技术为后勤人力资源管理的现代化提升提供了新的机遇，信息化为人才管理现代化持续赋能，旨在着力打造一个人人都能奋斗逐梦的美好时代。

第一节　背　　景

“人力资源”这一概念 1954 年由现代管理学之父彼得·德鲁克（Peter Drucker）在其著作《管理实践》中提出并加以明确界定。20 世纪 80 年代以来，人力资源管理理论不断成熟，并在实践中得到进一步发展，被企业广泛接受，并逐渐取代了人事管理理论。

在新时代发展背景下，人才被誉为“兴国之本、富民之基、发展之源”，是驱动创新、引领发展的第一资源，也是新时期最重要的可再生资源。党的二十大报告指出，要深入实施“人才强国”战略，“培养造就大批德才兼备的高素质人才，是国家和民族长远发展大计”。

对于学校而言，人力资源是支撑学校运作的基本驱动力。随着教育信息化的持续推进，学校后勤人力资源作为学校事业发展的重要资源和基础保障，面临着从传统管理模式向信息化、智慧化的管理与服务模式发展变革的挑战。为了提高学校后勤人力资源管理的效率和质量，我们需积极借助先进技术，改进工作方法和方式，使人力资源管理工作逐步走向规范化、信息化、科学化，促进管理水平和服务能力的整体提升，保障学校后勤各项工作有序开展，这对于改善学校后勤人力资源管理状况，优化人力资源配置，保持和提高后勤部门核心竞争力，以及实现学校可持续发展具有重要意义。①

人力资源信息化建设即是将成熟的人力资源管理理念与先进的现代化信息技术相结合，建立数字化、系统化、标准化、自动化与网络化的信息系统，从而实现低成本、高效率、全员共同参与的人力资源管理过程，提升人力资源管理的效率和水平，促进人力资源管理创新和管理工作跨越式发展，建立人力资源管理新模式。

第二节　学校后勤人力资源现状

一、社会化改革带来后勤人员身份类型发生改变

大部分学校在后勤发展历程中，为适应社会化改革，减轻财政压力，采取“老人老办法、新人新办法”的做法。后勤人员管理的主体不再仅仅是学校设立的职能部门，还包括自主经营的后勤集团、产业集团、向学校提供服务的第三方社会企业等。除了保留已有事业编制的人员及少数职能部门的事业编制之外，大部分后勤人员的编制管理由终身制变为了聘任制，在收入分配上推行工资制度改革，在管理制度上参考事业单位和企业，建立了兼有两者特点或符合管理实际的人力资源管理制度。随着社会化改革的不断演进，学校后勤员工中事业编制人员的比重逐年下降，非事业编制人员已经成为保障学校后勤工作正常运行的主体力量。②实际上，后勤人员除劳动合同制人员之外，还包括集体编制人员、劳务派遣制人员、离退休返聘劳务人员、实习人员、外包业务人员等类型，人员类别较为复杂多样。

① 孟凡婷. 高校后勤人力资源管理信息化浅析. 人才资源开发，2015，（24）：93-94.

② 宋家博，张燕华，张宁. 高校后勤非编职工管理的实践与思考：以北京化工大学为例. 现代职业教育，2019，（13）：132-133.

二、后勤队伍普遍存在人员来源多样、人才素质偏低、老龄化程度严重等问题

从学校后勤用工来源来看，因历史遗留原因，各校均有相当一部分后勤人员来自学校教师家属、接转下岗职工、部队转业人员、学校改革分流的其他部门员工等，甚至在部分学校中，相较于教学科研部门招聘要求的高学历门槛和相对透明的过程，后勤部门成为“关系户重灾区”。通过各种渠道招收的人员导致后勤员工的文化水平差异较大，人才结构不平衡，人员配置不合理，甚至人才短缺和人才浪费的现象并存。[①]那些既掌握管理知识又掌握经济理论、既了解后勤特点又善于经营的中高级管理人才和有一技之长的专业人才最为短缺，部分专业技术岗位由于职业发展空间、薪酬提升空间、专长提升空间等有限，“招不到人、留不住人”的情况也较为普遍。同时，由于一线后勤工作烦琐、枯燥、辛苦、工作时间较长，一些年轻人认为“待遇低、干活累”，容易缺乏工作热情。另外，后勤服务队伍“老龄化”的现象也越来越常见。

三、后勤部门以传统管理方式为主，缺乏科学管理手段

学校后勤工作以手工劳动及人力服务为主，属于劳动密集型行业，本质是服务行业。虽然一些学校在后勤管理中建立了信息系统或应用程序，但其普及率并不高，或未实现全流程管理。大多数学校的后勤部门在人事工作方面主要采取传统的人工方式，如人工计算考勤、人工报工资、通过 Excel 表统计入职登记及岗位等。这些方式存在很多难以避免的弊端，如工作效率低、保密性差、差错率高等，主要表现在三方面：一是人员多、管理难，后勤人员队伍庞大，隶属关系复杂，缺乏独立的人力资源管理系统；二是业务杂、考核难，日常考勤、薪酬管理方式各异，绩效考核标准不统一；三是纸质化、追踪难，人事档案纸质化管理存量巨大，保存、查找及跟踪更新困难。长此以往，会造成人力和设备等资源的严重浪费，堆积的大量数据和文件也会给管理和维护带来较多不便，更难以进行信息的共享和有效利用。

四、学校后勤用工成本不断加大

随着法律法规和社会福利保险制度的不断健全，各省市最低工资标准不断提高，员工的福利待遇、劳动报酬、社会保障、劳动关系赔偿等相关用工费用也在逐年递增。根据国家有关规定，用人企业须保障人员的基本工资、加班费用、社

---

① 周敏锐. 浅谈高校后勤人力资源管理的信息化. 科技风，2008，（3）：136.

会保险等足额到位。大部分学校后勤参照当前市场化的运行机制进行管理，在市场相关要素发生变动时，员工的用工成本与费用也随之相应增加，在管理过程中容易出现用工成本水涨船高的现象。[①]由于后勤部门大多为自负盈亏、自收自支单位，其资金来源有限。另外，伴随着经济发展与物价上涨，学校后勤用工面临着较大挑战，不仅需要想办法“节支增收”，还需要在有限的成本内“人尽其用”，使用工效益最大化。

第三节　开展学校后勤人力资源信息化建设的作用

一、有助于提高工作效率

信息化可谓学校后勤人力资源管理的强有力抓手，通过信息技术的应用，首先可以提高人力资源管理的效率和准度，规范业务流程；其次能够推动建立科学高效的考核评价及培养体系，建立员工全生命周期追踪机制，加强队伍建设；最后能够推动后勤管理模式向精细化、自动化、信息化转变，通过数据分析建立决策分析模型，为人力资源决策提供科学依据。

二、有助于节约成本

学校后勤大部分是自负盈亏，因此需妥善处理好经济效益与社会效益的关系，通过信息化手段，助力人力资源成本控制和服务管理质量的提升，体现向管理要效益，因此学校后勤应将信息技术融入日常人力资源管理和服务中，充分发挥信息技术的应用价值，全面提升学校后勤的工作效率，有效融合学校后勤建设中的各项要素，提升信息反馈效率，不断简化日常工作，提高工作效率，降低人力资源成本。

三、有助于建立新型治理体系

人力资源信息化建设践行“以人为本”理念，能够充分发挥人力资源管理在后勤管理中的积极作用。它不仅能够集中反映当前人才队伍建设的优势及不足，为科学可行的评价决策提供参考，还可根据远程办公、弹性工作时间等工作模式，灵活地调整人力资源管理策略，从而建立更加灵活的薪酬和考核体系，制定适合

① 孟凡婷. 基于人本管理的高校后勤人力资源成本控制研究探析. 现代企业文化. 2022，（9）：37-39.

不同工作模式的福利政策，为建立高质量的后勤治理体系提供支撑。

第四节　学校后勤人力资源信息化建设的痛点

当前，已有相当一部分人员认识到了后勤人力资源信息化建设的重要性和必要性，但相关建设措施在实际落实过程中却不尽如人意，主要表现在以下几个方面。

一、思想不够重视及经费有限

后勤与教学、科研一道，被称为学校事业发展的“三驾马车”。但相较于“花重金”引进教学科研人才进行相关工作，部分学校对于后勤工作及后勤人才的重视程度不高，人力资源信息化建设方面更是鲜见相关的配套支持。后勤部门的经费多用于具体业务的实施、服务设施的改造等方面，在富有余力的情况下才会考虑人力资源信息化建设。在部分学校中，后勤领导对人力资源管理及信息化建设的重要性缺少足够的认识，导致后勤人力资源管理部门功能弱化、发挥的职能作用不强。

二、后勤的人力资源管理存在特殊性，难以使用通用系统

学校后勤的人力资源管理较为复杂多样，服务主体大部分兼具事业单位和企业单位两种属性，既遵循一部分事业单位的管理制度，又参照企业单位的管理形式；人员类型多、员工数量大，同时存在多种用工形式；虽然大部分院校建立了人力资源管理系统，但主要针对的是编内人员，极少针对后勤等部门的编外人员建立管理系统，或只提供基本人员信息的管理。学校后勤人力资源管理既不能直接套用学校人力资源管理系统，又无法直接使用企业的人力资源管理系统，因此定制建立满足自身需求的学校后勤人力资源管理系统是必要的。目前市面上以学校后勤人力资源管理工作为对象开发的人力资源信息系统较少，且各校管理模式不同，很难有通用型的系统产品。

三、涉及领域及目标较为复杂，建设难度较大且周期较长

各校后勤的体制机制和管理模式不尽相同，人力资源管理因其用工形式的多样性需兼顾服务效益及学校安全稳定、事业发展等多个方面，各校的考核及薪酬规则也不完全相同，因而后勤人力资源管理系统的建设存在定制化需求较多、功

能定位复杂多变等特点。为了达到实用、好用的目的，系统研发应根据学校实际进行定制化开发或适应性改造，但这往往导致系统研发周期较长，时间一长，理念差异、利益触动等因素容易导致系统研发难度增加。这种情况一方面增加了系统建设成本及人员投入成本，另一方面也可能影响系统发挥出其应有的作用，这也是学校后勤人力资源信息化建设进程缓慢的重要原因之一。

第五节　学校后勤人力资源信息化建设内容

学校后勤人力资源信息化建设依托于人力资源管理理论，将人力资源分为六大模块，即人力资源规划、招聘与配置、培训与开发、绩效管理、薪酬福利管理、劳动关系管理。建设过程应遵循国家及行业法律法规，结合学校后勤的实际需求，融合信息技术，建立软件系统、集成硬件设备，以对学校后勤人力资源信息进行收集、传递、存储、加工、维护和使用。

学校后勤人力资源信息化建设的关键因素并非在于技术，而在于信息技术或建设的系统是否融入了学校发展和后勤管理理念？是否符合学校和后勤部门的实际需求？是否能满足学校未来的发展需要？这三个“是否”也是判断学校后勤信息化建设能否成功的关键指标。

一、建设目标

学校后勤人力资源信息化建设的目标是将信息技术与后勤人力资源业务相结合，打造实用、好用的信息系统，将服务本职与育人职能相结合，科学构建学校后勤人力资源管理体系。[①]信息化建设将人力资源管理工作规范化、科学化、信息化，以提高学校后勤人力资源管理工作的效率，优化学校后勤人力资源配置，改善学校后勤人才队伍结构，调动后勤员工的积极性和创造性，促进学校后勤事业的健康发展。

二、建设方法

人力资源信息化建设以数据信息化、流程信息化、管理信息化为核心，实施路径分为“梳理—建设—应用”三个阶段：首先，全面梳理法律法规、国家政策、组织架构、人员状况、管理制度及工作流程，形成统一的数据标准与流程规范；其次，以信息化管理思维统筹系统顶层设计，在深入调研各层级用户需求后开展

① 毕菲，袁洪君. 服务育人导向的高校后勤人力资源管理探索：哈尔滨工程大学后勤集团样本研究. 高校后勤研究，2022，（2）：43-45.

模块设计与研发，经过多轮测试、试运行和修正确保系统稳定可用，上线后持续监测运行情况并动态优化，保障其长期可操作性；最后，配套制度与政策，通过分层培训和考核机制将系统应用能力纳入绩效考核，实现全员熟练掌握、深度应用，最终构建“人人参与、人人受益”的人力资源管理系统。

三、系统功能设计

人力资源管理系统功能设计如图 14-1 所示。

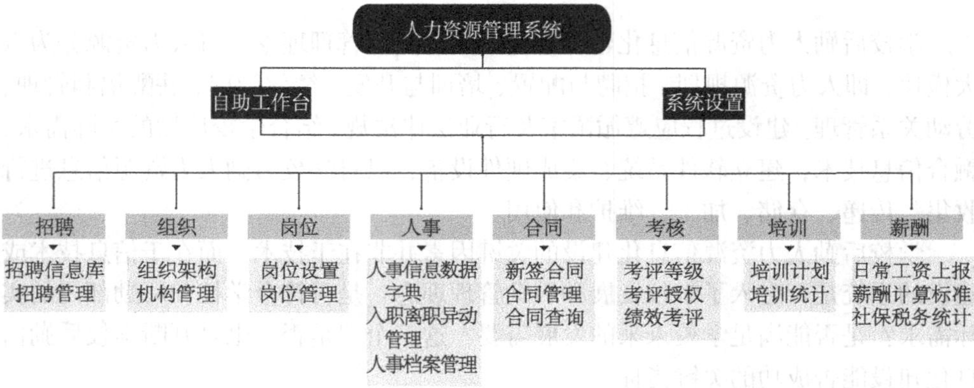

图 14-1 人力资源管理系统功能设计

（一）自助工作台

随着社会经济水平的提升和人们受教育程度的提高，后勤队伍的大部分员工已具备良好的知识结构和信息化素养。人力资源管理系统应为每位员工提供入口，建立基于自助服务理念的工作台。自助工作台为个人用户开放人力资源相关事项的快捷界面，且根据不同的用户权限提供个性化的访问界面。系统主要模块应包括展示与用户相关的工作日志、工作计划、完成情况、工作意见批注等信息。

普通员工登录自助工作台后，可一键查询工资条、实时录入与保存工作日志、即时跟踪人事流程进度、集中查看当日待办事项；人力资源业务人员则可在同一界面完成流程审批、督办人事事项，并接收合同到期、证照临期等智能预警，实现问题快速定位与闭环处理；后勤高层领导可纵览员工近期工作日志，在线完成绩效考评与意见反馈，同时集中处理待办流程并审阅全部预警信息，真正做到分层授权、各取所需。

1. 招聘

招聘是人力资源管理的前端工作。社会招聘网站诸如智联招聘、前程无忧、中华英才、BOSS 直聘、58 同城等已在行业深耕多年，呈现出头雁效应明显、系统功能多样、招聘社交化等特点，具有较广的覆盖面和较大的影响力，因此求职者出于机会多、易操作等方面的考虑，一般选择使用社会招聘网站投递简历。学校后勤部门通常会通过社会招聘网站渠道以及后勤部室官网、学校就业中心官网等校招渠道和招聘会等方式进行招聘。大部分学校后勤未建立自主招聘平台，但部分学校在后勤人力资源管理系统中设立了招聘模块，主要用于内部招聘流程的管理而非外部招聘渠道的扩充。

招聘模块的主要功能包括简历模板下载、流程定义、计划上报、计划审批、招聘管理、简历筛选、面试登记、审核录用、相关统计查询等。在资源有限的情况下，后勤部门可借助社会资源和渠道进行招聘，无须自建招聘平台；但如果条件允许，则应建立专属招聘信息库，将人才简历统一进行入库管理，形成可持续的人才储备池，实现快速检索、精准匹配与高效录用。

2. 组织

组织是后勤人力资源信息化建设的基础。常见的组织结构形式有直线制、事业部制、矩阵制、直线职能制、模拟分权制、多维立体制等。各校的后勤管理体制机制不同，组织形式也各有不同。例如，以监管职能为主的后勤处/后勤管理处/后勤保障处，参考学校职能部门进行“小机关”设置，人员精减，通常为直线职能制组织形式；以服务实体为主但隶属于学校单位、无独立法人资质的后勤集团/后勤服务中心多为矩阵制组织形式，呈现金字塔形的管理结构；大部分具有独立法人资质的后勤集团或产业集团以事业部制为主要组织形式。

组织机构管理模块应主要包括机构管理、组织框架等功能，支持多级组织体系，实现管理层级一目了然。

组织是面，岗位是线，人员是点，缺一不可。因此，在进行基础搭建时，清晰、合理的组织设置尤为重要。可以说，组织串联起了人力资源信息化的基本架构，好比植物的叶脉疏导，为整棵大树提供充足的营养。

3. 岗位

岗位是后勤人力资源信息化建设的必要条件。岗位是组织为实现工作目标进行分工的基本单元，每个岗位应有具体的岗位职责、工作标准和任职条件。学校后勤的岗位一般分为专业技术岗位、管理岗位、工勤技能岗位三类。

岗位包括岗位设置和岗位管理两个部分。岗位设置是学校根据编制部门核定的编制数和人员职数，在核准的岗位总量、结构比例和最高等级限额内，按照精减效能的原则，科学合理设置各类岗位。岗位管理是在完成岗位设置的基础上，通过竞聘上岗、公开招聘等方式，择优聘用各类岗位的工作人员，并按照岗位职责和聘用合同进行管理。可以说，岗位是聘用的基础。

岗位模块的主要功能应包括岗位申请、岗位管理、岗位审批的设定等，提供组织机构图、部门历史记录、岗位查询等相关查询统计，其中岗位审批可自定义设置流程，赋予不同管理者不同的审批权限。

规范岗位设置，能够实现“以岗定人”的目标，避免了传统管理中“以人定岗”的现象；为了便于人才挑选，部分学校还设立了岗位等级划分制度，为各类岗位规定了较为通用的等级标准，为员工调动、晋升、人才成长搭建通道；可以明确岗位设置与岗位聘用的关系，为实现按岗聘用、合同管理创造条件；还可以为劳动报酬分配奠定基础，根据所聘岗位确定岗位工资待遇，为“薪随岗变”提供政策依据。

4. 人事

人事是后勤人力资源信息化建设的核心，是系统高频刚需的业务板块。人事管理模块以劳动关系为核心，通过信息化手段实现人才的“选、育、用、留、退”全流程管理，主要功能包括人事信息数据字典、入职离职异动管理、人事档案管理等。人事功能需提供人员基本信息查询、人事项目统计查询、入职查询统计、离职查询统计、人员流动分析、岗位人员配置表等。

人事信息可通过建立员工信息卡片查询每位员工的情况，包括学历、家庭社会关系、奖惩、工作轨迹等，可以处理员工转正、调动、离职等事项，便于对员工进行全方位了解。

使用人事管理模块之后，所有的人员变动都须在系统内审批，以规范人员管理，保证过程透明可控。搭建岗位和人事模块，促进建立员工画像、异动轨迹、决策分析模型，进而可对各类型员工的全职业生命周期进行实时追踪记录，直观展示员工成长情况。

5. 合同

合同主要指劳动合同，属于劳动关系模块下的分支内容。劳动合同是用人单位与劳动者关于劳动方面权利与义务的约定，是确立劳动关系的法律依据。因此在后勤人力资源信息化建设中，设立单独模块对劳动合同进行信息化管理是必要的。

合同模块的主要功能包括新签合同、合同管理、合同查询等，主要是建立电子化的合同台账及合同的电子档案，能够录入合同信息，对已签合同进行管理维护，提供人员合同查询、未签合同查询、合同查询（全部、正常、终止、已过期、即将到期等状态），对合同的风险事宜进行预警提醒。

合同模块的建立能够结构化标注合同各类要素，对劳动关系进行标准化、规范化的分类管理；电子合同可以减少纸质合同容易出现的误差，能够提高系统的统计分析和查询能力，提高合同管理的效率；合同的到期提醒及风险预警可以提高合同的履约率，避免劳动用工的法律风险。

6. 考核

考核模块的功能包括考评等级、考评授权、绩效考评等。例如在绩效考评模块中，系统能自动统计出勤情况，进而匹配计算员工工资；而在考评等级模块中，灵活的系统设计可以根据不同的人员匹配不同的考评等级。

各校的绩效考核规则不同，而建设考核模块的核心是管理思想，因此在具体设计该模块时，需“一校一议”，即根据各校管理的实际情况而定，嵌入各校的绩效考核管理模式及流程，从而设计开发出切实可行的考核功能。

7. 培训

培训作为提高员工能力和提高组织竞争力的重要抓手，是人力资源开发的中心环节，是现代企业不可或缺的组成部分。

被业内誉为“黄埔军校”的宝洁公司的理念是“最优秀的人才加上最好的培训发展空间”，这就是宝洁成功的基础。国际商业机器公司（IBM）制定了非常完备的员工培训制度和具体实施计划，广泛采用和推广网上培训。华为通过搭建与实际工作场景相统一的模拟环境，通过一系列学习活动让学员把学习知识、训练技能、改变行为和产出绩效有效连接起来。招商银行认为口碑来源于服务，服务来自标准化，标准化来自培训。在后勤领域，陕西师范大学后勤服务集团设立了后勤学校（党校），华中科技大学和厦门大学等高校的后勤集团设有职工学校，专门对后勤人才进行培养和培训，这些学校的相关举措在自身队伍建设方面发挥了积极的作用。

在新媒体时代，随着网络课程资源及视听技术的高速发展，开源的线上课程资源随处可见。在学校后勤人力资源系统建设中，培训主要侧重于过程的管理，及后勤建立自身的培训知识库；课程资源可对接相关慕课资源系统或直接调取公开发布的海量视听信息，无须搭建培训课程平台。

培训模块的主要功能包括培训类型、培训计划、培训执行、执行统计等。培训类型提供各种培训课程列表，为员工提供学习资源包；培训计划支持员工量身定制适合自己的培训计划；培训执行包括具体培训机构、课程、讲师、培训时间、培训经费以及参培人员信息的维护；执行统计包括培训计划查询、培训执行查询、培训人员查询、执行情况统计、培训教材查询等。

培训模块的搭建，一方面便于进行培训的全过程跟踪管理，能够有效评估培训效果，助力建设完善的培训体系；另一方面，结合信息技术手段来进行培训，可以实现资源共享，降低管理成本，能够切实提升员工的操作技能和管理水平。

培训知识库的建立能为广大后勤员工提供更广阔的视野和更科学的管理理念。

8. 薪酬

薪酬管理是后勤人力资源信息化建设的难点。后勤部门通常规模较大，结构复杂，涉及行业较多。尚未引入信息化工具的人力资源部门往往设专职岗位并投入多人，依靠 Excel 表格手工核算薪酬，既容易因人为疏忽或人情干预而产生差错，又无法实时、全面地掌握用工成本，导致薪酬管理效率低下。

薪酬模块的主要功能包括员工日常工资上报、薪酬计算标准、社保税务统计等，具体包括设置薪资标准、薪资规则，以及个人所得税与应纳税额的比例，按人员类型配置相应的扣除及补贴项目等；支持自定义工资项目字段，兼容函数、普通公式与条件公式的组合计算，且与扣除补贴模块联动，确保数据统一；实时跟踪员工调薪记录，全程掌握员工成长动态；按月生成部门人员工资明细并完成上报；工资上报后可按权限进行审批、驳回修改或确认发放；同时建立工资条功能，便于员工随时查看本人工资实发情况。

建立薪酬模块时，应首先完成薪酬体系的顶层设计，涵盖薪资结构、计算公式、审批流程及相关报表等关键要素。薪酬模块与人事模块高度耦合，利用系统数据联动及内置公式，方能确保薪资核算的准确性和高效性。由于我国各省市在社保、税务、最低工资标准等政策上存在差异且可能随时调整，薪酬模块须具备高度灵活性，并与社保、税务管理制度实时联动，以便及时响应政策变化，如工资薪金所得应缴的个人所得税的税率为执行 3%—45%的七级超额累进税率，计算个税时需要累计员工年度内所有的应发工资、已缴个税及个人专项附加扣除等信息，因此薪酬模块须具备自动累加和实时计算功能；为避免相关法律风险，模块中的最低社保缴费基数与最低工资标准应根据最新政策及时调整。薪酬计算是一项系统性工作，需要多部门协调配合，如先完成考勤与绩效评定方可进行奖金核算，并根据高温天气发放相应高温补贴，故各部门须在规定时间内在系统中统一上报信息，以保障薪酬计算有序完成。

薪酬模块既可作为独立系统建设，也可与人事系统联动使用；依托薪酬模块，确立薪酬工作的统一规范，使工资发放实现流程化、系统化、标准化，显著减少人为失误并提升工作效率；模块能直观呈现人员整体薪资水平，帮助管理者全面掌握组织人力资源成本，为管理决策提供有力依据。

（二）系统设置

人力资源管理系统还应设有系统设置模块，主要包括人事信息数据字典、报表管理、流程配置、用户角色、操作日志、用户管理、系统参数等。其中，人事信息数据字典用于统一规范常见的人事信息字段及释义；用户角色是为每种角色设置一定的功能权限；操作日志负责记录用户登录系统及执行操作的全程轨迹；用户管理则用于对系统内的用户信息进行维护、更新及权限设定，确保数据安全与操作合规；系统参数包括全局参数、模块参数、考勤规则等关键设置。

系统设置模块一是可以进行角色授权，便于多用户的管理；二是可进行功能或字段等系统参数的配置，便于满足多元化的需求；三是提供了可追溯查询的操作日志，确保系统安全。

（三）软硬件结合功能

人力资源管理系统还可搭配考勤打卡机、人脸识别摄像头等智能硬件设备，借助高精度的识别系统，支持身份证、指纹或人脸识别等多种方式进行打卡记录。这一方面能够确保考勤数据的真实可靠，并自动上传考勤记录，为管理和考核提供可信依据；另一方面可开展自动巡检，对员工在工作时间无故离岗等异常情况进行实时预警、即时提醒，有效防范人员缺岗或替岗引发的风险。

（四）依托其他平台建立人力资源管理系统

出于管理要求、建设成本等方面的考虑，不是所有学校都会选择自建或定制人力资源管理系统。部分学校的后勤部门选择依托其他平台建立人力资源管理系统或模块，例如在钉钉上创建人事管理流程，实行组织机构管理、人员花名册管理、考勤打卡管理、外出拜访管理等，具备请销假、申请审批、定位、安全上报等功能，依托于钉钉强大的协同办公平台，可满足日常基本管理需求，达到高效便捷的管理效果。又如基于微信公众号或企业微信进行开发，与后勤或学校现有的微信公众号绑定，既能对外进行宣传，也能对内进行管理，实现诸如考勤打卡、巡检、质控等便捷的人事功能，有针对性地解决人力资源部门在考勤等方面的问题。

第六节　实践案例

陕西师范大学后勤服务集团人力资源及薪酬管理信息化实践

陕西师范大学后勤服务集团（以下称“集团”）是为学校提供后勤服务保障的实体性正处级事业单位，按企业化管理机制运行，根据国家和学校的有关规定，建立以成本核算为主的适度经营运行机制，为学校提供有力的后勤保障和优质服务，并且接受后勤管理与保障处的服务质量监管与考核。

学校自1999年以来经历了三次后勤体制机制改革。2011年，学校将1999年后勤社会化改革时成立的后勤集团分为后勤第一集团和后勤第二集团，两个集团的业务性质、管理模式不尽相同。2019年，在继续保持原有后勤社会化甲乙方管理模式的基础上，学校整合原后勤第一集团、后勤第二集团的服务保障功能，组建后勤服务集团，下设5个职能部室及13个业务实体，涵盖饮食、动力、公寓、物业、商贸、车辆、维修、工程、信息化等业务，员工达1200余人，包括事业编人员、劳动合同用工人员及劳务合同用工人员。管理模式融合、业务类型复杂、人员类型多样等多种问题，为集团人事管理“一盘棋”带来了不小的挑战，以信息技术为抓手推进改革，统一管理制度、统一薪酬分配、统一绩效考核迫在眉睫。

信息化建设制度先行，集团出台了人力资源管理办法，明确了管理权限、工作职责、用工管理、培训管理、绩效管理、奖惩管理等。薪酬管理是人力资源管理的重中之重，集团遵循“以岗定薪、按劳付酬，突出服务、绩效优先，倾斜一线、体现公平”的基本原则，专门制定出台了员工薪酬管理办法。

根据薪酬管理办法，所有员工的薪酬结构均包含基本工资、岗位工资、职务津贴、绩效津贴、综合发展津贴以及政策补贴等六个部分，薪酬结构及标准实行差异化设置，基层及以上管理岗位实行分级分类管理，设置12个岗位等级，即M1至M12，专业技术岗位和一般员工岗位由业务中心自主制定，提交党政联席会审定。其中，绩效考核的设计是难点，如何结合不同的业务制定与岗位职责、工作业绩紧密联系的分配机制，以及将服务质量与绩效考核挂钩建立优绩优酬的激励机制？如何在原有两个集团的管理模式下进一步统一管理，激发员工活力，打造公平的竞争环境？

通过调研和实地走访多所兄弟院校、企业，集团以动态管理为绩效管理的指导思想，创新引入国有企业常实行的“薪点制”，即根据薪点数和薪点值，结合月度绩效考核确定员工津贴的一种分配机制。薪点制一方面通过岗位评价确定岗位等级，另一方面对劳动者的任职岗位、个人能力、工龄、学历等因素进行考核评估，用薪点数反映员工所具备的知识、技能、经验以及任职岗位的价值等。薪点值为每个点数的价值，根据集团上年度财务结余情况，结合集团发展实际确定。

员工的绩效津贴计算方法及公式如下：

$$P=\sum_{i=1}^{n} S_i \cdot V \cdot \sum_{j=1}^{t} K_j W_j$$

式中，绩效津贴为 P，薪点数为 S_i（i 为薪点项目，i=1，2，…，n），薪点值为

V，考核指标得分为 K_j，指标权重为 W_j（j 为考核项目，j=1，2，…，t）。

例如，A 员工大学本科毕业后入职后勤服务集团，其在集团工作的工龄为 6 年，现任学生公寓管理中心经理一职。按照薪点制计算办法，该员工本科学历对应薪点数为 2 分，工龄每涨 1 年对应 1 分，按照员工职位序列表，职务对应薪点数为 5 分，薪点数得分共 13 分；集团将该岗位的薪点值定为 15 分；该岗位考核指标包括部门工作业绩完成指标、中心工作业绩完成指标，分别是 20 分、10 分，指标权重分别是 60%、40%，代入公式计算可得：

$$(2+6+5)\times 15\times(20\times 60\%+10\times 40\%)=3120\text{元}$$

因此该员工的绩效津贴标准为 3120 元，绩效津贴是可变量值，受考核的影响。上级管理者根据员工的工作业绩完成情况进行打分评估，直接影响到员工收入。

薪点工资集保障、激励、调节职能于一体，是一种弹性工资分配制度。实行薪点制，有助于弥补现行岗位技能工资制“按固定数额支付、激励作用弱、与现代企业管理要求脱节”的不足，使集团的工资分配更好地契合市场决定机制。

基于薪点制的绩效管理，是以劳动者及劳动岗位为双重对象，是对“人”“岗”进行综合考虑的管理方式，既建立了与岗位职责、工作业绩紧密挂钩的分配机制，又强化了薪酬水平的动态调整能力，显著提升了人力资源管理的创新力度，为现代高校后勤人员的薪酬工资收入分配制度改革提供了一个可供借鉴的模式。

集团在原有两个集团各自分散的人力资源与薪酬系统之上，植入统一的人力资源管理办法和薪酬管理办法的理念和标准，开发了新版人力资源及薪酬管理系统，整合并导入原有两个系统中的组织、人员、岗位、异动等数据，根据现行组织架构和岗位标准重新梳理，建立起覆盖现有人员的信息库与管理库，配套日考评、月考核等管理手段，将人事管理与日常管理充分与薪酬挂钩，实现工资月度自动汇总、生成与多级审批，并输出多样化的统计分析报表，为领导决策提供数据支撑。

通过人力资源与薪酬管理信息化的设计与实践，集团建立起了责任与激励相结合、稳定与发展相适应的员工人力资源管理体系，充分调动了员工工作积极性，降低了用人成本，提升了工作质量，有力推动了集团和学校事业的发展。

第七节　总 结 展 望

在新时代发展背景下，科技应用加速落地，新技术、新理念将不断衍生，学校后勤社会化改革不断深入，或将出现更多类型的工作人员和更加多元的工作模式，并可能叠加人口老龄化、少子化的趋势，给学校后勤人力资源的发展带来挑战。学校后勤人力资源信息化管理需更好地提高效率、控制成本、优化流程、降低风险、创造价值，发挥在学校后勤管理当中不可或缺的作用。

今后学校后勤人力资源信息化建设的发展方向主要有以下四个方面。

一、管理理念更新变革，员工能力不断增强

随着电子信息技术和互联网开发应用的不断渗透，后勤各业务将进一步与信息化紧密结合，管理人员的信息化理念随之不断更新，观念持续创新。未来，学校后勤人力资源管理对高素质复合型人才的需求将愈加迫切，这也倒逼管理者增强创新意识，既要加强学习人力资源专业知识，又要同步提升信息技术与数据分析能力，全面提高自身的信息化应用素养。与此同时，新的业务场景将衍生更多信息化需求，进一步驱动信息系统迭代优化，以更好地适应人力资源管理工作的长远发展。

二、积极引进先进技术，系统建设日益高效

未来，学校后勤人力资源管理势必继续顺应技术潮流，与时俱进，引入云计算、人工智能、物联网、大数据等工具来提高工作效率，优化服务效能。大数据技术能够将人员管理相关要素以数据化形式体现，并归纳形成量化依据，使人力资源管理更具专业化与高效性。[①]人工智能有助于在数据采集、数据溯源等方面发挥重要作用。物联网技术能够在多区域下的人员管理、考勤管理等方面实现广泛应用。通过将诸如此类的先进技术与人力资源管理系统建设相结合，系统的智能化水平也将大幅提高。

三、助力人才成长发展，建立健全评价体系

未来社会将更加多元化，人才的核心竞争力将是综合能力，人才综合评价体系的重要性将会更加凸显。后勤领域可提炼人才的知识能力、专业能力、学习能力、创新能力等指标，通过信息技术建立人才画像或五维模型，追踪其发展成长，汇聚形成人力资源综合评价驾驶舱。此举既能为个人发展提供切实可行的帮助指导，又能为绩效考核实施提供科学依据；长远来看，亦能为决策者实时掌握学校整体人力资源综合评价状况、洞察人才发展潜力与培养短板提供数据支撑，并为

① 王骁. 从数字化到智慧化：高校人力资源管理系统的应用现状与发展趋势. 人力资源，2020，（2）：68-69.

后勤人力资源评价机制的创新提供模式探索与实践路径。

四、全面融入智慧校园，互联互通协同发展

后勤人力资源信息化建设工作是学校整体人事管理和信息化建设的重要组成部分，具有整体带动局部、局部影响整体发展的特点。随着智慧校园建设的不断深入，后勤人力资源信息化建设将会在数据共享和统一管理的理念下得到进一步发展。后勤人力资源信息化建设与学校的人力资源管理系统、财务系统、资产系统、教务系统、科研系统等业务融合及数据融合，将打破信息孤岛现象，实现跨校区、跨部门、跨系统的协同管理和共享服务，从而进一步提升管理效益，共同推进智慧校园建设进程。

第十五章　夯实基础

——后勤信息化建设保障机制

据《大唐秦王词话》："自古道三军未动，粮草先行。兵精粮足，战无不胜。"这来源于古代军事战略中的重要思想，即在任何工作开始之前，必须确保有足够的资源和保障。在现代学校管理中，后勤保障同样发挥着至关重要的作用。

在新时代背景下，学校后勤保障不仅是推动教学科研顺利进行的基础，更是推动学校整体发展的重要支撑。学校后勤信息化建设是新时代提升学校后勤管理服务能力的必然选择，也是一项覆盖面广、影响深度大的复杂性系统工程。后勤信息化建设的实施与应用过程需要学校各层级的决策者、组织者、执行者协同合作，统筹兼顾业务与技术、长期规划与短期需求、监管单位与服务单位等各方面的关系，因而其建设质量与运用效果需要学校提供长期稳定的组织制度、政策支持以及人力、物力、财力等多维度物质条件全方位的保障。

健全保障机制建设，将提升信息化建设的执行效率，保障资源投入，提升建设质量，降低风险，增强信息化项目的可持续性，实现学校后勤组织服务水平和管理能力提高的发展目标，促进后勤管理服务的创新与发展。

学校后勤信息化建设保障机制是确保信息化工作高效有序进行的基础，是指运用各种策略和措施，确保信息化项目的顺利执行，一般包括组织保障、制度保障、环境保障、技术保障、资源保障等多方面的内容。

第一节　理念先行，树立现代化校园管理服务理念，营造后勤管理服务信息化建设与应用的管理环境

现代化校园管理服务理念是一种综合性的管理理念，强调以师生为中心，注

重服务的整体质量和效率。面对当下日益复杂多样的校园环境，一方面要重视师生的需求反馈，不断优化服务流程和内容，确保服务能够满足师生的多元化需求；另一方面，在校园环境中，服务不仅仅是面对个体，更是面向整个校园社区，因此要强调服务的整体性、系统性和科学性，注重各项服务之间的协同和整合，确保各项服务能够相互支持、相互促进。

一、高位推动后勤信息化建设，确保服务战略与学校整体发展目标相契合

学校后勤推进信息化建设，本质上是应用信息化技术手段推动后勤管理变革。因此，在后勤管理部门中营造和树立现代化管理服务理念、形成现代化管理共识，是确保学校后勤管理信息化建设与应用取得工作成效的基础和首要任务。当前，我国学校后勤事业的改革发展已进入了提质增效的关键阶段，各种类型的问题在管理服务实践探索中逐步显现。要确保现代化管理理念在学校后勤信息化建设应用中的顺利推广，首先需要负责学校后勤工作的领导亲自挂帅，从学校整体战略出发，真正把后勤信息化建设作为“一把手工程”，各校“一把手”亲自过问、亲自谋划、亲力亲为，当好“操盘手”，专心致志地落实好后勤信息化建设要求。

强化顶层设计是实现服务战略与学校发展目标相契合的关键。根据科技发展现状，就学校后勤发展的阶段性特征来说，信息化建设的顶层设计关键要解决两个方面的问题：其一是编制规划，应作为统筹推动学校后勤信息化建设的总纲和遵循。各校应结合自身实际情况，在发展规划编制中紧扣教育数字化转型主线，深入分析数字教育发展大势和学校的基础条件，明确方向，规划路径；同时，要发挥各级各部门的积极性与主动性，倡导主动作为、创新突破。其二是坚持“有所为、有所不为”。各校受体制、体量、经费等多重因素制约，信息化建设难以全面铺开、齐头并进，必须突出重点、精准发力，对短期“抓什么、不抓什么”以及中长期“达成什么目标”，均需规划到位、设计到位，为信息化深入推进与应用营造良好环境。

二、坚持以师生为中心的服务宗旨，全面提升后勤管理服务能力

学校后勤信息化建设与应用，归根结底是为了服务教学、科研，以及师生在校学习、工作、生活，切实提升后勤管理效率和服务质量。后勤管理服务必须坚持“以师生为中心”的宗旨，深入师生群体，通过问卷调查、面对面访谈、

定期座谈会及建立线上反馈平台等多种方式，全面、细致地了解师生的实际需求与潜在期望，从师生急难愁盼中找准发力点，做到“师生关心什么、期盼什么，建设就抓住什么、推进什么”，切实解决好师生最关心、最直接、最现实的利益问题。

传统的后勤管理模式主要是事后管理与控制，常面临服务响应速度慢、保障能力弱、服务内容单一等痛点。信息化建设与应用旨在构建快速有效、先进科学的信息化传递流程，以破解上述难题；同时，还需要对管理模式进行优化创新，将传统的“被动等待式”服务模式转变为“主动一站式”服务模式。学校后勤部门的管理层应率先垂范，将“运用信息化手段主动管理服务”的理念传递给每一位职工，促使全员成为具备“活性”特质的员工。同时，他们应该转变理念，树立“认真做好事”的工作理念，立足岗位，依托信息化应用成果，主动为师生提供多样化、个性化的管理服务。

三、追求卓越绩效模式，践行精益化管理办法

运用信息化辅助管理服务的优势之一在于通过信息化建设实现管理服务流程的正规化、标准化，从而为后勤管理服务过程由粗放向精益转变、管理模式由一般模式向追求卓越绩效模式转变创造条件。源自美国波多里奇奖评审标准的卓越绩效模式是当前国际上广泛认同的一种组织综合绩效管理的有效工具。它以顾客为导向，包括领导、战略、顾客和市场、测量分析改进、人力资源、过程管理、经营结果等七个方面，提供了一种评价方法。该评奖标准后来逐步在世界发达国家与地区风行，成为一种世界级企业成功的管理模式；其核心是强化组织的顾客满意度和创新活力，追求卓越的经营绩效，并成为当今企业应对市场竞争最为有效的管理工具与方法。

学校后勤作为学校的一个组织，其运营体系是由以服务师生需求为导向的各个管理职能模块组成的，既重视服务质量，也重视管理质量，并强调以卓越的过程创造卓越的结果。学校后勤的卓越绩效模式可用一个模型来理解和把握。其中，“领导”“战略计划”“以师生为中心”构成“驱动三角”，突出了高层领导在组织所处的特定环境中，制定以师生为中心的战略，为学校谋划长远未来，关注的是组织如何做正确的事。“对人力资源的注重”“过程管理”“管理服务结果”构成“从动三角”，强调如何充分调动组织中人的积极性和能动性，使组织中的人在各个业务流程中发挥作用并实现过程管理的规范，从而高效地实现组织所追求的经营结果，关注的是组织如何正确地做事，解决的是效率和效果的问题。“测量、分析和知识管理”构成“传动链条”，三大部分整体形成 PDCA（Plan-Do-Check-Act，计划-执行-检查-改进）闭环的管理

模式，驱动组织持续发展。整个模式的核心观点在于通过“卓越的过程”创造“卓越的结果”（图 15-1）。

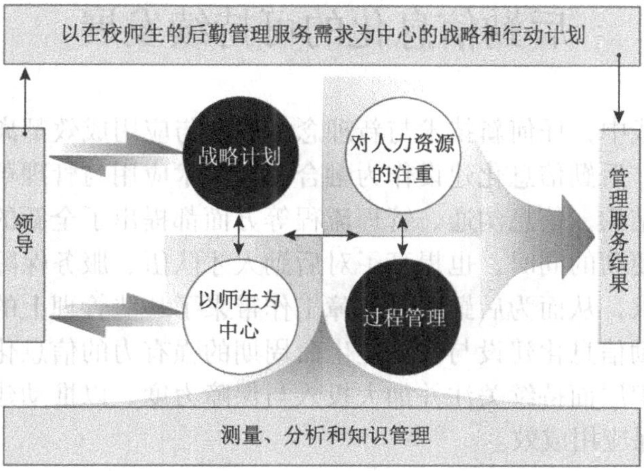

图 15-1　学校后勤卓越绩效模式

四、构建“两型”后勤，实现管理服务持续优化与改进

进入信息化时代以来，知识的增量在急剧扩张，并逐步成为各类组织获得竞争优势的核心资源。在此发展浪潮下，创造、积累、运用知识也成为新时期学校后勤管理服务需要研究的课题。知识型后勤强调以知识武装学校后勤服务的劳动者，使知识深度融入后勤服务全过程，并以知识驱动后勤系统改革与重组，构建高效管理与经济增长相融合的新型后勤经济形态。学习型后勤是指能够不断适应环境变化，通过持续学习和创新不断提升自身能力，实现可持续发展的后勤组织。知识型后勤和学习型后勤统称为“两型”后勤。

从具体实践来看，构建“两型”后勤就是要加快后勤管理服务相关的知识创造、积累和实践运用，以具体的后勤管理服务工作所需的知识为基础，通过管理控制手段识别、获取、整理、创新、开发有关知识，实现在后勤管理部门内部或是学校内部的知识共享，既满足当前工作需要，也为未来模式创新、提升服务柔性和应变能力奠定知识基础。后勤管理服务信息化建设与应用既要求后勤具备“两型”特征和能力，同时又为“两型”后勤建设创造了条件。后勤信息化应用系统的基本功能是收集、处理和传输数据、信息、知识资源，以服务业务需求；它为职工开辟了知识创新与积累的新路径，也为知识应用提供了高效实践平台。

第二节 组织为基，健全后勤信息化组织体系，保障后勤信息化的可持续发展

在管理实践中，任何新技术与新理念的实践与应用成效都离不开组织体系的支持与保障。后勤信息化建设作为融合信息技术应用与管理革新的全新管理模式，在组织结构、信息沟通、管理流程等方面都提出了全新的要求；它在给后勤服务带来便利的同时，也提高了对后勤人才队伍、服务保障需求的响应能力等方面的要求，从而为后勤服务保障工作带来了一些管理上的挑战。因此，构建贯穿于后勤信息化建设与应用全生命周期的强有力的信息化建设组织保障体系，需要组织层面持续关注并加大投入与保障力度，以推动建设进程、保障建设质量、确保应用成效。

一、建立多层次后勤信息化组织架构，奠定可持续发展的组织基石

在推进后勤信息化建设的进程中，建立多层次的后勤信息化组织架构被视为健全整个组织体系的必要且至关重要的步骤。该架构旨在构建一个全面、高效且灵活的信息管理体系，以适应后勤信息化不断发展和变化的需求。该多层次架构应精心规划，涵盖从战略规划层、项目管理层到技术支持层的各个关键层级。战略规划层作为整个架构的顶层，负责制定后勤信息化的长期发展战略和目标，确保后勤信息化建设的方向性和前瞻性。这一层级需要具备深厚的行业洞察力和战略眼光，引领后勤信息化走向更加广阔的发展前景。项目管理层则承担着将战略规划转化为具体项目的重任。他们负责细化战略目标，制订详细的项目计划，并协调各方资源以确保项目的顺利实施。项目管理层需要具备出色的组织协调能力和丰富的项目管理经验，以确保后勤信息化项目能够按时、按质、按量完成。技术支持层则是整个架构的基石，负责提供技术支持和保障。他们负责信息系统的开发、维护、升级以及故障排除等工作，确保信息系统的稳定运行和高效服务。技术支持层需要具备扎实的技术功底和快速响应能力，以应对各种技术挑战和突发事件。总之，构建多层次后勤信息化组织架构是后勤信息化建设不可或缺的一环。它将为后勤信息化的长远发展提供有力的组织保障，推动其不断迈向新高度。

二、优化后勤信息化团队建设与管理，提升服务效率与质量

优化后勤信息化团队建设与管理，是组织体系建设的核心，包括选拔具备信息技术和管理能力的复合型人才，并通过持续培训和实践锻炼提升团队的整体素质；同时，要建立科学的激励机制和绩效考核体系，激发团队成员的积极性和创造力，确保后勤信息化团队能够持续高效地为组织服务。优化后勤信息化团队建设与管理不仅是组织体系建设的基石，更是推动组织向智能化、高效化转型的关键驱动力。这一过程要求我们从多个维度出发，全方位提升团队的综合能力和服务水平。首先，团队构建需精准选拔那些既懂技术又擅管理的复合型人才。其次，持续的培训和实践锻炼是提升团队整体素质的重要途径。同时，通过实际项目的操作和实践，让团队成员在实践中积累经验、提升技能，形成“学习—实践—再学习—再实践”的良性循环。此外，要注重团队文化的建设，通过组织团建活动、分享会等来增强团队成员之间的凝聚力和归属感，营造积极向上的工作氛围。良好的团队文化不仅能够提升团队的工作效率，还能为组织的长期发展奠定坚实的基础。

三、强化跨部门协同与信息共享机制，健全后勤信息化组织体系

强化跨部门协同与信息共享机制，是健全后勤信息化组织体系的重要保障。一方面，搭建跨部门的信息共享平台，实现数据的实时交换和共享，打破信息孤岛，提升组织的整体运营效率；另一方面，建立定期的跨部门沟通机制，加强协作与配合，确保后勤信息化工作能够顺利推进，为组织的可持续发展提供有力支撑。强化跨部门协同与信息共享机制，对于健全后勤信息化组织体系而言，是不可或缺的关键环节，它直接关系到组织内部资源的有效整合与高效利用。这一机制的完善，旨在通过一系列具体措施，促进不同部门之间的紧密合作与信息流通，从而推动后勤信息化工作迈向更高水平。

第三节 制度为纲，构建新型学校后勤服务保障体系，夯实后勤信息化建设可持续发展的制度基础

信息技术融入了学校后勤管理服务的各个环节，将后勤信息化建设作为提高

管理水平和服务质量的重要载体，推动传统后勤运行模式加速向现代新型后勤转型升级、提质增效，已成为新时期后勤管理服务改革发展的重要内容和主流趋势。建立健全后勤管理服务各项工作中的制度，以制度为纲，实现后勤业务工作有章可循、有据可依，不仅能够提升服务效率和质量，还能增强后勤管理的透明度和可持续性，为整个后勤组织的稳健运作提供坚实支持。因此构建新型学校后勤服务保障体系是保障信息化建设与应用成效的基础性、先决性制度条件。

一、推进后勤业务的标准化，发挥信息化在管理服务中的技术优势

后勤工作是一项系统工作，完善后勤制度体系就是构建标准化的后勤管理服务供给、提高后勤管理服务水平的过程；借助制度体系建设完善部门职责、规范工作规程，形成兼具科学性、规范性的后勤服务保障工作机制；制定统一的服务标准和操作流程，促进后勤保障工作有章可循、有法可依，实现后勤工作标准规范化，减少人为误差，提升服务效率和质量。制度建设是后勤标准化建设的基础性要求，也是后勤管理能力再上新台阶的必然要求。面对新的问题，要及时建章立制、确立规范、明确责任，建立长效工作机制，构建标准化、规范化的后勤体系，为后勤信息化建设和实施提供制度保障与政策依据。

学校后勤业务的标准化建设有利于贯彻先进适用的管理服务理念，推动业务流程优化和管理服务创新，在业务流程层面为信息化建设的可持续性创设良好的运行环境，同时也有利于充分发挥信息技术在数据收集与处理、业务流程管控、绩效分析与评价、管理决策辅助等方面的优势，为打造透明可视、规范标准、精益高效的后勤奠定基础。

二、强化学校后勤的组织目标，明确后勤信息化建设方向

在建立健全后勤制度体系的过程中，我们要树立面向后勤管理服务工作全局的整体目标，并细化各项管理服务的具体工作目标，如提供高效、优质、精细的服务保障等。我们要发挥好制度在后勤工作中的导向性、规范性作用，确定后勤管理服务的基本工作原则，如正确处理公益与市场的关系、坚持以学生为中心、强化服务的公益性、维护好学生的切身利益、营造良好的学习生活条件等；明确界定后勤管理服务的工作范围，包括学生公寓管理、物资采购与仓储、校园物业服务与管理、设备维护维修、校园保卫、校园清洁、食堂管理等，同时针对每项后勤管理服务业务类型，制定科学、详细的工作流程和操作规程，确保各项管理服务有序进行；在确定工作范围的基础上建立后勤管理服务的组织架构，明确机

构职责、发展思路、与其他单位的职责分工、机构岗位设置等，加强机构规范化管理，有序下移管理重心，增强部门独立承担任务的能力。制度体系建设，要从制度层面厘清学校后勤的组织目标、业务范围、机构设置等内容，理顺后勤的业务流程，在明确学校后勤信息化建设发展方向的同时，便于应用信息化技术打造可视化、透明化的“无黑盒”的后勤体系。

三、提升学校后勤管理水平，应用信息化技术赋能柔性供给

学校后勤管理服务的需求处于动态变化中，后勤管理是一个不断优化、持续改进的过程。针对后勤发展中出现的新问题和内控薄弱环节，需要持续不断健全、优化、更新管理服务制度体系。通过修缮制度，达成简化程序、优化流程的目的，使后勤管理服务从治理决策、人力资源、财务审计、招标采购、资产物资、经营监管、风险防控到安全生产等全环节、全过程均有章可循，进而形成决策科学、管理高效、保障有力、服务规范、监管到位的制度体系，切实提升后勤整体的运行保障能力。制度体系的不断优化和完善，还有利于充分发挥信息化建设在流程管理中的技术优势，通过整合信息流构建虚拟化的线上后勤服务终端，实现以信息化驱动后勤保障实体资源优化配置，同步提升管理服务的柔性化供给能力和效率。

第四节　应用为王，实现信息化建设与后勤管理服务业务深度融合，筑牢后勤信息化在管理服务创新和提升中的基础性作用

学校后勤信息化建设的最终目的是实现更高效、更便捷、更智能的后勤管理服务业务应用。通过信息化系统，可以实现数据的快速共享和处理，提升工作效率，优化资源配置，增强管理决策的科学性和准确性。因此，确保信息化的应用效果，是学校后勤信息化建设和保障机制建设中至关重要的内容。

一、统一规划、一体推进，保障跨部门融通协同工作成效

后勤信息化是数字化智慧校园的重要组成部分和关键环节，后勤信息化建设应当纳入校级信息化建设的规划蓝图和标准体系中，实现与校级信息化统一规划、统一建设、统一管理。要从学校层面加强信息化建设的顶层设计，从而明确后勤

信息化建设的技术路线和业务管理建设方向，确保后勤信息化建设与学校信息化建设的整体性、系统性和连贯性。

学校层面的信息化建设规划要站在学校改革发展全局的高度，统筹考量学校的基本情况、发展战略规划、各项事业发展具体目标、内外部环境等发展条件，全面梳理、分析、评价、优化各项管理和服务的业务流程，明确学校信息化建设的目标、内容和策略，统一各业务部门关于信息化建设的内容、目标、质量等内涵的定义，在此基础上统一编制各业务流程及相关的业务数据流程图，并根据业务功能规划的需要选定学校信息化建设的技术路线、系统技术框架，制定统一的数据库设计、技术平台应用、物理服务架构搭建等技术标准，统一编制学校信息化建设的资金、设备、人员等资源配置与投入规划，并结合资源保障能力和业务管理的需要制定信息化的整体推进方案和项目建设进度计划。最终目标是为包括后勤信息化在内的各业务子系统的建设与应用提供业务和技术标准规范，从顶层规划设计的层面实现数据的跨部门融通，为学校跨部门的管理服务协同、资源共享创设信息化的管理环境。

二、深度融合业务需求，建设适用的后勤信息化管理服务系统

学校后勤信息化系统的建设内容要紧密结合后勤业务的实际需求，要跨部门密切合作，充分了解业务流程和需求，深度融合业务流程，从而使信息化系统的设计和功能切实为业务提供有效支持。只有这样，我们才能建成真正满足学校后勤管理服务的各项需求的信息化管理系统，并成为增强后勤信息化应用成效的基础。学校后勤信息化建设需要后勤内部与学院两个跨部门层级之间的信息高效沟通与处置，这对信息的标准化程度要求较高，必须实现高标准的信息化机制建设，确保各类型数据能够在统一的信息化管理服务平台中得以融会贯通，进而推动业务、信息驱动后勤管理服务工作流程，以保障后勤管理服务的针对性和工作效率，并为师生员工提供多元化综合管理服务保障。

在规划和建设应用后勤系统的过程中，首先要确保功能齐全、对用户友好且具备较强兼容性，以充分满足用户对多元化的后勤管理服务的需求。通过线上报修、线上查询、线上监管、服务评价、学生公寓管理等功能和服务，可实时、准确地掌握学校师生员工的后勤管理服务实际需求，既为提升后勤保障响应速率奠定基础，也为后勤保障部门优化管理服务内容提供决策数据。

三、持续优化和更新，丰富信息化的应用场景

学校后勤信息化建设是个持续优化和更新的过程，其建设应用的成效取决

于用户体验，因此需要在建设和应用的各个阶段中引入用户参与，并重视用户反馈，充分听取用户的意见和建议，让用户参与到系统设计、测试和优化过程中。通过用户反馈，我们及时发现和解决系统存在的问题，提升系统的用户体验和应用价值；不断跟进后勤管理服务业务变化，及时进行系统升级和功能扩展，不断丰富信息化应用的场景，确保系统始终能够满足学校后勤事业发展的需求。

学校后勤信息化建设应充分发挥信息技术在数据管理和分析中的技术优势，打造强大的数据管理和分析能力，实时监控和分析后勤运作数据，为管理决策提供科学依据。借助数据分析，我们发现问题、优化流程、提升效率，实现后勤管理的智能化和精细化，使信息化系统真正成为管理决策的重要辅助手段。

四、加强技术培训和支持，建立信息化应用激励机制

学校应建立涵盖后勤信息化系统全部用户的技术培训和支持体系，并向系统用户提供系统化、持续性的系统应用培训和技术支持，以提升各层级用户对系统的使用能力和信心。培训内容应包括系统操作技能、应用场景演示、问题解决等方面，从而确保用户能够熟练掌握系统的各项功能，并能够灵活运用于实际工作中。

学校在促进后勤信息化应用时，首先需在系统用户分级分类管理的基础上根据实际情况进行调整和组合，进而构建多元化的信息化应用激励机制，最终提升管理水平和工作效率，并让更多的人有机会参与到信息化建设中来。具体做法如将信息化应用程度纳入后勤年度工作绩效考核，并对于系统应用效果显著的单位或个人给予奖励，以此激发大家的积极性并提高参与度，从而推动信息化应用取得更好的效果。

第五节　优化配置，加强资源投入，夯实后勤信息化建设与应用的物质保障基础

一、深化信息化基础设施建设，拓展信息化应用场景

基础设施建设是实现信息化的基础，信息化基础设施的建设水平决定了信息化应用水平乃至数字校园的建设成效。学校后勤信息化建设重在应用，必须融入校园信息化建设环境，并在硬件设备、软件系统、网络基础设施等物质基

础的支持下才能最大限度地发挥应用价值，最终实现以信息化驱动管理流程优化。因此，我们拓展后勤信息化的应用场景，必须深化校园信息化的基础设施建设。

我们应从学校层面围绕信息化建设的软件和硬件两个方面加强信息化的基础设施建设，以深化信息化在学校管理、教育教学、科研活动、后勤保障等各个领域的应用，从而奠定后勤信息化建设与应用的物质基础和环境条件。学校在校级层面统一规划设备更新、校园网络建设、校园数据中心建设、软件与应用系统等方面的信息化基础设施建设，确保校园信息化基础设施有足够的资源实现有效建设和运维；学校还应建立完善的网络安全管理体系，并统筹学校信息资源，持续提供面向全体师生的技术支持服务等。

二、加强后勤人才队伍建设，提升后勤管理服务人才队伍的信息化素养

人才是学校后勤管理工作的有力支撑，也是后勤信息化应用的实施主体。学校要提高后勤管理服务的工作水平和信息化应用能力，需要加大加快专业化后勤管理人才队伍建设和培养，并重视管理人员能力、素养的提升，使管理人员向专业化、职业化方向发展。学校后勤信息化建设的目标在于应用，在建设具有现代管理服务能力与素质要求人才队伍的同时，也要不断提升职工的信息素养、技术水平，以适应信息化环境下的管理服务工作需要。在互联网时代的信息社会中，职工获取信息、处理信息、存储信息、传输信息、应用信息、创新信息的能力已成为基本的信息素养能力[①]。

从各学校的实践来看，学校应重点增强管理服务人员的办公软件操作、网络设计、管理和维护能力，使其具备对诸如交换机、路由器、防火墙、各类型服务器等软硬件设备进行简单配置和问题排查的维护能力。学校可充分发挥自身在计算机技术应用方面的人力资源优势，如邀请计算机教师定期对职工进行基本的软硬件设备操作和维护的技能培训，让职工在掌握基本的通用信息化软硬件技术的基础上深化对后勤专项信息化设备与技术的理解。学校还应鼓励职工接受信息化培训，多参加行业组织的各类型培训，这一方面有利于与同行业院校的后勤管理服务者交流探讨后勤信息化的建设经验，另一方面也有利于掌握后勤信息化领域的最新发展动态和管理理念（图 15-2）。

---

① 庄孝彦. 广州地区高校后勤管理信息化建设中存在的问题及对策研究. 华南理工大学硕士学位论文，2014.

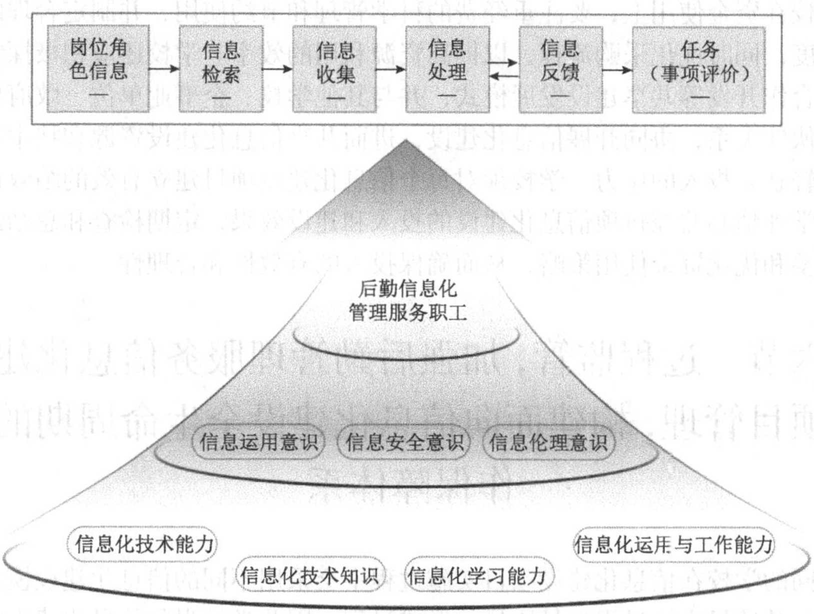

图 15-2　学校后勤管理服务职工的信息素养能力

三、开源节流、多措并举保障后勤信息化的经费投入

在信息技术浪潮下，信息化已逐步成为现代社会各项事业发展的基础，对学校后勤管理工作也是如此。信息化建设是一个全生命周期的投入过程，在项目建设规划、项目实施、运行维护等各个阶段均需要大量的资金投入，来保障系统研发与维护、硬件采购和更新等。因此，学校应建立长期的资金、人力、物力等资源投入长效工作机制，并综合考虑学校的实际情况、信息化建设的长期需求和可持续性，通过多措并举保障适度、合理的信息化建设投入，不断创新和优化经费筹措和使用的方式方法以实现信息化建设与应用的预期效果，确保信息化建设的可持续性。

学校–后勤两级部门须发挥信息化建设工作机制的作用，科学制定后勤信息化建设规划，以明确目标和工作重点，合理安排各项投入。规划可以考虑长期发展，并分阶段实施，从而减轻一次性投入的压力。学校应多渠道筹措信息化建设资金，以实现信息化建设资金来源多样化。除依靠学校年度预算范围内的自有资金外，学校还可以积极探索其他资金来源，如政府补助、项目拨款、企业合作、捐赠等，并积极争取外部资金的支持，增加经费投入的渠道。学校应积极争取政策支持，主动了解和利用相关政策和资金补助的机会，争取政府和相关部门的支持和扶持，以获得更多的资金和资源支持。

学校在资金使用上，要注重经费的科学管理和节约使用，并制定合理的采购管理制度，同时优化采购流程，以提高资源利用的效率。学校还应积极探索共享资源、合作开发等共享建设发展模式，并与其他学校、企事业单位、政府机构建立合作伙伴关系，协同开展信息化建设，进而共享信息化建设资源和技术经验，有效减轻独立投入的压力。学校须对每个信息化建设项目建立有效的绩效评估机制，科学评估和监控每项信息化建设的投入和建设效果，定期检查和总结经验，及时调整和优化资金使用策略，从而确保投入的有效性和合理性。

第六节　过程监管，加强后勤管理服务信息化建设的项目管理，构建面向信息化建设全生命周期的工作保障体系

不同的学校在信息化建设项目实施过程中会采用不同的信息化建设模式、建设路径，其项目实施过程也是质量的形成过程，因此学校强化信息化建设的全过程管理便成为确保项目建设成果和规划预期的关键。学校在项目建设过程中必须在项目实施过程中合理运用项目管理工具及技术，并在进度、成本和质量三大项目管理目标中达成均衡，最终确保信息化建设满足工作要求。

一、锚定信息化建设目标，组建跨部门多元结构建设小组

后勤管理服务工作点多面广，存在大量相互交叉、互相影响的业务工作，后勤内部协同合作和学校范围内跨部门合作联动工作量较大，对信息和数据共享要求高。为确保项目建设与应用成效，学校应当组建跨部门多元结构扁平化后勤信息化项目建设小组，确保后勤信息化建设的组织结构能支持项目建设的目标实现。项目组织结构决定了项目中的管理关系，确定了构成部门的人员及构成组织的部门，以系统设计的方法确保组织内的沟通、协调与整合。常见的项目管理组织结构类型有职能型、项目型、矩阵型等，各类型的组织结构都有各自的优势和不足。结合后勤信息化建设项目的特点，组建由不同部门和职能组成的跨学科跨部门多元结构扁平化工作团队，可以促进不同部门之间的合作和协调，提高解决问题和实现目标的效率，有利于集聚不同背景和专业知识的智慧，对于解决项目中复杂问题、推动跨部门合作和实现共同目标具有重要的作用。

跨部门多元结构扁平化后勤信息化项目建设小组在组建过程中首先要明确团队的建设目标和任务，即项目团队在组建时即明确定义项目团队的使命和职责，

以及在跨部门合作中所需实现的具体目标。其次，根据项目团队的工作内容、阶段任务和主要目标，邀请合适的成员参与项目团队，并明确每个成员的角色和责任，确保各项任务能够得到有效分工。最后，在确定成员和角色的基础上，构建扁平化的组织结构，减少信息处理的节点，缩短信息交流与共享的路径长度，建立跨部门沟通的有效渠道；同时充分利用会议、电子邮件、在线协作平台等现代化管理交流工具，提升项目团队成员之间的交流频率和效率，实现更有效的协作。小组组建完成后，为明确项目建设进度和关键质量控制点，确保工作小组能够有序推进项目，应制定明确的工作流程和时间表，通过多种途径开展团队建设活动，建立项目建设的共识和解决方案，创建积极的团队学习工作氛围，定期进行工作小组的评估和回顾，调整工作小组的工作方式和流程，以提高效率和成果。

二、基于应用优化建设需求，保障项目建设符合后勤管理服务实践需要

根据学校信息化的统一建设规划，在现代管理服务理念的引领下，后勤管理服务制度体系围绕已构建的管理服务工作内容和业务流程，全面梳理并细化后勤信息化建设需求，为后续的系统设计和实施提供指导和依据。

首先，项目团队需要细致分析当前后勤管理服务的各个环节和流程，掌握关键业务环节、流程关系和数据流动。项目团队明确各业务环节中存在的管理问题和业务流程优化需求，以确定信息化系统需要支持的功能和流程改进要求。其次，项目团队分析后勤管理服务业务过程中数据应用需求以及产生的数据类型，确定需要收集、管理和应用的数据内容。项目团队确定数据的输入来源、处理方式、存储结构和查询需求，以满足后续的数据管理和分析需求。再次，项目团队在需求分析的过程中需要关注系统的界面和用户体验需求。项目团队收集并分析用户对系统界面的期望和用户体验的要求，包括界面设计、操作流畅性、用户友好性等，以确保系统易于使用和操作，并考虑移动办公、远程管理的需求。最后，项目团队要根据服务和管理类型、技术要求等统筹考虑系统的性能与安全需求。

三、围绕关键控制点，加强面向信息化建设全生命周期的过程管理

信息化项目建设的过程是通过项目管理把隐含的信息化建设需求转化为建设要求，其目的是满足和实现规划好的各项要求；项目团队将质量管理作为信息化项目管理的重要职能之一，并把它作为实现项目建设目标的重要工具和手段。信息化建设项目的质量管理一般由规划质量管理、实施质量保证、控制质量三个过

程组成。后勤信息化项目生命周期的各阶段（包括可行性研究、需求收集与分析、系统设计、实施编码阶段、测试阶段、运行与维护等）都可能出现质量问题，从而影响信息化建设与应用的效果。因此，在信息化项目建设过程中，项目团队应当重点围绕质量管控的关键控制点，并在项目全生命周期内实现开发出正确的产品及正确地开发产品（图 15-3）。

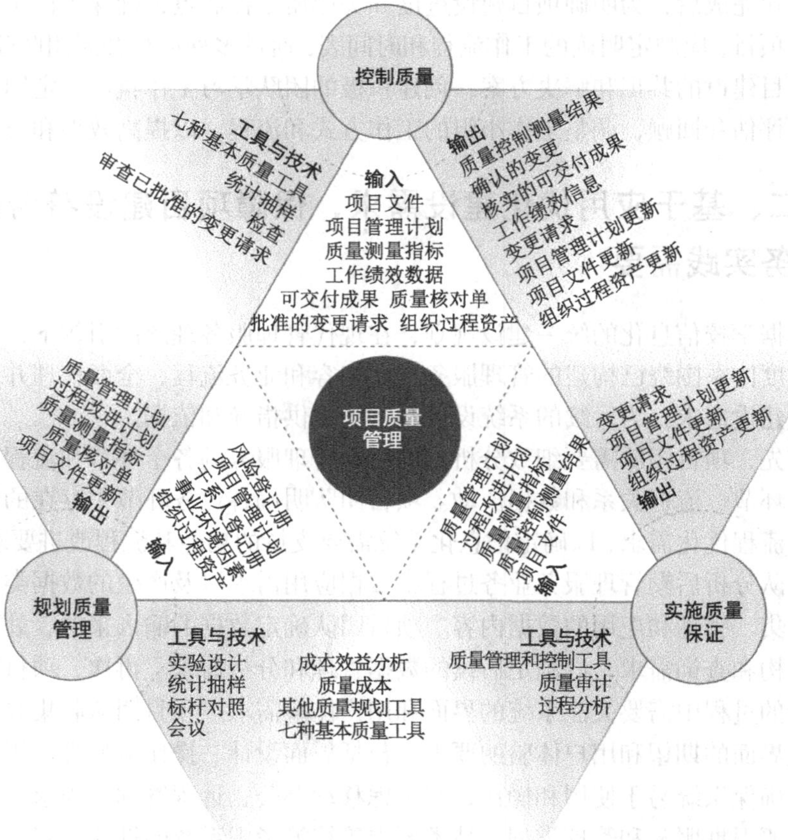

图 15-3 信息化项目质量管理过程

为有效地管控后勤信息化建设项目，项目团队应加强面向信息化建设全生命周期的过程管理，提高项目建设与应用效果，确保项目按时交付、满足需求；项目团队应在以下几个项目管理的关键阶段加强管理，以提供高质量的信息化解决方案。

（一）项目前期规划和准备阶段

在项目启动前，项目团队要进行详细的规划和准备工作，包括提出项目建设要求、组建项目团队、确定项目的目标和范围、明确项目的关键成功因素、制定项目计划和时间表等，以明确项目的建设方向和实施工作计划，夯实后续过程管理的工作基础。

（二）需求管理与系统设计阶段

在整个信息化建设项目管理过程中，需求管理和变更控制对项目成败尤为关键。因此，项目团队必须要确保后勤信息化建设的需求得到充分的收集和理解，并进行适当的优先级和影响分析。同时，项目团队建立变更管理机制，以及时评估和控制需求变更的影响，确保变更的合理性和可行性。项目团队在明确功能需求的基础上进行系统业务流程设计、系统架构设计、数据库设计、界面设计等，完成系统逻辑设计和物理设计，并编写详细的需求说明文档；同时对系统设计成果如设计文档、流程图、数据库结构、系统拓扑图等软硬技术内容进行评审验证，纠正潜在的问题和风险，以确保设计的合理性和可行性。

（三）项目实施阶段

项目团队在本阶段的主要工作任务是根据需求分析和设计文档，完成系统开发和编码以及系统功能测试。项目团队在项目实施阶段还需承担另一项关键的管理任务，即建立有效的进度管理机制，通过制定合理的进度计划、里程碑和关键路径，及时跟踪项目实施的进展情况，识别潜在的进度风险和延误，并定期召集项目小组讨论项目进度和评估项目进度风险，及时纠正和调整，从而多措并举地加强项目进度和时间的控制，确保项目按计划有序推进。

（四）项目应用运营、维护和评价阶段

本阶段是后勤信息化建设项目生命周期中的最后一个阶段，运营维护的工作成效在一定程度上决定了后勤信息化项目的生命周期的长短和应用效果。后勤管理服务信息系统是复杂的人机协同系统，所涉及的后勤管理服务内外部因素始终处于动态变化状态，这些因素影响系统运行。项目团队要不断完善系统，以提升系统的运行效率。在项目应用运营、维护和评价阶段，建立有效的运维团队是非常必要的，它能制定明确的运营规范，对后勤信息系统持续进行运行状态和性能监控，采取必要的措施来解决运行中出现的问题，确保系统运行稳定、性能达标。项目团队根据用户反馈和信息安全等工作需要，定期对系统进行升级和优化，包括软件版本更新、系统功能扩展、性能优化等工作，以提升系统的功能、性能和用户体验；并且制定安全策略与标准，组织开展信息系统的安全管理和风险防控工作，保障系统和数据的安全，防止出现潜在威胁和安全漏洞。

四、立足技术协同应用，构建后勤信息系统多维安全与稳定保障机制

学校后勤信息化建设是应用先进、成熟的现代信息化技术辅助后勤管理服务，所以学校在信息化建设的过程中采用适当的技术策略，以确保学校后勤管理服务信息化平台的安全与稳定性。项目团队在项目建设的全生命周期过程中，均应关注建设和应用投入与使用成效相适应。各学校应结合自身业务工作的环境条件和实际需要，立足技术协同应用，从不同视角构建多维度的安全与稳定保障机制。

（一）网络安全保障措施

在技术应用层面，系统应部署防火墙、入侵检测系统（intrusion detection system，IDS）和入侵防御系统（intrusion prevention system，IPS）等安全设备，以监测并阻止未经授权的访问和恶意攻击，保护内部网络免受外部威胁的侵害；加强对网络边界的安全管理，如采取设置非军事区（demilitarized zone，DMZ）、虚拟专用网络（virtual private network，VPN）、反垃圾邮件与分布式拒绝服务（distributed denial of service，DDoS）攻击防护等措施，限制外部访问和控制网络流量；建立基于身份验证（如用户名和密码）的访问控制机制，采用强密码策略、多因素认证等措施，确认登录用户身份的合法性，确保只有授权用户可以访问系统；部署恶意软件防护系统和防病毒软件，及时发现和处理恶意软件、病毒和其他安全威胁，确保系统免受恶意软件的损害；及时进行安全漏洞扫描和管理，并定期更新系统和应用程序的安全补丁，修补潜在的安全漏洞，防止黑客利用已知漏洞入侵系统；确保诸如路由器、交换机、防火墙等网络设备的安全配置和管理，减少安全风险。

（二）数据安全保障措施

系统应用数据加密技术对敏感数据进行加密，以确保数据在传输和存储过程中的安全性，避免数据被窃取、篡改或被盗用；建立合理的权限管理机制，对数据按敏感程度进行分类和确定相应的保护级别，采取如加密、访问控制、备份等恰当的安全控制措施，确保数据的保密性、完整性和可用性。

（三）数据容灾备份和恢复策略

系统建立分布式系统架构，确保系统的高可用性和容错能力；定期进行数据

备份，并将备份数据存储在安全的位置，防止数据丢失或损坏，以便在灾难发生时能够快速恢复系统，保障正常运行；以恢复时间目标和恢复点目标等为主要考核指标，制定合理的灾难恢复工作方案。系统应制订灾难恢复和业务连续性计划，包括备份数据、建立备用设备和系统、定期测试和演练，以确保在紧急情况下恢复正常运营。

（四）安全事件响应与处置策略

学校应培训专业响应技术团队，并建立安全事件响应与处置机制；制定详细的安全事件响应预案，对不同安全事件的级别进行定义，并分类设置相应的响应流程，明确责任和权限以及相关的处置联系人和组织机构；定期维护和更新安全预案，实施针对各类安全事件的迅速响应和有效处置措施。

（五）用户信息化安全应用培训策略

学校面向终端用户持续提供信息系统的应用培训，以培养用户良好的系统使用习惯，并规范信息系统使用行为；同时定期组织开展信息安全培训活动，确保用户掌握系统的安全操作方法，从而提升用户对信息安全的认识。

（六）组织开展第三方信息安全审计和合规性检查

学校引入第三方专业单位定期进行信息安全审计和合规性检查，确保信息系统和数据处理符合相关法律法规和行业标准的要求；定期进行业务安全评估，识别关键业务的安全风险，并制定相应的风险管理计划，避免因业务活动带来的安全隐患；利用第三方机构的专业能力，建立威胁情报收集和分析机制，及时获取和研究关于新型威胁、攻击技术和安全事件的情报，并与有关信息安全组织进行信息共享和合作。建立系统管理员、操作员、审计员“三员”制度及提供技术支持，形成三方相互制约的机制，以“技术”+“机制”相结合的方式保障数据、操作的安全。

学校后勤信息化建设是长期系统的工程，其建设与应用成效与学校后勤管理服务能力提升优化是相辅相成的关系。学校进行后勤信息化建设时一定要根据各学校后勤管理服务的实际条件和现实需要，有序稳步推进，以避免信息化建设带来的管理和服务不适应问题，从而造成资源浪费。同样，各学校也应充分认识到后勤管理服务信息化建设对管理服务能力的支撑和促进作用，并在各方面条件允许的前提下，大刀阔斧地推进信息化建设，以信息化应用引领后勤管理服务的流程优化、能力提升与质量跃升。

第十六章　智绘未来

——智慧后勤发展展望

在历史的长河中，每一次技术的飞跃都标志着人类文明的新纪元。正如无人驾驶汽车的驰骋、大模型 AI 的精准总结、光影技术的“复活”奇迹，以及虚拟世界的“情感”纠葛，它们不仅预示着科技的飞速发展，更是对人类生活方式的深刻变革。

人工智能、大数据、云计算、物联网等新技术如璀璨星辰，照亮了产业数字化、数字产业化的道路，形成了数字经济的新浪潮。教育后勤领域亦不甘落后，积极拥抱变革，将信息技术与后勤业务深度融合，让创新科技在后勤领域绽放光彩。实时陪伴的 AI 后勤小助手、数字孪生的智慧校园、个人数字画像与数字分身……这一切都给校园生活带来无限期待与遐想。在这场技术与人文交织的盛宴中，我们既要享受技术带来的便利，也要警惕技术带来的风险，确保技术发展与人类价值的和谐共生。

不忘初心，方得始终；既知来处，亦明去路。我们坚信，前路虽充满风险与挑战，但依然充满希望，让我们共同期待智慧后勤的美好未来！

第一节　时代之变，科技发展背景

党的十九大以来，习近平总书记多次指出，“当今世界正经历百年未有之大变局”[①]。全球数字革命浪潮浩浩荡荡，社会生活的各个领域为此发生“蝶变”。

① 徐艳玲，张光哲. 为应对挑战、赢得主动提供制度保证. http://theory.people.com.cn/n1/2020/0901/c40531-31844018.html[2020-09-01].

从生产到生活，数字革命正将许多“意想不到”变成现实。

一、数字基础设施不断完善

我国数字基础设施正处于快速发展的阶段，新一代信息基础设施是数字中国发展的基础，是信息资源快捷流通、高效利用的起点。在5G基站、千兆光网、IPv6、数据中心、算力、数据运力、云计算、物联网等多个关键领域，我国均取得了显著进展，共同构筑起一个智能化、综合性数字信息基础设施体系。

1. 网络基础设施建设全面发展

我国已建成全球规模最大的光纤网络和4G网络，5G网络覆盖面更广、技术更先进，并加速向重点场所深度延伸。截至2023年底，5G基站数达到337.7万个，同比增长46.1%；5G移动电话用户数达8.05亿，在移动电话用户中占比46.6%。IPv6保持良好发展态势，活跃用户已达7.78亿，移动网络IPv6流量占比达 60.88%。[①]新一代网络基础设施还在不断升级优化中，我国正在适度推进5G-A、高速光网等规模部署，加快6G技术研发的脚步，聚焦科技自立自强，强化信息化发展的基础设施保障。

2. 新型算力设施推进一体化布局

我国算力基础设施达到世界领先水平。截至2023年底，全国在用数据中心标准机架超过810万架，算力总规模达到230EFLOPS，居全球第二位，算力总规模近5年年均增速近30%，存力总规模约1.2ZB。[②]“东数西算”战略以及规划建设的超过180条支持高速长距离传输技术的干线光纤，加快了全国一体化算力网络建设，是我国数字经济发展的重要支撑。截至2023年8月，国家已重点建设14所超级计算中心，分布在天津、深圳、广州、西安、乌镇等地，多数中心已投入运营，形成超算互联网。超算中心将有效支撑科学创新、重大工程突破以及经济高质量发展，成为支撑数字中国建设的“高速路”。

3. 物联网设施深入拓展应用场景

随着移动网络、低功耗广域传输和边缘计算等领域的技术突破，以及在高端传感器、物联网芯片等短板领域加大研发投入，我国物联网的技术支撑得到了显著增强，实现了实时的数据处理与决策能力，扩大了物联网设备的应用场景，在

---

① 国家互联网信息办公室. 国家信息化发展报告（2023年）. 2024-09-08. https://www.gov.cn/lianbo/bumen/202409/content_6973030.htm[2025-06-16].

② 国家互联网信息办公室. 国家信息化发展报告（2023年）. 2024-09-08. https://www.gov.cn/lianbo/bumen/202409/content_6973030.htm[2025-06-16].

智慧生产、智慧城市、自动驾驶、智慧医疗等领域迎来了广泛探索。截至 2023 年底，我国移动物联网终端用户数量达 23.32 亿户。①

二、产业数字化加快转型

产业数字化以科技为基础，以数据为要素，以价值为中心，以共建为理念，坚持“融合+创新”一体化推进思路，着力推进资源融合、业务融合、市场融合，实现技术创新、模式创新、产品创新②，帮助传统企业提质增效、促进产业流程优化、孕育新业态和新模式，加速新旧动能转换。近年来，在政策扶持、技术推动与市场需求的三重合力下，我国产业数字化发展迅猛，数字经济和实体经济融合持续深化。

1. 国家层面战略布局更加完善

我国十分重视产业数字化转型，并且进行了全面的战略规划。“十四五”规划和 2035 年远景目标纲要明确提出要“推进产业数字化转型”，这体现了国家对于利用数字技术推动传统产业转型升级的坚定决心。中共中央、国务院印发《数字中国建设整体布局规划》，提出建设绿色智慧的数字生态文明，加快数字化绿色化协同转型。国家网信办等十部门联合印发《数字化绿色化协同转型发展实施指南》，明确了双化协同的实施主体、发力方向以及融合创新布局。国家能源局、工业和信息化部等部门也分别针对能源、制造业等领域的数字化转型发布了指导意见，推动产业结构绿色低碳转型。这些政策文件的出台，为产业数字化转型提供了明确的路径和方向。

2. 数字基础设施的成熟和技术发展推动产业转型

数字基础设施进一步完善，5G 网络实现了更广泛的覆盖，推动了万物互联的进程。数据中心、云计算等基础设施的建设也更加规模化和智能化，为数字经济的发展提供了坚实支撑。传统产业与数字技术的深度融合成为常态，制造业、农业、物流业、文旅、消费等领域通过数字化转型实现了生产效率的大幅提升和创新发展。同时，互联网巨头企业以及重点行业中的骨干企业通过科技平台建设将数字化实践经验赋能中小企业，形成产业链协作。

3. 市场需求是产业数字化发展的直接动力

在移动互联网迅猛发展的十余年间，广大用户已逐渐适应了线上消费模式、

---

① 国家互联网信息办公室. 国家信息化发展报告（2023 年）. 2024-09-08. https://www.gov.cn/lianbo/bumen/202409/content_6973030.htm[2025-06-16].

② 《中国产业数字化报告 2020》：产业数字化升级效果初显. http://www.sic.gov.cn/sic/83/260/0714/10539_pc.html[2025-06-16].

便捷化的信息获取方式以及无缝衔接的服务体验。面对消费者对数字化产品和服务需求的日益增长，传统行业急需顺应市场趋势，满足市场对高效率、便捷性及个性化产品和服务的迫切需求。此外，传统行业还需依托创新驱动，拓展新的市场领域和增长点，以实现可持续发展。

三、数字产业化规模递增

数字产业化即数字经济核心产业，是指为产业数字化发展提供数字技术、产品、服务、基础设施和解决方案，以及完全依赖于数字技术、数据要素的各类经济活动，包括数字产品制造业、数字产品服务业、数字技术应用业和数字要素驱动业等四大类①，例如，智能手机的生产属于电子信息制造业，办公软件的开发属于软件和信息技术服务业，电商平台的运营属于互联网行业。数字产业化是数字经济的核心部分，为产业数字化发展提供基础技术和解决方案。我国数字产业正处于加速发展阶段,2023 年我国数字经济核心产业增加值超 12 万亿元,占 GDP 比重达 10%左右，成为推动数字经济发展的重要力量。同时，数字产业化也推动了新兴产业的快速发展，如人工智能、大数据等新兴领域已成为新的经济增长点。未来，随着技术的不断创新和应用场景的不断拓展，数字产业化将迎来更加广阔的发展前景，同时推动我国产业结构不断优化升级，实现经济高质量发展和可持续发展。

四、人工智能带来无限可能

1. 生成式人工智能呈爆发式增长

2023 年被称为“AIGC 元年”，随着 ChatGPT 的发布，新一波 AI 浪潮正式拉开帷幕。2024 年 12 月，DeepSeek 的诞生标志着人工智能发展的新里程碑，将全球大模型发展推向新高度。随着算力的不断提升、算法的深入研究，以及丰富数据资源的加持，人工智能行业正在蓬勃发展。目前国内大模型注册用户已超过 6 亿人，在知识问答、智能搜索、医疗咨询、科研教学、娱乐、视频生成等领域展现出广阔的发展潜力。“AI+”战略的实施为数字应用领域带来了新的增长点，具体应用包括但不限于语音转文字技术、会议纪要的自动化整理、智能文案模板的生成，以及语音智能客服的交互等，这些应用显著提升了用户体验的智能化与人性化水平。

---

① 我国数字经济核心产业企业总量突破 450 万家. 2024-12-23. https://www.gov.cn/lianbo/bumen/202412/content_6994177.htm[2025-06-16].

2. 专用智能机器人落地千行百业

随着AI技术的日新月异，人工智能机器人产业迎来了快速发展的黄金时期。据统计，截至2023年底，中国机器人相关企业数量已超过10万家，显示出强劲的增长势头[①]。《2024 世界机器人报告》指出，中国拥有全球最大工业机器人市场，总保有量近180万台，位居全球第一。2023年，中国新安装工业机器人数量达27.63万台，占全球新安装量的51%。[②]在实际应用方面，从工业生产线上的协作机器人到日常生活中的服务型机器人，如机器狗、运送物品机器人、护理机器人等，智能机器人已经渗透到了社会生活的各个角落，显著提升了生产效率和个人生活质量。特别是在医疗健康领域，手术辅助机器人、康复训练机器人等产品的出现，为患者提供了更加精准、安全且人性化的医疗服务；而在物流配送行业，则有AMR（autonomous mobile robot，自主移动机器人）承担起仓库管理和货物运输的任务，大大减少了人力成本的同时提高了运作速度。农业机器人也在逐步改变着传统的耕作方式，比如采用无人机喷洒、智能机器人采摘、收割等方式。智能机器人的最终发展方向是通用人工智能机器人（artificial general intelligence robot，AGI robot），它能够像人类一样灵活地应对各种新情况、新任务，具备自主学习、推理、规划、创造等能力，在面对复杂任务时能够自主做出决策并分步执行。

3. 智能网联汽车集群涌现

近年来，全球智驾行业发展迅速，我国政府出台了一系列支持政策和发展规划来促进智能网联汽车的发展，包括工信部等四部门联合发布的《关于开展智能网联汽车准入和上路通行试点工作的通知》。截至2023年底，全国已建设17个国家级测试示范区、7个国家级车联网先导区及16个"双智"试点城市，累计开放超过 22 000 公里测试道路。[③]当前中国市场上的智能驾驶技术主要集中在L2级（部分自动驾驶）和L2+级（高级辅助驾驶），这些技术已经相对成熟，并广泛应用于各类车型中。随着技术的不断进步，一些领先的车企和技术公司已经开始向L3级（有条件自动驾驶），甚至更高阶的L4级迈进。随着新能源汽车市场的不断扩大以及消费者对智能驾驶功能需求的增长，具有辅助驾驶或自动驾驶功能的汽车销量将继续保持快速增长态势，从而推动整个智能驾驶市场向前发展。目前，无人出租车、无人小巴、无人货车、无人清洁车等产品已陆续投入市场，

---

① 中国人工智能机器人产业分析：发展现状与挑战并存. 2024-07-03. https://news.sohu.com/a/837493471_121798711[2025-06-17].

② 国际机器人联合会. 2024 年世界机器人报告. 法兰克福：IFR，2024.

③ 国家互联网信息办公室. 国家信息化发展报告（2023 年）. 2024-09-08. https://www.gov.cn/lianbo/bumen/202409/content_6973030.htm[2025-06-16].

未来智驾行业将迎来更多的应用场景与机遇。

五、教育数字化转型向纵深推进

教育数字化转型作为推动教育高质量发展的关键动力，近年来在我国得到了深入推进。自 2018 年教育部印发《教育信息化 2.0 行动计划》以来，我国教育信息化建设步入了快车道。2019 年，中共中央、国务院进一步印发了《中国教育现代化 2035》，明确了教育信息化的发展方向。2021 年全民数字素养与技能提升行动的启动，以及 2022 年《教育部 2022 年工作要点》的发布，标志着教育数字化转型和智能升级的全面加速。2022 年，党的二十大报告再次强调了推进教育数字化的重要性，2023 年《数字中国建设整体布局规划》的印发为推进教育数字化提供了更为广阔的视野和战略布局。进入 2023 年，国家实施的新时代基础教育扩优提质行动计划和起步建设的国家教育数字化大数据中心的，进一步夯实了教育数字化的基础。随着《国家信息化发展报告（2023 年）》的发布，以及教育部对“人工智能+高等教育”应用场景典型案例的公布和《关于加强中小学人工智能教育的通知》的发布，我国教育数字化转型正朝着更加深入和广泛的方向发展，积极迎接人工智能时代，为实现教育现代化和创新教育教学方式做出了方向指导。教育部部长怀进鹏在 2025 世界数字教育大会上强调，中国将拥抱人工智能、全面赋能教育教学变革，立足智慧教育新阶段，树立教育发展新标准，开辟数字教育新路径，共同促进全球教育发展与变革。①

六、教育后勤信息化大有可为

新时代下，师生对于校园生活的需求进一步升级，为满足师生对高品质生活的追求，学校后勤保障必须加快推进观念更新、模式变革和体系完善，以校园后勤数字化转型为抓手，实现精细化服务、规范化管理、标准化操作，提升学校后勤服务能级，提高供给的韧性和适配性，积极构建适应未来教育发展新趋势的更高质量后勤保障体系，为师生提供有获得感、幸福感、安全感的美好校园生活。

教育后勤信息化建设应该采取“小步快跑”的策略，即更注重建设“小而精”的系统，而非“大而全”。学校后勤最为重要的领域在于“餐饮、公寓、能源、物业”，成熟的信息化系统和智能设备建设可以为四大领域保驾护航。在后勤社会化不断深入的背景下，后勤部分业务社会化外包成为一大趋势，因此监管信息化已成为学校后勤信息化建设的重点。在“双碳”目标的背景下，绿色节能成为

---

① 怀进鹏. 怀进鹏在2025世界数字教育大会作主旨演讲. 2025-05-15. http://www.moe.gov.cn/jyb_zzjg/huodong/202505/t20250515_1190601.html[2025-06-17].

后勤信息化建设的重要抓手，节能信息化领域未来将加大投入并深入开展。

随着大数据、云计算、物联网、人工智能等信息技术的迅猛发展，后勤信息化也在深入探索各项技术在后勤的落地应用，并取得了显著的成效。大数据技术在后勤信息化中的价值日益凸显，目前数据的汇总分析及可视化展示已较为普及，但在数据挖掘分析和深度应用方面仍存在较大发展空间。例如，全国多所高校已开始利用后勤餐饮消费数据，对学生个人画像进行分析，以识别家庭困难的学生群体，并实现精准资助。此外，通过对学生出入公寓的数据分析，系统能够及时识别晚归或未归学生，并将相关信息推送给辅导员和宿管人员，有效预防安全事故的发生。物联网技术在后勤领域的应用已较为广泛，大部分学校已实现智能门禁和智能安防监控；未来物联网技术在智能节能、智能家居和环境监测方面的应用有待进一步探索。作为当前技术发展的前沿领域，人工智能在学校后勤中的应用尚处于起步阶段。目前，人工智能技术在后勤主要应用于身份识别、自助结算和智能客服等方面。在机器人技术及生成式大模型的应用方面，如室内外保洁机器人、割草机器人、泳池清洁机器人、机器狗搬运行李等，目前仍处于体验阶段。随着物联网、大数据、人工智能等技术的快速发展以及应用模式的不断创新，新技术在学校后勤的应用会更加深入，会在后勤找到更多合适的切入和落地场景，可以预见未来机器人在后勤服务领域将大有可为。

未来，后勤信息化建设应该与学校整体信息化建设相融合，参与推进学校治理体系和治理能力现代化，更要秉持“以师生为中心”的初心，优化服务流程，丰富服务内容，满足师生对未来美好校园生活的多样化需求，变被动服务为主动服务，推动校园服务向更优、更好发展。

第二节　新时代背景下教育后勤信息化面临的挑战和机遇

此前，习近平总书记指出：“当今时代，数字技术作为世界科技革命和产业变革的先导力量，日益融入经济社会发展各领域全过程，深刻改变着生产方式、生活方式和社会治理方式。”[①]随着数字技术的飞速发展，人类社会正以前所未有的速度迈入数字时代，这一变革不仅深刻影响了我国经济、文化、生活等多个领域，也对教育领域产生了颠覆性影响。将数字技术广泛应用于国家治理，是建设数字中国的应有之义和必然要求，教育行业必须深刻认识数字化给教育治理模

① 习近平向 2022 年世界互联网大会乌镇峰会致贺信. 2022-11-09. http://www.gov.cn/xinwen/2022-11/09/content_5725580.htm[2025-06-16].

式革新带来的机遇，把握数字化赋能重要机遇，创新治理理念和方式，同时，也必须清楚地认识到，任何变革都必将伴随着阵痛和挑战，如何抓住机遇，化解挑战和难题，将是各学校管理共同面临的重要课题。

一、新时代给教育后勤带来的挑战

（一）新技术的应用难题

教育数字化的本质是利用信息技术和互联网，实现教学内容、方法、资源的数字化和网络化，以提高教学效率、提供广泛学习机会和优化教育质量，它的基础是对信息技术尤其是大数据、云计算等技术的熟练应用。后勤信息化向数字化转型的重要基础同样是对数字技术、人工智能等新兴技术的掌握和融合应用。但相较于新技术发展本身，学校后勤领域对其的应用水平相对较低，造成这种现象的原因是多方面，诸如行业内对于新技术的探索力度和创新力度不够，学校后勤对于数据资源的收集和处理重视程度不足等，如何夯实技术基础，发挥数字技术、人工智能等新技术的赋能作用，这将是学校乃至后勤行业未来需要思考的问题之一。

（二）模式理念的转变面临挑战

技术革命带来的不仅是新技术的引进和应用，还包括对管理理念和服务方式的重新设计和优化，这就要求各学校后勤管理者必须培养数字化思维，比如在管理决策方面，从以往的人为感知转向数据“说话”，在服务提供方面，从以往的人工服务转向自助化、自动化、线上服务，在服务理念上，从以往的被动响应转向主动挖掘需求、积极回应师生等，这种转变既是学校整体理念思维上的转变，同时也要求管理者和从业者要培养与之匹配的信息化素养和适应能力。如何适应新时代下的后勤管理模式，也是教育后勤信息化未来面临的重要挑战之一。

（三）网络安全亟待加强

数字化时代面临着数据隐私和网络安全的严峻挑战。大量的师生信息、行为数据被收集、存储和分析，那么如何确保这些数据的安全性和隐私保护，已经成为各学校网络信息安全中的重要问题。在数字化战略行动深入实施下，各学校对于网络安全的重视程度基本上都有了较大提升，各学校后勤的网络安全也基本由学校或在学校的指导下进行，尽管如此，后勤系统的数据安全保护仍然属于学校的薄弱环节，如何提高后勤领域网络安全保障力度及重视程度，将成为未来后勤管理者的问题之一。

（四）人员技能更新的迫切需求

教育信息化的快速发展给管理者和从业人员提出了新的要求，管理者和从业人员既要具备传统后勤工作者的情怀与服务能力，同时还要提升对于新系统、新技术、新设备的使用能力。然而，必须认识到，学校后勤从业人员信息化素养相对不高，学习能力相对较弱，一些从业者对新技术的学习和使用感到困难和抵触，这一定程度上阻碍了新技术的应用，造成了资源浪费。此外，在师生需求不断变化的情况下，数字技术和应用程序的更新速度将明显加快。同时，新设备也将不断涌现，这对于管理者和从业人员同样是个不小的挑战。

二、新时代给教育后勤带来的机遇

（一）数据分析优化后勤决策

在后勤管理层面，大数据、云计算等技术的引进，为提高后勤决策的科学性和效率提供了有力工具。通过搜集和分析大量的业务、师生行为以及管理数据等，后勤部门可以更准确地获得有关学生需求、服务效果，以及业务状况等方面的深刻洞见，从而帮助管理者更加准确地预测后勤发展趋势和需求，进而做出更加科学和合理的决策。通过精准地分析师生诉求以及服务状况，后勤部门可以更加合理地调整服务内容、分配业务资源，提前做好准备，优化决策过程。

（二）提升服务效率

人工智能、数字技术等新技术在后勤领域的应用有助于推动新型后勤服务的形成。通过人工智能技术的应用，管理者能够从事务性、重复性的日常事务中脱身，借助人工智能技术的应用，能够实现服务的自助获取和自动化。人工智能等新技术的应用同样能够拓宽服务场景，优化服务流程，提升事务处理的效率，减少人工操作中的冗余和错误，从而能够为师生提供更加个性化、便捷化的服务体验，推动学校整体校园服务效益的提升。

（三）降低人力物力成本

新技术应用于后勤服务当中，将进一步降低在业务领域中对于人工的依赖程度；智能技术和设备的应用，将极大地提高后勤服务中的自动化和智能化水平，降低业务当中的人员投入。此外，新技术拓宽了服务的时空边界：依托物联网与人工智能，校园可实现 24 小时无死角智能巡检、任务自动派发，精减服务人员并降低劳动强度，显著减少人为失误与损耗，从而全面降低人力和物力成本。

（四）开拓育人新格局

新时代下，新技术的应用还将推动后勤服务的个性化发展。智能推荐系统可以根据师生的喜好和习惯，提供定制化的服务，如智能图书馆推荐系统、个性化的校园活动推荐等。虚拟现实和增强现实技术的应用将为校园带来全新的沉浸式体验。此外，新技术进一步打通线上与线下、校内与校外之间的壁垒，共建共享劳动教育实践基地，完善后勤劳动教育育人体系，形成全域融通的劳动教育新场景。以服务育人与劳动教育深度融合为主线，推出学生喜闻乐见的线上课程，创新多元参与形式，并配套线上教学激励与质量评价机制；依托传播广、频次高的线上教学与活动平台，显著扩大学生覆盖面；整合虚拟现实等技术，将服务育人场景全面线上化，打造跨校、跨学科、跨区域的虚实融合泛在后勤育人课堂。

第三节 新时代背景下教育后勤的应对策略

一、纵深推进后勤服务“一网通办”，建设智慧校园“同心圆”

“一网通办”的服务体系既包括了业务流程的革命性再造，又包括了服务模式的改革创新。在新时代技术发展的加持下，后勤部门应当聚焦服务效能提升，以师生需求为中心，持续优化服务流程，提升跨部门业务协同能力和服务水平，加速建设并完善后勤一站式综合服务平台，提取多服务场景，积极开发各类应用，注重软硬件结合，提升平台服务能力，加强线上与线下协作，提供标准化、一体化服务内容，推动后勤服务“一网通办”平台彻底从“能办”向“好办”“愿办”转变，使得师生办事更加方便、快速，实现“一网办、一窗办、一次办”，并与学校大平台进行对接、协同，融入学校整体发展。

二、持续深化学校后勤“一网通管”，健全监督管理“大体系”

后勤管理部门要主动顺应学校后勤管理与服务体制改革，以统一身份认证、消息、大数据、支付、物联、调度、AI 七大中心为技术底座，构建“一网通管”后勤整体架构；依托物联网实现设备统一接入、管理与数据互通，同步完善餐饮、公寓、能源、维修等业务平台，汇聚全量运行数据并统一清洗、分析、决策；同时出台服务标准、质量管理、考核评价等制度，搭建师生实时参与的线上监管通道，运用大数据和人工智能精准发现问题、匹配需求、研判趋势、预警风险，推动后勤服务由经验管理向数据驱动的全过程、全要素、全场景系统化监管转型。

三、充分释放校园大数据动能，用足数据治理“工具箱”

大数据在学校后勤管理中的价值体现在其强大的数据分析和预测能力上。随着后勤信息化的发展，各类业务数据和师生行为数据如雨后春笋般涌现，后勤部门要进一步提高对这些数据资源的重视和利用能力，遵循数据标准规范，统筹推进各类后勤业务及决策信息系统建设，汇聚后勤大数据池，构建统一、科学的后勤大数据平台和面向各级管理与服务人员的可视化驾驶舱，建立后勤数据一数一源、动态更新、资源共享机制，加强后勤数据资产管理，为后勤决策分析、动态监测、趋势研判、风险防控等提供数字化支撑。

四、全面探索人工智能在后勤的使用，打造后勤工作“好帮手”

后勤部门主动迎接、全面拥抱人工智能进入校园。学校以需求为导向，率先在个别业务场景开展轻量化 AI 改造试点；随后通过购买服务、租赁设备等多元方式引入无人清洁车、自助贩卖柜、智能支付等产品，让师生即时共享智能便利。依托 AI 的实时感知能力，对业务运行与校园环境进行秒级监测，提升后勤效率，降低人力物力消耗。同时深度理解生成式 AI 的技术特性，将其全面融入日常事务：通过学习海量数据，自动生成创新且高质的文本、报表、方案，把原本耗时耗力的任务一键化、智能化。

五、着力提升后勤管理服务人员数字化素养与技能，夯实育人关键“软实力”

后勤管理人员与一线员工必须强化数字意识、重塑核心理念。后勤部门依托系统化培训，引导全员正确理解数字技术——不仅将其视为辅助工具，更视其为重塑后勤模式的关键驱动力；同步通过真实场景的实践操作，显著提升员工对智能系统与设备的实操能力与业务融合水平；同步构建数字化人才引进与培养长效机制，打造“学习型后勤”，制定信息素养评价标准并纳入绩效考核，综合运用持续培训与精准引进，储备既懂技术又懂业务、善于学习的新设备操作员与运维工程师，为后勤数字化转型提供可持续的综合人才支撑。

六、扎实推进各项保障举措，为持续建设保驾护航，助推实现后勤事业发展“高质量”

坚持和加强党的全面领导，各校应将教育后勤数字化纳入数字校园整体布局统筹推进，进一步加强顶层设计，结合本校实际制定转型行动方案并同步完善配套政策与跨部门协同机制；加强“一把手”对于后勤数字化的重视和领导，建立各级部门联动工作机制，协调解决重大问题，督促落实重大事项，确保推进后勤数字化的各项任务落地落实；加大投入且多元筹资，在优化资源配置的同时完善数字化经费保障和全过程监管，鼓励社会力量通过购买服务、设备租赁、商业合作等方式共建共享，形成可持续投入生态；加强对于后勤网信安全的重视，健全网络安全、数据安全等安全保障制度体系，逐步实施后勤领域信创改造工作，为后勤数字化转型保驾护航。

第四节　结　语

我国著名作家刘慈欣在撰写的科幻作品《三体》当中，对于人工智能的应用与发展进行了精彩的想象和讨论。在作者的笔下，人工智能的发展进一步拓展到了人类社会的各个方面，与此同时，人工智能也造成了一些负面影响。虽然是科幻小说，但在现实当中，我们可以看到，以人工智能、数字技术等为代表的数字革命浪潮正以强劲之势向全世界奔涌而来，从生产到生活，数字革命正将许多“意想不到”变成现实，正如习近平总书记所言，“当今世界正经历百年未有之大变局”[①]。数字教育将深刻改变教育的未来，也将注定引发一场深刻而广泛的革命。信息化对教育的影响将超过以往任何时代，数字技术已渗透到了教育教学的各个环节，对于后勤而言既是机遇，也是挑战，数字化既能够为后勤带来新动力，以创新驱动，提升服务质量，实现高质量发展；同时，如何避免低水平的应用，转变固有的服务和管理理念，也是后勤部门亟须解答的难题。

梦虽遥，追则能达；愿虽艰，持则可圆。建设新型后勤保障体系、实践教育现代化这一目标的道路上不会一帆风顺，在时代洪流当中，愿我们争做时代洪流中的一朵璀璨浪花，为我国教育事业的美好明天而共同奋斗！

① 开辟马克思主义中国化时代化新境界. 2022-10-31. https://jhsjk.people.cn/article/40095529[2025-06-16].

参考文献

陈佳靓. 高校公有房产管理问题与策略[J]. 中国教育技术装备，2018，（6）：131-133.

陈琳，姜蓉，毛文秀，等. 中国教育信息化起点与发展阶段论[J]. 中国远程教育，2002，（1）：37-44

程天权，黎玖高，皮光纯. 中国高校后勤改革40年[M]. 北京：中国人民大学出版社，2022.

杜骁，袁艺青，李玲，等. 高校公用房管理现状及腾退机制研究[J]. 实验室研究与探索，2020，39（6）：236-239.

黄京钗. 高校后勤改革历程与社会化的模式[J]. 闽江职业大学学报，2001，（4）：8-12.

李世东，袁学迎. 高校房地产信息化管理的研究[J]. 现代科技，2009，8（5）：39-41.

马静波. "互联网+"背景下高校房产管理工作改进措施[J]. 数字技术与应用，2022，40（8）：58-60.

孟凡婷. 高校后勤人力资源管理信息化浅析[J]. 人才资源开发，2015，（24）：93-94.

孟凡婷. 基于人本管理的高校后勤人力资源成本控制研究探析[J]. 现代企业文化，2022，（9）：37-39.

石磊. 教育后勤互联网之光[M]. 西安：陕西师范大学出版社，2017：32.

宋家博，张燕华，张宁. 高校后勤非编职工管理的实践与思考：以北京化工大学为例[J]. 现代职业教育，2019，（13）：132-133.

王骁. 从数字化到智慧化：高校人力资源管理系统的应用现状与发展趋势[J]. 人力资源，2020，（2）：68-69.

杨培飞，邓昌黎，徐劲松，等. 高校经营性用房的规范化管理[J]. 中国现代教育装备，2018，（21）：1-2+11.

袁莹. 高校房地产管理信息化研究[J]. 中国教育信息化，2012，（9）：22-24.

张柳华. 现代高校后勤管理实务[M]. 北京：中国政法大学出版社，2022.

周敏锐. 浅谈高校后勤人力资源管理的信息化[J]. 科技风，2008，（3）：136.

庄孝彦. 广州地区高校后勤管理信息化建设中存在的问题及对策研究[D]. 华南理工大学硕士学位论文，2014.

关于本书创作过程的说明

本书由中国教育后勤协会信息化建设专业委员会主任卢胜利、秘书长石磊担任主编，信息化建设专业委员会部分委员单位及专家库专家参与编写。

本书初稿由参与的委员单位精心撰写，协会秘书处进行整合，主编进行润色、完善，专家进行评审，最终由出版社审校出版。每章包括具体问题的背景、现状、痛点、建设内容、取得成效等内容，同时为便于读者理解及应用，每个业务章节还配有案例，旨在将理论与实践相结合。案例部分主要来源于委员单位的实践，还有一些来源于中国教育后勤信息化建设专业委员会近年来举办的教育后勤信息化建设研讨中所评选的优秀案例。

在此感谢参与著作编写的委员单位陕西师范大学、四川大学、郑州大学、中国矿业大学、北京林业大学、三峡大学、河南理工大学、四川师范大学、安徽警官职业学院、山西省实验中学、上海现代高校智慧后勤研究院，企业代表浙江驿栈网络科技有限公司（简称菜鸟公司）、杭州天猫校园技术服务有限公司（简称天猫校园）、招商积余，以及参与提供教育后勤信息化建设优秀案例的厦门大学、南方科技大学、上海师范大学、海南医科大学、鲁东大学。同时，我们对参与评审和对著作进行指导的专家们也致以诚挚的谢意！

中国教育后勤协会信息化建设专业委员会

2025 年 3 月

后记

时间如白驹过隙，自从2007年夏天在陕西师范大学留校工作，又于2011年到后勤工作至今，“信息化”与“后勤”这两个关键词陪伴了我工作以来的整个历程。从当初意气风发的“热血青年”，到奋楫笃行的“不惑之年”，我与后勤信息化建设事业共同成长。

回望过去十余载，随着信息技术的飞速发展和国家政策的持续推动，后勤业务与信息技术的融合愈发紧密，全国后勤信息化建设水平显著提升。我欣喜地发现，越来越多的后勤同仁认识到了后勤信息化建设的重要性，不断参与后勤信息化建设的过程中，从对信息化一知半解到步步深入，从无从下手到真抓实干，更有一批后勤人从了解信息化、接受信息化、建设信息化，到热爱信息化、钻研信息化、传播信息化，他们不仅从后勤信息化建设中受益，更成为后勤信息化建设事业永久的推动力量。正如教育的本质是“一棵树撼动另一棵树，一朵云推动另一朵云”，看到教育后勤信息化建设从星星之火到燎原之势，我不禁感慨万千，难道还有比这更鼓舞人心的吗？

这些年参加各类会议、交流，经常遇到热情好学的同仁和我交流关于后勤信息化的相关问题，归纳起来，不外乎“后勤信息化到底是啥”“后勤信息化应该怎么建”“后勤信息化未来发展方向是什么……”是什么？怎么做？怎么发展？相信通过研读这部著作，各位同仁将找到答案。

这部著作成书历经近三年，不仅是中国教育后勤协会信息化建设专业委员会成立十年来的理论沉淀，还凝聚了众多学校同仁的集体智慧。参编的委员单位人员大多来自后勤管理和服务岗位。在繁重的工作间隙，他们既要将多年实践凝练为可复制的经验，又要将其升华至理论与行业高度；同时要求著作兼具前瞻洞察与实战指引，多重目标叠加，使编撰过程远比预期要更加艰难。尽管如此，大家仍然积极克服困难、竭尽所能，稿件历经三番五次打磨完善，但由于水平和搜集资料的局限，本书的不足之处在所难免，诚恳欢迎专家学者与同仁们批评指正。大家共同希望通过该书的出版，能够帮助各位同仁更好地理解后勤信息化建设的本质与特性，启发更多的创新思维，并为相关从业者提供有价值的参考。

感谢中国教育后勤协会刘建平会长、牛维麟常务副会长兼秘书长、黎玖高副会长兼常务副秘书长等领导的大力支持，感谢复旦大学宓詠教授、华东师范大学沈富可教授、北京大学胡新龙主任等专家在繁忙的工作之余审阅书稿，他们以扎实的专业素养和严谨的工作态度为本书提出了许多宝贵的意见和建议；感谢中国教育后勤协会专家委员会副主席皮光纯老师的悉心指导；感谢笔者所在单位陕西师范大学各位同仁提供的帮助支持；感谢科学出版社责任编辑杨英、宋丽女士等的辛勤工作。在此，我代表信息化建设专业委员会向所有为本书做出贡献的人致以由衷的敬意和诚挚的感谢！

石 磊

2025 年 3 月 23 日